“十二五”职业教育国家规划教材

经全国职业教育教材审定委员会审定

21 世纪高职高专汽车系列技能型规划教材

国家级精品课程“汽车构造”配套教材

# 汽车构造(上册)——发动机构造 (第2版)

主　编　罗灯明　　鲍远通

副主编　梅彦利　　李小泉

参　编　张淑华　　张全逾

主　审　王世震

北京大学出版社

PEKING UNIVERSITY PRESS

# 内 容 简 介

本书主要内容包括总论、汽车发动机总体构造、机体组及曲柄连杆机构、配气机构、汽油机燃油系统、柴油机燃油系统、进排气系统及排气净化装置、冷却系统、润滑系统、点火系统、起动系统和汽车电源。

本书在内容上突出高等职业教育特点，注重理论联系实际，强调汽车构造知识在职业岗位中的针对性和应用性，避免理论分析，删减已淘汰技术，增加了新结构和新技术。

本书适合作为高等职业院校、高等专科学校、成人院校、民办高校及本科院校设立的二级职业技术学院相关专业的教材，也可用作五年制高职、中职相关专业的教材，还可作为社会从业人员的业务参考书。

## 图书在版编目(CIP)数据

汽车构造．上册，发动机构造/罗灯明，鲍远通主编．—2版．—北京：北京大学出版社，2015.5
（21世纪高职高专汽车系列技能型规划教材）
ISBN 978-7-301-25341-0

Ⅰ．①汽…　Ⅱ．①罗…②鲍…　Ⅲ．①汽车—构造—高等职业教育—教材②汽车—发动机—构造—高等职业教育—教材　Ⅳ．①U463

中国版本图书馆 CIP 数据核字（2015）第 005578 号

| | |
|---|---|
| 书　　　　名 | 汽车构造（上册）——发动机构造（第 2 版） |
| 著作责任者 | 罗灯明　鲍远通　主编 |
| 责 任 编 辑 | 刘晓东 |
| 责 任 编 辑 | 李娉婷 |
| 标 准 书 号 | ISBN 978-7-301-25341-0 |
| 出 版 发 行 | 北京大学出版社 |
| 地　　　　址 | 北京市海淀区成府路 205 号　100871 |
| 网　　　　址 | http://www.pup.cn　新浪微博：@北京大学出版社 |
| 电 子 信 箱 | pup_6@163.com |
| 电　　　　话 | 邮购部 010-62752015　发行部 010-62750672　编辑部 010-62750667 |
| 印 刷 者 | 北京虎彩文化传播有限公司 |
| 经 销 者 | 新华书店 |
| | 787 毫米×1092 毫米　16 开本　17.5 印张　407 千字 |
| | 2010 年 8 月第 1 版 |
| | 2015 年 5 月第 2 版　2023 年 7 月修订　2025 年 7 月第 7 次印刷 |
| 定　　　　价 | 45.00 元 |

# 第 2 版前言

本书根据北京大学出版社"21 世纪全国高职高专汽车系列技能型规划教材"的编写要求，融合了承德石油高等专科学校国家级精品课程"汽车构造"的建设成果组织编写，并配套有《汽车构造（下册）——底盘构造（第 2 版）》，旨在满足全国高等职业教育技能型紧缺人才培养工程中汽车类技能型人才培养的需要。

本书主要特色：坚持职业教育知识够用为度的原则，注重理论联系实际；保证汽车结构知识与技术的完整性，兼顾与后续课程汽车电气、汽车电控技术等相关内容的衔接；在结合典型车型介绍汽车新结构和新技术的同时，注意删减已淘汰技术内容。此外，本书在修订时融入了党的二十大报告内容，突出职业素养的培养，全面贯彻党的二十大精神。

本书主要讲述汽车发动机构造，包括曲柄连杆机构、配气机构、汽油机和柴油机燃油系统、进排气系统及排气净化装置、冷却系统、润滑系统、点火系统及起动系统和汽车电源，重点介绍两大机构和前四大系统的组成、功用、工作过程及其主要零部件结构和工作原理，删减了化油器结构原理、传统点火系统等已淘汰技术内容，加强了汽油机直喷技术及柴油机共轨技术等新技术内容。

点火系统、起动系统和汽车电源等汽车电气设备内容属于后续课程汽车电气的重点内容。本书仅介绍其组成、功用及系统工作过程，不介绍零部件结构原理。

汽油机直喷技术、柴油机共轨技术等新技术内容，重点介绍系统组成、功用及工作控制过程，其主要电控元件结构原理及控制电路属于后续课程汽车电控技术的相关内容，本书不作详细介绍。

本书建议授课课时安排如下。

| 授课章节 | | 建议学时 |
| --- | --- | --- |
| 汽车总论 | 总论 | 2 |
| 汽车发动机构造 | 第 1 章　汽车发动机总体构造 | 4 |
| | 第 2 章　机体组及曲柄连杆机构 | 8 |
| | 第 3 章　配气机构 | 4 |
| | 第 4 章　汽油机燃油系统 | 4 |
| | 第 5 章　柴油机燃油系统 | 8 |
| | 第 6 章　进排气系统及排气净化装置 | 6 |
| | 第 7 章　冷却系统 | 3 |
| | 第 8 章　润滑系统 | 3 |
| | 第 9 章　点火系统 | 4 |
| | 第 10 章　起动系统和汽车电源 | 2 |
| 共　　计 | | 48 |

本书由湖南汽车工程职业学院罗灯明、承德石油高等专科学校鲍远通担任主编，承德石油高等专科学校梅彦利、李小泉担任副主编，承德石油高等专科学校张淑华、张全逾参编。本书编写分工为：总论，第4、5、9章由罗灯明编写；第1章由鲍远通编写；第2、3章由梅彦利编写；第6章由张淑华编写；第7、8章由李小泉编写；第10章由张全逾编写。全书由罗灯明统稿。

　　承德石油高等专科学校王世震主审了本书，并提出了许多宝贵意见，在此表示衷心感谢。本书的编写得到了常州宝尊汽车销售服务有限公司总经理杨泽光、大众汽车（中国）销售有限公司高级技术培训师祖彦的大力支持与帮助，在此一并表示感谢。

　　由于编者经验不足，加之时间仓促，书中难免有不妥之处，殷切期望读者给予批评、指正。

编　者

# 目录

# 总　论

**教学提示**

　　汽车结构复杂，种类繁多。作为交通工具的汽车形成的庞大汽车产业，深刻地影响和改变了人们的生活。汽车制造已成为一个国家工业生产能力和科学技术水平的综合象征。汽车产业的发展带动着整个国民经济的快速发展，是发达国家国民经济的支柱产业。

**教学目标**

　　了解汽车产业发展简史；了解汽车的定义及总体构造；重点掌握汽车的分类及型号规则。

| 知　识　点 | 技　能　点 |
| --- | --- |
| 1. 国产汽车产品型号编制规则 | 1. 具备正确认识汽车识别码的能力 |
| 2. 汽车组成及总体构造 | 2. 能够正确识别汽车类型及主要特点 |

# 0.1　汽车的定义及总体构造

汽车发展至今经历了110多年，已经成为最重要的、运输量最大的现代化交通工具之一。汽车产业是世界各个发达国家国民经济的支柱产业，汽车制造已成为一个国家工业生产能力和科学技术水平的综合象征。在汽车上采用大量的新材料、新结构，特别是应用现代化的微电子技术实行控制操纵，大大提高了汽车的性能。汽车产业的快速发展不仅极大地促进了相关行业的繁荣、影响着人们的生活，而且也在不断推动科技进步，带动整个国民经济的发展。

## 0.1.1　汽车的定义

我国按照 GB/T 3730.1—2001《汽车和挂车类型的术语和定义》对汽车的定义为：汽车是由动力驱动，具有 4 个或 4 个以上车轮的非轨道承载的车辆，主要用于载运人员、货物，或牵引人员、货物，或特殊用途的车辆。

美国对汽车的定义为：汽车是由本身携带的动力驱动(不包括人力、畜力和风力)，装有驾驶操纵装置，能在固定轨道以外的道路或自然地域上运输客货或牵引其他车辆的车辆。

日本对汽车的定义为：汽车是不依靠固定轨道和架线，自身装有动力装置和操纵装置，能够在道路上行驶的车辆。

德国对汽车的定义为：汽车是使用液体燃料，用内燃机驱动，具有 3 个或 3 个以上轮子，用于载运乘员或货物的车辆。

现在人们通常所说的汽车一般专指由汽油(或柴油)内燃机驱动的汽车。除特殊说明之外，本书所涉及的汽车仅限于这种狭义的汽车。

## 0.1.2　汽车的总体构造

汽车由上万个零件装配而成，型号众多，用途和结构各异，不同车型的结构千差万别。但汽车的总体构造大都包括发动机、底盘、车身、电气设备 4 部分。

1. 发动机

发动机是汽车的动力装置，其主要作用是使燃料经过燃烧而变成热能，并转变成机械能，通过汽车底盘传动系统输出，驱动汽车行驶。

2. 底盘

底盘是汽车的骨架，用来支撑车身和安装所有部件，同时将发动机的动力传递到驱动轮，并保证汽车能够正常行驶。底盘由传动系统、行驶系统、转向系统、制动系统 4 部分组成。

3. 车身

车身用来乘坐驾驶员、旅客或装载货物。对于不同的车型，车身的结构形式和作用也不同。载货汽车车身包括车头、驾驶室和货厢 3 部分。乘用车车身一般是一整体车身，有承载式车身和非承载式车身之分。

车身附件是安装于车身之上的附属设备，如座椅、空调、刮水器、玻璃升降器、音响、通信设备等。

4. 电气设备

电气设备包括电源、汽车仪表、照明装置与信号装置、点火系统、起动系统、报警装置等用电设备。

上述 4 部分是汽车正常工作必不可少的组成部分。为了适应不同的使用要求及改善汽车某些使用性能，汽车的总体构造和布置形式可做某些变动，如专用汽车和特殊汽车除此之外还有其专用和特殊装备等。

# 0.2 汽车发展简史

现代汽车是以内燃机为动力作为标志的。1886 年 1 月 29 日，德国人卡尔·本茨制造的一辆带煤气发动机的三轮汽车申请获得德国皇家专利局专利证书，这标志着现代汽车的诞生，因此人们称其为"汽车之父"。

1765 年英国的詹姆斯·瓦特(James Watt)发明了蒸汽机，1769 年人们将蒸汽机装在一辆木制三轮车上，制成了最早的机动车。蒸汽机是外燃机，热效率较低。

1860 年法国的埃蒂内·列诺尔(Etienne Lenoir)制成了煤气机(以煤气为燃料的内燃机)，热效率只有 3%～4%。1866 年德国工程师尼古拉斯·奥托(Nicdaus Otto)制造出往复活塞四冲程内燃机，并为现代内燃机发展奠定了四冲程工作循环(奥托循环)的理论基础，以汽油为燃料的奥托内燃机热效率可达 12%～14%。1892 年德国工程师鲁道夫·狄塞尔(Rudolph Diesel)获得了柴油机发明专利，并于 1897 年制成了实用的四冲程柴油机。

19 世纪末 20 世纪初，装备汽车的动力机械主要有蒸汽机、电动机(由蓄电池驱动)和汽油内燃机。汽油内燃机不断改进，升功率逐年提高，以其轻巧强劲成为汽车的主要动力装置。蒸汽机汽车逐渐退出市场，直到 1923 年停止生产。柴油机因其笨重，轻量化进展较慢，到 20 世纪中叶以后才大量用于汽车，成为汽车的另一主要动力装置。

19 世纪末，法国的帕纳尔·勒瓦索公司将发动机装在汽车的前部，通过离合器、变速装置和齿轮传动装置把驱动力传到后轮，这种发动机前置后轮驱动的方案称为"帕纳尔系统"，载货汽车一直沿用这种方案。

1908 年美国福特汽车公司推出著名的 T 型车，在汽车行业首次采用流水生产线大批量组装汽车，使 T 型车产量大幅上升、成本大幅下降，促使汽车从奢侈品变成为经济实惠产品，带动了全球汽车产业的发展，具有极大的社会意义。

1934 年法国雪铁龙推出一款名叫 7A 的前驱汽车，前轮驱动、无底盘的车身结构、通过扭杆实现单轮减振及液压制动等集中应用，并批量生产。这种前轮驱动汽车成为轿车设计的潮流。

从汽车开始大批生产到 20 世纪 30 年代末，社会对汽车的需求大量增加，使汽车结构、性能和制造工艺不断地发展进步。这个阶段人们陆续发明了 V 型发动机、同步器、准双曲面齿轮、液压制动系统、独立悬架、低压充气轮胎、全钢车身、夹层安全玻璃、液力自动变速器等许多汽车新结构和新技术。

1959 年面世的"迷你(Mini)"小型车(车长 3.05m、宽 1.4m，质量仅 630kg)触发了一场汽车技术的革命,从此微型轿车正式成为汽车家族的重要成员。20 世纪 80 年代,法国雷诺汽车公司推出 Espace 牌多用途厢式车,简称为 MPV(Multi - Purpose Vehicle),车内每个座椅都可独立调节,可以做成多个形式的组合,既可以是乘用车形式,又可组合成有小桌的小型会议室。受 MPV 设计概念的启发,现代汽车中又出现了运动型多用途车,简称 SUV(Sport Utility Vehicle),具有轿车和轻型卡车的特点。近年来出现的风靡全球的休闲车,简称 RV(Recreation Vehicle),在外形上突破了传统轿车三厢式的布局,车厢空间具有多用途、富于变化及适应性广的特点。

现代汽车已经成为高新科技产品,新材料、新工艺、新技术大量应用于汽车上,特别是微电子技术在汽车上的应用,大大改善和提高了汽车的性能。例如,电子控制的发动机点火系统和供油系统、缸内直喷技术、电子节气门技术、柴油机共轨技术、可变涡轮增压技术、防抱死制动系统(ABS)、牵引力控制系统(ASR)、车身稳定系统(ESP)、电控悬架系统、电控转向系统、电子防盗系统、卫星导航系统(GPS)等。现代汽车技术正朝着安全、环保、节能的方向不断发展。

汽车虽然诞生在欧洲,但由于两次世界大战的影响,以及美国的优越自然条件和宽松的政策,美国取代欧洲成为世界汽车产业中心。一直到 20 世纪 60 年代,美国生产的汽车依旧占世界总量的 70%～80%。20 世纪 50 年代欧洲经济处于恢复发展阶段,人民生活较简朴,要求汽车结构尺寸紧凑实用;美国人民生活富裕,汽车设计追求宽松气派。欧洲汽车的设计思想开始和美国分道扬镳,使世界汽车设计和造型风格开始显现出欧洲和美国两大流派。日本汽车工业在战后依靠引进国外先进技术和科学的经营管理方法获得高速发展,到 20 世纪 80 年代,世界汽车产业形成美国、欧洲、日本三足鼎立之势。

20 世纪 80 年代以来,随着世界经济全球化的步伐,形成了汽车工业全球化的趋势。世界各大汽车公司为了在激烈的竞争中求生存,寻求多样化的合作方式,实现跨国经营。汽车企业兼并重组大致分为 3 种形式:①合并,即原来的两家企业合并成一家企业,如戴姆勒-奔驰公司和克莱斯勒公司的合并;②注入资金,即一家企业向另一家企业注入资金,取得部分产权,如雷诺公司和日产公司采取协议相互注入资金;③收购,即收购方获得全部或大部分产权,如通用公司收购大宇公司、吉利公司收购沃尔沃公司等。

一些新兴的工业国家和发展中国家,由于经济的发展,致使汽车需求量迅速增长,寻求采取多种方式与汽车工业国合作。这些国家通过利用优惠政策吸引外资,采取引进先进技术和装备,进口全拆散(CKD)或半拆散(SKD)零件装车,逐步提高零件的国产化率,进而使零部件自给,以满足国内市场需求的模式发展自己的汽车工业。韩国和西班牙的汽车工业就是采取这种模式进行发展的,在逐步增强自主开发能力后将自己的汽车产品打入国际市场参与竞争。中国、印度、巴西、墨西哥也引进汽车和汽车生产技术发展自己的汽车工业。

我国的汽车工业是在 1953 年时从零起步的,开始建立第一汽车制造厂,三年后便生产出国产"解放牌"中型载货汽车,是为创建阶段(1953—1958 年)。20 世纪 60 年代建设了第二汽车制造厂，生产我国独立设计的"东风牌"中型载货汽车。后来又建设了"川汽"、"陕汽"等重型汽车厂，还在修理厂的基础上建成了"北汽"、"上汽"、"南汽"、"济汽"等一批骨干企业，是为独立自主发展阶段(1958—1984 年)。但汽车的品种在过去的长时间内"缺重少轻"，更无轿车工业。鉴于这种情况，国家在"七五"规划中提出"要把汽车工业作为重要的支柱产业，争取有一个较大的发展"，又决定"高起点、大批量、专业化"地发展轿车工业，并把第一汽车制造厂、第二汽车制造厂和上海、北京、天津、广州等地定为轿车生产基地，引进国外车型及先进技术与资金，强调要认真消化吸收，培养自主开发能力，加速国产化，是为对外开放阶段。

中国汽车工业协会相关负责人 2014 年 11 月 13 日在 2014 广州汽车展新闻发布会上称，2014 年前三季度，中国汽车产销量已突破 1700 万辆，今年总产销量预计达 2400 万辆，有望连续第六年稳居世界头号汽车产销大国的地位。

汽车问世百余年来，特别是从汽车产品的大批量生产及汽车工业的大发展以来，汽车已对世界经济的发展、对人类进入现代生活，产生了无法估量的巨大影响，为人类社会的进步做出了不可磨灭的巨大贡献。2014 年国内汽车保有量将近 1.4 亿，就 2013 全国汽车保有量已达到 1.37 亿辆，从 2400 万辆增长到 1.37 亿辆，近十年汽车年均增加 1100 多万辆，是 2003 年汽车数量的 5.7 倍，占全部机动车比率达到 54.9%，比十年前提高了 29.9%。Navigant Research 公司在报告中指出，2014 年世界范围内轻型车新车销量将达到 8410 万辆，而汽车保有量将达到 12 亿辆。

作为交通工具的汽车和由此形成的庞大的汽车产业，深刻地影响和改变了人们的生活。汽车承担着全世界 65% 以上的货运量和 80% 以上的客运量。制造汽车需要的材料多达 4200 多种，汽车和汽车制造每年消耗全球 46% 的石油、24% 的橡胶和 25% 的玻璃，汽车制造已成为一个国家工业生产能力和科学技术水平的综合象征。汽车生产的原材料包括钢铁、有色金属、工程塑料、橡胶、玻璃、纺织品、木材、涂料等众多材料；汽车制造涉及冶金、机械制造、化工、电子、石油、轻工业等工业部门；汽车后市场还涉及汽车的销售、金融、商业、运输、旅游、服务等第三产业。汽车产业的发展带动着整个国民经济的快速发展。

# 0.3　汽车分类及型号

## 0.3.1　汽车分类

国家标准 GB/T 3730.1—2001《汽车和挂车类型的术语和定义》参照国际原则，将汽车分类由原来的轿车、客车、载货汽车等类型，分为乘用车、商用车两大类。

(1)乘用车。乘用车是指在其设计和技术特性上主要用于载运乘客及其随身行李或临时物品的汽车，包括驾驶员座位在内最多不超过 9 个座位，它也可以牵引一辆挂车。

乘用车又可进一步分为普通乘用车、活顶乘用车、高级乘用车、小型乘用车、敞篷车、仓背乘用车、旅行车、多用途乘用车、短头乘用车、越野乘用车和专用乘用车 11 类，其中前面 6 种乘用车俗称轿车。

(2)商用车。商用车是指在设计和技术特性上主要用于运送人员和货物的汽车，并且可以牵引挂车，包括驾驶员座位在内座位数超过9个。商用车分为客车、货车和半挂牵引车等3类。客车细分为小型客车、城市客车、长途客车、旅游客车、铰接客车、无轨客车、越野客车和专用客车等；货车细分为普通货车、多用途货车、全挂牵引车、越野货车、专用作业车和专用货车等。

国家标准GB/T 15089—2001《机动车辆及挂车分类》将汽车分为M类、N类、O类、L类和G类。

(1) M类为载客机动车辆。M类又分为$M_1$类、$M_2$类和$M_3$类。

$M_1$类：除驾驶员座位外，乘客座位不超过8个的载客车辆。

$M_2$类：除驾驶员座位外，乘客座位超过8个，且厂定最大总质量不超过5t的载客车辆。

$M_3$类：除驾驶员座位外，乘客座位超过8个，且厂定最大总质量超过5t的载客车辆。

(2) N类为至少有4个车轮的载货机动车辆或有3个车轮且厂定最大总质量超过1t的载货机动车辆。N类又分为$N_1$类、$N_2$类和$N_3$类。

$N_1$类：厂定最大总质量不超过3.5t的载货车辆。

$N_2$类：厂定最大总质量超过3.5t，但不超过12t的载货车辆。

$N_3$类：厂定最大总质量超过12t的载货车辆。

另外，O类为挂车(包括半挂车)，L类是少于4个车轮的机动车辆，G类为越野车。

我国汽车行业及许多企业仍沿用旧标准GB/T 3730.1—1988的规定，按用途把汽车分为普通运输汽车和专用汽车两大类。

1. 普通运输汽车

(1) 轿车。轿车是指用于载送人员及其随身物品，且座位布置在两轴之间的汽车，座位数一般不超过5个。轿车按发动机排量(汽缸工作容积)的大小分级，见表0-1。

表0-1 轿车的分级

| 轿车类型 | 发动机排量/L | 轿车类型 | 发动机排量/L |
|---|---|---|---|
| 微型轿车 | ≤1.0 | 中高级轿车 | >2.5～≤4.0 |
| 普通级轿车 | >1.0～≤1.6 | 高级轿车 | >4.0 |
| 中级轿车 | >1.6～≤2.5 | | |

国际上对轿车大都采用综合分级。欧洲使用轴距分级，如奔驰的C、E、S级，宝马的3、5、7级；美系轿车(如通用公司)综合考虑车型尺寸、排量、装备和售价之后分级；日系轿车按尺寸和排量对汽车分级；德国主要依据轴距、排量、质量等参数，把轿车分成A、B、C、D级，字母顺序越靠后，该级别车的轴距越长、排量和质量越大，轿车的豪华程度也不断提高，如A级(包括A0、A00)车是小型轿车，B级车是中档轿车，C级车是高档轿车，而D级车则是豪华轿车。

(2) 客车。客车是用来运送人员及少量行李物品的汽车，具有长方形的车厢和若干坐椅。客车根据车辆总长度分级，见表0-2。

表 0-2　客车的分级

| 客车类型 | 车辆总长度/m | 客车类型 | 车辆总长度/m |
|---|---|---|---|
| 微型客车 | ≤3.5 | 大型客车 | >10~≤12 |
| 轻型客车 | >3.5~≤7.0 | 超大型客车 | 铰接客车和双层客车 |
| 中型客车 | >7.0~≤10 | —— | —— |

（3）货车。货车是载运货物的运输汽车，又称载重汽车（卡车）。货车按照汽车的总质量分级，见表 0-3。

表 0-3　货车的分级

| 货车类型 | 汽车总质量/t | 货车类型 | 汽车总质量/t |
|---|---|---|---|
| 微型货车 | ≤1.8 | 中型货车 | >6.0~≤14 |
| 轻型货车 | >1.8~≤6.0 | 重型货车 | >14 |

（4）越野汽车。越野汽车是指主要行驶在路况不好或无路的地区，具有高通过性的全轮驱动汽车。所谓全轮驱动是指其两轴（四轮）或三轴（六轮）都是驱动轴（轮）。越野汽车的驱动力远大于载重车，因而通过性很强，一般作为军用或野外工程用车。越野汽车按厂定最大总质量可分为轻型越野汽车、中型越野汽车和重型越野汽车。

（5）自卸汽车。自卸汽车是指以运送货物为主而具有可倾卸货厢的汽车。自卸汽车利用自身的液压自卸装置将货厢倾斜卸货，它的货厢有后翻和侧翻两种，广泛使用后翻式。

（6）牵引汽车与挂车。牵引汽车是专门或主要用来牵引挂车或其他车辆的汽车，分为全挂牵引汽车和半挂牵引汽车。挂车是指由牵引汽车牵引、本身不带动力的车辆。牵引汽车与挂车组合称为汽车列车。

2. 专用汽车

专用汽车是指为完成特定的载运或作业任务，装置有专用设备或用基本车型特殊改装的汽车。专用汽车可分为运输型专用汽车和作业型专用汽车，运输型专用汽车如封闭车厢货车、冷藏车厢货车、罐式车、专用自卸汽车、集装箱汽车、仓栅式汽车、挂车及半挂车等；作业型专用汽车如医疗救护车、公安消防车、环卫环保作业车、市政工程作业车、电视转播车、石油地质作业车等。

汽车除了按用途分类以外，还可以按动力装置类型分类，如内燃机汽车，包括活塞式内燃机汽车（往复活塞式和旋转活塞式）、燃气轮机汽车、电动汽车（蓄电池电动汽车、燃料电池电动汽车和混合动力电动汽车）、喷气式汽车；按汽车燃料分类，如汽油机汽车、柴油机汽车和其他燃料（压缩天然气、液化天然气、醇类、氢气、合成液体石油等）汽车；按行驶道路条件分类，如公路用车、非公路用车（只能在矿山、机场、工地、专用道路等非公路地区使用）；按行驶机构特征分类，如轮式汽车（包括非全轮驱动和全轮驱动）、其他类型行驶机构车辆（履带式、雪橇式等）。

### 0.3.2 汽车产品型号规则

按照国家标准 GB/T 9471—1988 规定，国产汽车产品型号应能反映企业名称、车辆类别、主要特征参数等。汽车产品型号由拼音字母和阿拉伯数字组成，包括首部、中部和尾部 3 部分。

（1）首部——用代表企业名称的两个或三个拼音字母表示。

（2）中部——用四位阿拉伯数字表示汽车的主要特征参数，分为首位、中间两位和末位数字，其含义见表 0-4。

表 0-4　汽车型号中部四位阿拉伯数字的含义

| 首位数字表示车型类别 | | 中间两位数字表示各类汽车的主要特征参数 | 末位数字 |
|---|---|---|---|
| 1 | 载货汽车 | 数字表示汽车总质量(t)<br>当汽车总质量<10t 时，前面以"0"占位<br>当汽车总质量>100t 时，允许用三位数字 | 表示企业自定序号 |
| 2 | 越野汽车 | | |
| 3 | 自卸汽车 | | |
| 4 | 牵引汽车 | | |
| 5 | 专用汽车 | | |
| 6 | 客车 | 表示汽车总长度(0.1m)的数字<br>当汽车总长度>10m 时，计算单位用 m | |
| 7 | 轿车 | 表示发动机的工作容积(0.1L)的数字 | |
| 8 | (暂缺) | | |
| 9 | 半挂车或专用半挂车 | 数字表示汽车总质量(t) | |

（3）尾部——用拼音字母或阿拉伯数字表示专用汽车的分类或企业自定代号。

例如，型号 EQ1091 表示东风汽车公司生产的载货汽车，总质量 9t，末位数字 1 表示产品序号为基本型。型号 CA7226L 表示第一汽车制造厂生产的轿车，发动机排量 2.2L，序号 6 表示五缸发动机的车型，尾部字母 L 表示加长型。

# 0.4 车辆识别代码(VIN)

世界各国汽车公司生产的汽车大部分都使用了 VIN（车辆识别代号编码，Vehicle Identification Number），它是由一组字母和阿拉伯数字组成的，共 17 位，所以又称 17 位识别代号编码。它是识别一辆汽车不可缺少的工具，具有在世界范围内对一辆车的唯一识别性，就像人的身份证号码一样，故称"汽车身份证"。从 VIN 中可以识别得出该车的生产国家、制造厂家、汽车类型、品牌名称、车型系列、车身形式、发动机型号、车型年款、安全防护装置型号、检测数字、装配工厂名称和出厂顺序号码等。当每一辆新出厂的车被刻上 VIN 代号，此代号将伴随着车辆的注册、保险、年检、维修与保养，直至回收或报废而载入每辆车的服役档案。

国际标准化组织 ISO 在 1976 年制定了 ISO 3780《道路车辆——世界制造厂识别代

号》标准后，各主要汽车生产国纷纷制定了自己的标准，建立了世界范围内的车辆识别系统。我国的车辆识别代号国家标准是由原机械工业部在 1996 年 12 月 25 日发布，从 1997 年 1 月 1 日起开始实施的。

VIN 码由 3 个部分组成：世界制造厂识别代号（WMI）、车辆说明部分（VDS）和车辆指示部分（VIS）。

（1）世界制造厂识别代号（WMI）：世界制造厂识别代号用来标志车辆制造厂的唯一性，通常占车辆识别代号（VIN）的前三位。

（2）车辆说明部分（VDS）：说明车辆的一般特性，由车辆识别代号（VIN）的第 4 位到第 9 位共 6 位字符组成。如果制造厂不用其中的一位或几位字符，应在该位置填入选定的字母或数字占位。此部分应能识别车辆的一般特征，其代号顺序由制造厂决定。

（3）车辆指示部分（VIS）：制造厂为了区别不同车辆而指定的一组字符，车辆指示部分由车辆识别代号（VIN）的后 8 位字符组成，其最后 4 位字符应是数字。

各国政府及汽车公司对本国或本公司生产的汽车 17 位识别代号编码都有具体规定，但是在 17 位代码的具体各个字码分别代表意义上却各有不同。

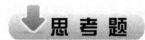

思　考　题

1. 简述汽车发展简史。
2. 简述中国汽车产业的发展历程。
3. 汽车总体构造由几部分组成？各个部分有什么功用？
4. 国产汽车按用途如何分类？
5. 国产汽车型号规则包含哪些内容？

# 第1章

# 汽车发动机总体构造

**教学提示**

发动机是汽车的动力之源，称为汽车的心脏，大多采用内燃机。本章重点介绍汽车发动机的分类、基本术语、基本工作原理、总体构造及其主要性能指标。

**教学目标**

掌握发动机的分类和基本术语；重点掌握四冲程发动机的工作原理；了解二冲程发动机的工作原理；了解发动机的总体构造和国产发动机编号规则；熟悉发动机的主要性能指标。

| 知 识 点 | 技 能 点 |
|---|---|
| 1. 速度特性和负荷特性概念<br>2. 发动机分类<br>3. 发动机基本术语<br>4. 四冲程发动机工作原理<br>5. 发动机示功图<br>6. 发动机总体构造<br>7. 内燃机型号编制规定 | 1. 具备正确拆装发动机的基本技能<br>2. 掌握常用工具的使用技能 |

# 1.1　概　　述

发动机是将某一种形式的能量转换为机械能的机器。发动机是汽车的动力源，汽车发动机大多是热能动力装置，简称热力机。热力机是借助工质的状态变化将燃料燃烧产生的热能转变为机械能的。发动机还广泛应用于交通运输机械、农业机械、工程机械和发电机组等各个方面。

热力机分内燃机和外燃机两种。直接以燃料燃烧所生成的燃烧产物为工质的热力机为内燃机，反之则为外燃机。内燃机包括活塞式内燃机和燃气轮机，外燃机包括蒸汽机、汽轮机和热气机(也称斯特灵发动机)等。内燃机与外燃机相比，具有结构紧凑、体积小、质量轻和容易起动等优点。因此，内燃机尤其是活塞式内燃机被广泛地用作汽车的动力装置。本书以后内容所涉及的发动机均指活塞式内燃机。

## 1.1.1　汽车发动机的分类

汽车发动机可以按不同的特征进行分类，以下介绍几种常见的分类类型。

(1) 按活塞运动方式的不同，分为往复活塞式发动机和旋转活塞式发动机两种。前者活塞在汽缸内做往复直线运动，后者活塞在汽缸内做旋转运动。旋转活塞式发动机(也称转子发动机)由德国人汪克尔(F. Wankel)发明，使发动机转速有较大幅度的提高。本书内容主要以往复活塞式发动机为主。

(2) 根据所用燃料种类的不同，分为汽油机、柴油机和气体燃料发动机 3 类。使用汽油或柴油为燃料的活塞式内燃机分别称作汽油机或柴油机。使用天然气、液化石油气和其他气体燃料的活塞式内燃机称作气体燃料发动机。

(3) 按冷却方式的不同，分为水冷式发动机和风冷式发动机两种。水冷式发动机利用冷却液作为冷却介质，冷却均匀，工作可靠，冷却效果好，被广泛应用于现代车用发动机。风冷式发动机利用空气作为冷却介质。

(4) 按完成一个工作循环活塞往复运动的行程数，分为四冲程发动机和二冲程发动机。在一个工作循环中活塞往复 4 个行程的内燃机称作四冲程往复活塞式发动机，而活塞往复两个行程完成一个工作循环的则称作二冲程往复活塞式发动机。汽车发动机广泛使用四冲程发动机。

(5) 按进气状态不同，分为非增压发动机和增压发动机。若进气是在接近大气压状态下进行的，称作非增压发动机或自然吸气式发动机；若利用增压器增大进气压力、进气密度并使进气量增大，则称作增压发动机。

## 1.1.2　发动机基本术语

下面以图 1.1 为例说明发动机常用基本术语。

(1) 上、下止点。活塞在汽缸内做往复直线运动时，活塞顶离曲轴回转中心最远处为上止点；活塞顶离曲轴回转中心最近处为下止点。

(2) 活塞行程。上、下止点间的距离 $S$ 称为活塞行程。

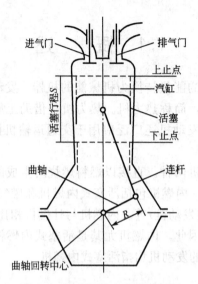

图 1.1　发动机基本术语示意图

（3）曲轴回转半径。曲轴回转半径即为曲柄半径 $R$。曲轴每回转一周，活塞移动两个活塞行程，通常活塞行程为曲柄半径的两倍，即 $S=2R$。

（4）汽缸工作容积。上、下止点间所包容的汽缸容积称为汽缸工作容积，一般用 $V_S$ 表示，单位为 L，即

$$V_S = \frac{\pi D^2}{4 \times 10^6} \cdot S$$

式中：$D$——汽缸直径，mm；

　　　　$S$——活塞行程，mm。

（5）发动机排量。发动机所有汽缸工作容积的总和称为发动机排量，一般用 $V_L$ 表示，单位为 L，即

$$V_L = i \cdot V_S$$

式中：$i$——汽缸数。

（6）燃烧室容积。活塞位于上止点时，活塞顶面以上、汽缸盖底面以下所形成的空间称为燃烧室，其容积称为燃烧室容积，也称压缩容积，一般用 $V_C$ 表示，单位为 L。

（7）汽缸总容积。汽缸工作容积与燃烧室容积之和称为汽缸总容积，一般用 $V_a$ 表示，单位为 L，即

$$V_a = V_S + V_C$$

（8）压缩比。汽缸总容积与燃烧室容积之比称为压缩比，一般用 $\varepsilon$ 表示，即

$$\varepsilon = \frac{V_a}{V_C} = 1 + \frac{V_S}{V_C}$$

压缩比表示活塞由下止点运动到上止点时，汽缸内的气体被压缩的程度。压缩比越大，压缩终了时汽缸内的气体压力和温度就越高。通常汽油机的压缩比为 7～10，柴油机的压缩比为 16～22。

（9）工作循环。由进气、压缩、做功和排气 4 个工作过程组成的封闭循环称为一个工

作循环。曲轴转两圈（720°），活塞上下往复运动4次，完成一个工作循环的发动机，称为四冲程发动机；曲轴转一圈（360°），活塞上下往复运动两次，完成一个工作循环的发动机，称为二冲程发动机。

# 1.2 发动机基本工作原理

## 1.2.1 四冲程发动机工作原理

### 1. 四冲程汽油机工作原理

四冲程汽油机在一个工作循环中完成进气行程、压缩行程、做功行程和排气行程，将空气与汽油形成混合气，在进气行程被吸入汽缸，在压缩行程被压缩，通过点火燃烧而产生热能，高温高压的气体作用于活塞顶部，推动活塞做往复直线运动，通过连杆、曲轴飞轮机构对外输出机械能。周而复始，使曲轴连续运转。

图1.2所示为四冲程汽油机工作原理示意图，图1.3所示为四冲程汽油机示功图，以汽缸容积 $V$（或曲轴转角）为横坐标、汽缸内气体压力 $p$ 为纵坐标。

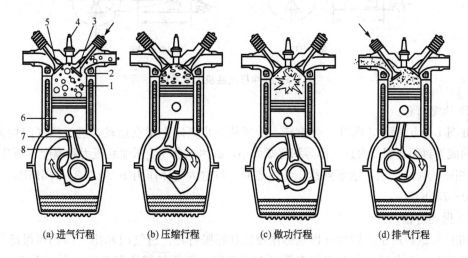

(a) 进气行程　　　(b) 压缩行程　　　(c) 做功行程　　　(d) 排气行程

**图1.2 四冲程汽油机工作原理示意图**

1—汽缸；2—汽缸盖；3—进气门；4—火花塞；5—排气门；6—活塞；7—连杆；8—曲轴

1) 进气行程

如图1.2(a)所示，活塞在曲轴的带动下由上止点移至下止点。此时进气门开启，排气门关闭。在活塞移动过程中，汽缸容积逐渐增大，汽缸内形成一定的真空度，空气和汽油的混合气通过进气门被吸入汽缸，并在汽缸内进一步混合形成可燃混合气。实际上，汽油机的进气门是在活塞到达上止点之前打开，并且延迟到下止点之后关闭，以便吸入更多的可燃混合气。

如图1.3(a)所示，由于进气系统存在阻力，进气终了时汽缸内气体压力略低于大气压力，即 $p_a$ 为 0.08～0.09MPa。由于汽缸壁、活塞顶、气门等高温零件的加热以及与残余废气的混合，所以进入汽缸内的可燃混合气的温度要高于大气温度，即为320～380K。

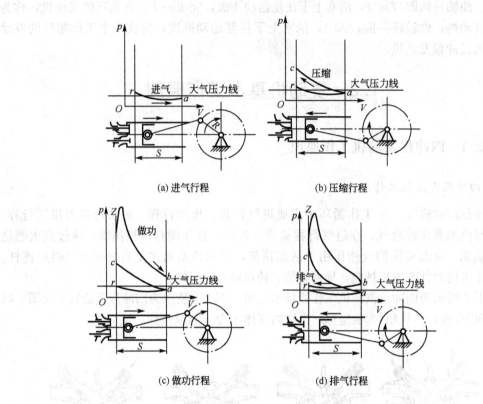

(a) 进气行程          (b) 压缩行程

(c) 做功行程          (d) 排气行程

图 1.3　四冲程汽油机的示功图

2) 压缩行程

如图 1.2(b)所示,曲轴继续旋转,活塞从下止点向上止点运动,进、排气门均关闭,汽缸内成为封闭容积,汽缸工作容积逐渐缩小,缸内混合气受压缩后压力和温度不断升高。

如图 1.3(b)所示,活塞到达压缩终点时,汽缸内气体压力 $p_c$ 为 0.8~1.5MPa,温度为 600~750K。

3) 做功行程

如图 1.2(c)所示,做功行程也称作燃烧和膨胀行程,进气门和排气门仍然保持关闭。当活塞接近上止点时,由火花塞点燃可燃混合气,混合气燃烧释放出大量的热能,使汽缸内气体的压力和温度迅速提高,高温高压气体膨胀,推动活塞从上止点向下止点运动,通过连杆使曲轴旋转并输出机械功。

如图 1.3(c)所示,混合气燃烧的最高压力 $p_z$ 可达 3.0~6.5MPa,最高温度 $T_z$ 可达 2200~2800K。随着活塞的下移,汽缸容积增加,气体压力和温度逐渐下降,到达 $b$ 点时,其压力为 0.35~0.5MPa,温度为 1200~1500K。

4) 排气行程

如图 1.2(d)所示,排气行程时,排气门开启,进气门仍然关闭,活塞从下止点向上止点运动。当排气门开启时,燃烧后的废气在自身剩余压力和活塞的推动下,经排气门向缸外排气。活塞越过上止点后,排气门关闭,排气行程结束。实际上,汽油机的排气行程也是排气门提前打开,延迟关闭,以便排出更多的废气。

如图 1.3(d)所示，由于排气系统的阻力作用，排气终了时压力稍高于大气压力，即 $p_r$ 为 0.105～0.12MPa；排气终了时温度 $T_r$ 为 900～1100K。活塞运动到上止点时，燃烧室中仍留有一定容积的废气无法排出，这部分废气称为残余废气。

**2. 四冲程柴油机工作原理**

四冲程柴油机和四冲程汽油机一样，每个工作循环也是由进气行程、压缩行程、做功行程和排气行程组成的。由于柴油和汽油的使用性能不同，因而柴油机和汽油机在可燃混合气的形成、着火方式、燃烧过程、系统结构等方面有所不同，图1.4所示为四冲程柴油机工作原理示意图。

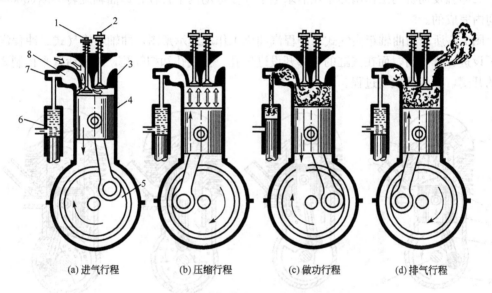

(a) 进气行程　　(b) 压缩行程　　(c) 做功行程　　(d) 排气行程

**图 1.4　四冲程柴油机工作原理示意图**

1—进气门；2—排气门；3—汽缸盖；4—活塞；5—曲轴；6—高压油泵；7—喷油器；8—燃烧室

**1) 进气行程**

如图 1.4(a)所示，柴油机吸入汽缸的是纯空气而不是可燃混合气。由于柴油机进气系统阻力较小，进气终了时气体压力略高于汽油机，而气体温度略低于汽油机。进气终点压力为 0.085～0.095MPa，进气终点温度为 300～340K。

**2) 压缩行程**

如图 1.4(b)所示，由于压缩的工质是纯空气，因此柴油机的压缩比比汽油机高(一般 $\varepsilon=16\sim22$)，压缩终了时气体压力和温度都比汽油机高，压力为 3.5～4.5MPa，温度为 750～1000K，大大超过柴油的自燃温度(约 520K)。

**3) 做功行程**

如图 1.4(c)所示，在压缩行程接近上止点时，喷油器将高压柴油以雾状喷入燃烧室，柴油和空气在汽缸内形成可燃混合气并着火燃烧。柴油机燃烧过程中汽缸内出现的最高压力要比汽油机高得多，可高达 6～9MPa，最高温度可高达 1800～2200K。在气体压力的作用下，活塞推动连杆，连杆推动曲轴旋转做功。做功行程终了时，气体压力为 0.2～0.5MPa，气体温度为 1000～1200K。由于柴油机是靠压缩自行着火燃烧的，故称柴油机为压燃式发动机。

4) 排气行程

柴油机的排气与汽油机基本相同,排气终了时,汽缸内气体压力为 0.105 ~ 0.120MPa,气体温度为 700~900K。

### 1.2.2　二冲程发动机工作原理

**1. 二冲程汽油机工作原理**

二冲程发动机的工作循环是在活塞上下往复运动两个行程,即曲轴旋转一圈(360°)的时间内完成的。

图 1.5 所示为曲轴箱换气式二冲程汽油机工作原理示意图,曲轴箱换气式二冲程汽油机不设进、排气门,而在汽缸的下部开设进气孔、排气孔和扫气孔,并由活塞来控制 3 个孔的开闭,以实现换气过程。

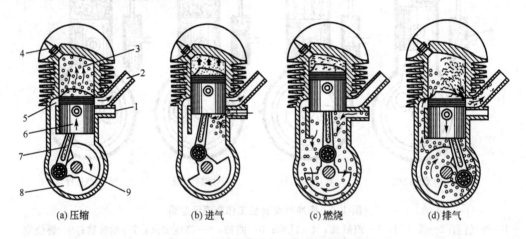

图 1.5　二冲程汽油机工作原理示意图
1—进气孔;2—排气孔;3—汽缸;4—火花塞;5—扫气孔;6—活塞;7—连杆;8—曲轴箱;9—曲轴

1) 第一行程

活塞在曲轴带动下由下止点移至上止点。

当活塞处于下止点时,进气孔被活塞关闭,排气孔和扫气孔开启。随着活塞向上止点运动,活塞头部首先将扫气孔关闭,扫气终止。但此时排气孔尚未关闭,仍有部分废气和可燃混合气经排气孔继续排出,称其为额外扫气。当活塞将排气孔也关闭之后,汽缸内的可燃混合气开始被压缩,如图 1.5(a)所示。直至活塞到达上止点,压缩过程结束。

在活塞到达上止点之前,随着活塞的上移,曲轴箱容积增大,形成一定的真空,当活塞裙部将进气孔开启时,由空气和汽油组成的混合气被吸入曲轴箱,开始进气,如图 1.5(b)所示。空气和汽油在曲轴箱内进一步混合形成可燃混合气。

2) 第二行程

活塞由上止点移至于下止点。

在压缩过程终了时,火花塞产生电火花,将汽缸内的可燃混合气点燃,如

图1.5(c)所示，燃烧气体膨胀做功。此时排气孔和扫气孔均被活塞关闭，进气孔仍然开启。

随着活塞向下止点运动，活塞裙部将进气孔关闭，进气结束。活塞继续向下止点移动，曲轴箱容积不断压缩。此后，活塞头部先将排气孔开启，燃烧后的废气经排气孔排出。至此做功过程结束，开始先期排气。随后活塞又将扫气孔开启，经过预压缩的可燃混合气从曲轴箱经扫气孔进入汽缸，如图1.5(d)所示，扫除其中的废气，开始扫气过程。这一过程将持续到第一行程中扫气孔被关闭时为止。

2. 二冲程柴油机工作原理

图1.6所示为带扫气泵的气门——气孔式直流扫气二冲程柴油机工作原理示意图。

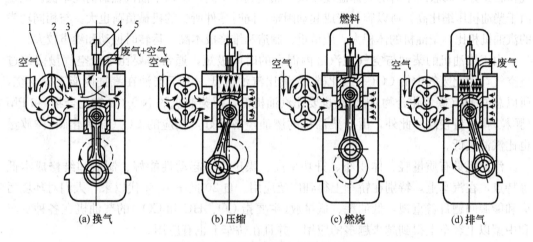

图1.6　二冲程柴油机工作原理示意图
1—扫气泵；2—空气室；3—进气孔；4—喷油器；5—排气门

1）第一行程

活塞由下止点移至上止点。

当活塞处于下止点位置时，进气孔和排气门均已开启。扫气泵将纯空气增压到0.12～0.14MPa后，经空气室和进气孔送入汽缸，扫除其中的废气。废气经汽缸顶部的排气门排出，如图1.6(a)所示。

当活塞上移将进气孔关闭的同时，排气门也关闭，进入汽缸内的空气开始被压缩，如图1.6(b)所示，活塞运动至上止点，压缩过程结束。

2）第二行程

活塞由上止点移至下止点。

当压缩过程终了时，高压柴油经喷油器喷入汽缸，并自行着火燃烧，如图1.6(c)所示，高温高压的燃烧气体推动活塞做功。

当活塞下移到排气门开启时，废气经排气门排出，如图1.6(d)所示。活塞继续下移，进气孔开启，来自扫气泵的空气经进气孔进入汽缸进行扫气。扫气过程将持续到活塞上移时将进气孔关闭为止。

### 1.2.3　汽油机和柴油机的比较

**1. 四冲程汽油机与柴油机的比较**

汽油和柴油在蒸发性和流动性上的差别使两种发动机的混合气形成方式不同。除了缸内汽油直接喷射的汽油机外，目前绝大部分汽油机的可燃混合气是在汽缸外部形成的；而柴油机的可燃混合气在汽缸内部形成。

汽油机和柴油机在可燃混合气着火方式上也不同。汽油机的可燃混合气由电火花强制点火燃烧（点燃），而柴油机的可燃混合气则在高温高压环境下自行着火燃烧（压燃）。

汽油机的压缩比受到汽油爆燃的限制，而柴油机压缩的是空气，压缩比比汽油机高，燃气膨胀充分，膨胀终了时的气体温度较低，热量利用率高，所以柴油机燃油消耗率低。但是由于柴油机压缩比高，所以容易造成起动困难，同时零件所受的机械负荷也大。与相同功率的汽油机相比，柴油机的体积大、质量重、制造和维修成本高、运转时振动和噪声较大。

由于柴油机的柴油与空气在汽缸内混合的时间极短，通常需要比理论空气量多的过量空气，因此废气中的 $CO$（一氧化碳）含量比汽油机低。由于柴油在汽缸内能充分燃烧，所以总的 $HC$（碳氢化合物）排放量也要比汽油机低，但柴油机的 $NO_x$（氮氧化合物）和 $PM$（颗粒）排放量较高。此外，由于柴油机的燃油经济性好，相应的 $CO_2$（二氧化碳）排放量也比汽油机低。

汽油机具有质量轻、体积小、升功率高、噪声小、起动性能好、制造和维修成本低等特点，在汽车上，特别在轿车上得到广泛应用。自20世纪70年代以来，人们对环境污染和能源问题日益重视，低油耗、低排放（主要指 $CO$、$HC$ 和 $CO_2$）的柴油机在各种货车和中型以上客车上得到越来越多的应用，并且在轿车上也有应用。

**2. 二冲程发动机与四冲程发动机的比较**

二冲程发动机曲轴每转一周完成一个工作循环，做功一次。当曲轴转速相同时，二冲程发动机单位时间的做功次数是四冲程发动机的两倍，由于曲轴每转一周做功一次，因此曲轴旋转的角速度比较均匀。

二冲程发动机的换气过程时间短，仅为四冲程发动机的1/3左右。另外，进、排气过程几乎同时进行，利用新气扫除废气，新气可能流失，废气也不易清除干净。因此，二冲程发动机的换气质量较差。

# 1.3　发动机的总体构造与产品型号编制规则

### 1.3.1　发动机的总体构造

发动机是一部由许多机构和系统组成的复杂机器。发动机的类型各不相同，但其基本构造相似。通常，汽油机由两大机构、六大系统组成，即由曲柄连杆机构、配气机构、燃料供给系统、进排气系统、点火系统、冷却系统、润滑系统和起动系统组成。柴油机由两大机构、五大系统组成（无点火系统）。

**1. 曲柄连杆机构**

曲柄连杆机构是发动机实现工作循环，完成能量转换的主要运动零件。它由机体组、活塞连杆组和曲轴飞轮组等组成。机体组主要由汽缸体、曲轴箱、汽缸盖、汽缸垫及油底壳等构成。活塞连杆组主要由活塞、活塞环、活塞销及连杆等组成。曲轴飞轮组主要由曲轴、飞轮、扭转减振器及平衡轴等组成。

**2. 配气机构**

配气机构的功用是根据发动机的工作顺序和工作过程，定时开启和关闭进气门和排气门，使可燃混合气进入汽缸，并使废气从汽缸内排出，实现换气过程。配气机构一般由气门组、气门传动组和气门驱动组组成。

**3. 燃料供给系统**

汽油机燃料供给系统的功用是根据发动机的要求，配制出一定数量和浓度的可燃混合气，送入汽缸；主要包括汽油箱、汽油泵、汽油滤清器、油管、空气滤清器、喷油器（或化油器）等部件。

柴油机燃料供给系统的功用是把柴油供入汽缸，在燃烧室内和空气形成混合气并燃烧；主要由柴油箱、输油泵、柴油滤清器、喷油泵、喷油器等组成。

**4. 进排气系统**

进排气系统的功用是将可燃混合气（汽油机）或新鲜空气（柴油机）均匀地分配到各个汽缸中，并汇集各个汽缸燃烧后的废气，从排气管排出。进排气系统由进气歧管、排气歧管、排气管、消声器等组成。排气系统一般还包括排气净化装置。

**5. 点火系统**

点火系统的功用是定时在火花塞电极间产生电火花，点燃汽缸内的可燃混合气。点火系统通常由电源（蓄电池和发电机）、点火开关、分电器、点火线圈和火花塞等组成。柴油发动机是压缩自燃，没有点火系统。

**6. 冷却系统**

冷却系统的功用是将受热零件吸收的部分热量及时散发出去，保证发动机在最适宜的温度状态下工作。水冷发动机的冷却系统通常由冷却水套、水泵、风扇、散热器、节温器等组成。

**7. 润滑系统**

润滑系统的功用是输送润滑油到发动机各运动机件，减少机件的摩擦阻力和耗损，并起冷却和清洗摩擦表面的作用。润滑系统由机油集滤器、机油泵、润滑油道、限压阀、机油滤清器、机油散热器、油底壳等组成。

**8. 起动系统**

曲轴在外力作用下开始转动发动机到发动机怠速运转的全过程称为发动机的起动。完成起动过程所需的装置称为发动机的起动系统。起动系统主要由起动机及其控制电路组成。

### 1.3.2　内燃机名称及型号编制规则

为了便于内燃机的生产管理和使用，我国于 2008 年对内燃机的名称和型号编制方法重新审定，颁布了国家标准(GB/T 725—2008《内燃机产品名称和型号编制规则》)。该标准的主要内容如下。

内燃机产品名称均按所采用的燃料命名。例如，柴油机、汽油机、煤气机、双(多种)燃料发动机等。

内燃机型号由阿拉伯数字和汉语拼音字母组成，包含 4 部分内容，如图 1.7 所示。

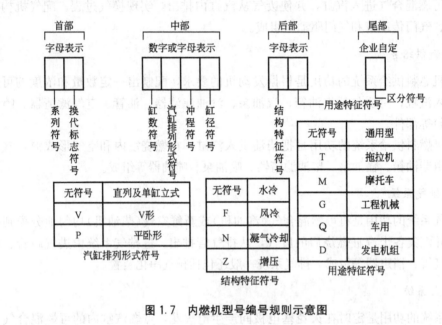

**图 1.7　内燃机型号编号规则示意图**

(1) 首部。产品特征代号，由制造厂根据需要自选相应字母表示，但需经行业标准化归口单位核准、备案。

(2) 中部。由缸数符号、汽缸排列形式符号、行程符号和缸径符号组成。

(3) 后部。结构特征和用途特征符号，以字母表示。

(4) 尾部。区分符号，同一系列产品因改进等原因需要区分时，由制造厂选用适当符号表示。

汽车发动机型号编制示例如下。

CA6102 型汽油机：表示第一汽车制造厂制造，六缸，L 型，四冲程，缸径 102mm，水冷，汽车用。

EQ6100-1 汽油机：表示第二汽车制造厂制造，六缸，L 型，四冲程，缸径 100mm，水冷，汽车用，第二代变型产品。

6135Q 柴油机：表示六缸，L 型(汽缸布置形式，即直列)，四冲程，缸径 135mm，水冷，汽车用柴油机。

10V120FQ：表示十缸，V 型，四冲程，缸径 120mm，风冷，汽车用柴油机。

12VE230ZCz：表示十二缸，V型，二冲程，缸径230mm，水冷，增压，船用主机，左机基本型。

# 1.4 发动机的主要性能指标

发动机的性能指标用来表征发动机的性能特点，并作为评价各类发动机性能优劣的依据。发动机的性能指标主要有动力性指标、经济性指标、环境指标等。

## 1.4.1 动力性指标

动力性指标是表征发动机做功能力大小的指标，一般用发动机的有效转矩、有效功率、发动机转速等作为评价指标。

1）有效转矩

发动机对外输出的转矩称为有效转矩，记作$T_e$，单位为N·m。有效转矩与曲轴角位移的乘积即为发动机对外输出的有效功。

2）有效功率

发动机在单位时间对外输出的有效功称为有效功率，记作$P_e$，单位为kW。它等于有效转矩与曲轴角速度的乘积。发动机的有效功率可以用台架试验方法测定，也可用测功器测定有效转矩和曲轴角速度，然后用如下公式计算出发动机的有效功率$P_e$，即

$$P_e = T_e \frac{2\pi n}{60} \times 10^{-3} = \frac{T_e n}{9550}$$

式中：$T_e$——有效转矩，N·m；

$n$——曲轴转速，r/min。

3）发动机转速

发动机曲轴每分钟的回转数称为发动机转速，用$n$表示，单位为r/min。

发动机转速的高低关系到单位时间内做功次数的多少或发动机有效功率的大小，即发动机的有效功率随转速的不同而改变。因此，在说明发动机有效功率大小时，必须同时指明其相应的转速。在发动机产品铭牌上规定的有效功率及其相应的转速分别称作标定功率和标定转速。发动机在标定功率和标定转速下的工作状况称作标定工况。标定功率不是发动机所能发出的最大功率，它是根据发动机用途而制定的有效功率的最大使用限度。同一种型号的发动机，当其用途不同时，其标定功率值也不相同。

有效转矩也随发动机工况而变化。因此，汽车发动机以其所能输出的最大转矩及其相应的转速作为评价发动机动力性的指标之一。

## 1.4.2 经济性指标

发动机经济性指标一般用有效燃油消耗率表示。发动机每输出1kW·h的有效功所消耗的燃油量（以g为单位）称为有效燃油消耗率，记作$b_e$，单位为g/(kW·h)。$b_e$可按下式计算，即

$$b_e = \frac{B}{P_e} \times 10^3$$

式中：$B$——发动机在单位时间内的耗油量，kg/h，可由试验测定；

　　　$P_e$——发动机的有效功率，kW。

显然，有效燃油消耗率越低，经济性越好。

### 1.4.3　环境指标

环境指标主要指发动机排气品质和噪声水平。由于它关系到人类的健康及其赖以生存的环境，因此各国政府都制定出严格的控制法规，以期削减发动机排气和噪声对环境的污染。当前，排放指标和噪声水平已成为发动机的重要性能指标。

排放指标主要是指从发动机油箱、曲轴箱排出的气体和从汽缸排出的废气中所含的有害排放物的量。对汽油机来说主要是废气中的一氧化碳(CO)和碳氢化合物(HC)的含量；对柴油机来说主要是废气中的氮氧化物($NO_x$)和颗粒(PM)的含量。可通过发动机台架试验，采用专门的测试设备，按有关标准制订的测试方法来测得这些含量。

噪声是指对人的健康造成不良影响及对学习、工作和休息等正常活动发生干扰的声音。由于汽车是城市中的主要噪声源之一，而发动机又是汽车的主要噪声源，因此控制发动机的噪声就显得十分重要。如我国的噪声标准 GB/T 18697—2002《声学　汽车车内噪声测量方法》中规定，轿车的噪声不得大于79dB(A)。

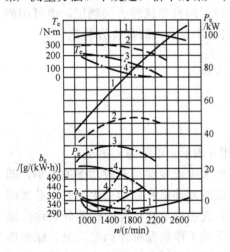

**图1.8　发动机的速度特性**

1—外特性；2、3、4—节气门开度分别为75%、50%、25%的部分速度特性

### 1.4.4　发动机速度特性

汽车发动机的工况能在很广泛的范围内变化。当发动机的工况(即功率和转速)发生变化时，其性能(包括动力性、经济性、环境指标等)也随之改变。发动机性能指标随调整状况及运行工况而变化的关系称为发动机特性。利用特性曲线可以简单而又方便地评价发动机性能。

发动机的有效功率 $P_e$、有效转矩 $T_e$ 和有效燃油消耗率 $b_e$ 随发动机转速 $n$ 的变化关系称为发动机速度特性，如图1.8所示。发动机速度特性通过试验测得，节气门全开时测得的速度特性称为外特性；节气门部分开启时测得的速度特性称为部分负荷特性。

外特性曲线上的每一点都代表在此转速下的最大功率及最大转矩，所以外特性是最重要的速度特性。发动机的额定功率、额定转矩的标定就是以外特性为依据的。图1.9和图1.10所示分别为汽油机和柴油机的外特性，从图中可以看出，汽油机的转矩特性曲线与柴油机的转矩特性曲线有着明显的不同。随着转速的下降，汽油机的转矩在一个较宽的转速范围内是增加的，从而有利于发动机运转的稳定性和发动机克服超载。因此，从转矩特性曲线看，汽油机比柴油机更适合在负荷变化较大的汽车上使用。

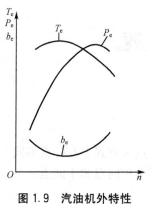

图 1.9　汽油机外特性

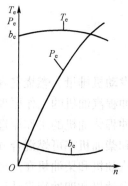

1.10　柴油机外特性

发动机的工况通常以发动机功率与转速或发动机负荷与转速来表示。利用发动机的速度特性来说明负荷率或负荷的概念。

（1）工况。内燃机在某一时刻的运行状况简称工况，以该时刻内燃机输出的有效功率和曲轴转速表示，曲轴转速即为内燃机转速。

（2）负荷率。内燃机在某一转速下发出的有效功率与相同转速下所能发出的最大有效功率的比值称为负荷率，以百分数表示，负荷率通常简称为负荷。

由图 1.11 得知，在 $n=3500\text{r/min}$ 时，若节气门全开，可得到该转速下可能发出的最大功率为 45kW。如果节气门开到 Ⅱ 和 Ⅲ 的位置，在同样转速下只能发出 32kW 和 20kW 的功率。

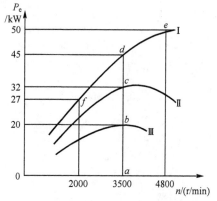

图 1.11　发动机的 $P_e$-$n$ 特性

根据上述定义，可求出 $a$、$b$、$c$ 和 $d$ 这 4 个工况下的负荷值。

工况 $a$：负荷为零（即发动机空转）。

工况 $b$：负荷 $=\dfrac{20}{45}\times 100\%=44.4\%$。

工况 $c$：负荷 $=\dfrac{32}{45}\times 100\%=71.1\%$。

工况 $d$：负荷 $=\dfrac{45}{45}\times 100\%=100\%$（即发动机全负荷）。

应当注意的是，不要把负荷和功率的概念混淆。如某一转速时全负荷（如 $d$ 点），并不意味着此时发动机的功率是最大。发动机的最大功率应当是工况 $e$ 的功率。又如，在工况 $f$ 下，虽然功率比工况 $c$ 小，但却是全负荷。就是说，功率的大小并不代表负荷的大小。

## 思考题

1. 什么是发动机排量、燃烧室容积和压缩比？
2. 简述四冲程汽油机的工作原理。
3. 简述四冲程柴油机的工作原理。
4. 汽油机和柴油机在可燃混合气形成方式和点火方式上有什么不同？
5. 四冲程汽油机和柴油机在总体结构上有哪些相同点和不同点？
6. 二冲程发动机和四冲程发动机有何区别？
7. BJ492Q 型发动机排量为 2.445L，求该发动机的曲柄半径。
8. 发动机的主要性能指标有哪些？什么是发动机的速度特性？

# 第 2 章

# 机体组及曲柄连杆机构

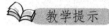 **教学提示**

曲柄连杆机构由机体组、活塞连杆组和曲轴飞轮组 3 部分组成，其功用是将燃料燃烧产生的热能转化为机械能，通过连杆将活塞的往复运动变为曲轴的旋转运动而对外输出动力。

 **教学目标**

熟悉曲柄连杆机构各组成部分的功用和组成；掌握机体组、活塞连杆组、曲轴飞轮组的主要零部件结构特点及工作原理；理解几种常见类型发动机的发火顺序及工作循环表。

| 知 识 点 | 技 能 点 |
|---|---|
| 1. 气缸体的结构类型及特点<br>2. 气缸套的结构类型及特点<br>3. 气缸的排列方式及特点<br>4. 活塞的结构型式及特点<br>5. 活塞环的结构型式及特点<br>6. 连杆的结构型式及特点<br>7. 曲轴的结构型式及特点<br>8. 曲轴轴承的结构型式及特点 | 具备正确拆装油底壳、缸盖、曲轴飞轮组、活塞连杆组的基本技能 |

# 2.1 概　　述

　　曲柄连杆机构是发动机借以产生传递动力的机构，其功用是将燃料燃烧时产生的热能转变为机械能。在做功行程中，曲柄连杆机构把活塞的往复运动转变成曲轴的旋转运动，对外输出动力；在进气、压缩、排气行程中，把曲轴的旋转运动变成活塞的往复直线运动。

　　曲柄连杆机构由机体组、活塞连杆组和曲轴飞轮组组成。机体组包括汽缸体、曲轴箱、汽缸盖、汽缸垫和油底壳等零件；活塞连杆组包括活塞、活塞环、活塞销、连杆、连杆轴承等零件；曲轴飞轮组包括曲轴、主轴承、飞轮、扭转减振器和平衡轴等零件。图 2.1 所示为曲柄连杆机构的主要零件。

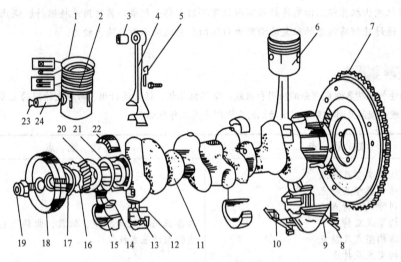

**图 2.1　曲柄连杆机构主要零件**

1—气环；2—油环；3—连杆衬套；4—连杆；5—连杆螺栓；6—活塞；7—飞轮；8—曲轴后主轴承盖；
9—曲轴后主轴承油封座；10—螺栓扣片总成；11—曲轴；12—连杆轴瓦；13—连杆盖；14—曲轴
主轴承瓦；15—主轴承盖；16—曲轴齿轮；17—曲轴前挡油盘；18—曲轴带轮；19—曲轴
起动爪；20、21—止推前垫圈；22—止推后垫圈；23—活塞销锁环；24—活塞销

　　由于曲柄连杆机构是在高压下作变速运动，所以其主要承受气体压力、往复惯性力、旋转运动件的离心力以及相对运动件接触表面的摩擦力。

### 1. 气体压力

　　在发动机工作循环过程中，气体压力始终存在。但做功和压缩行程中的气体压力较大，对机件的影响较大，而进气、排气两行程中气体压力较小，对机件的影响较小。

　　如图 2.2(a)所示，在做功行程中，气体压力推动活塞向下运动。这时，燃烧气体压力直接作用在活塞的顶部。当活塞所受总力 $F_p$ 传到活塞销上，可分解为 $F_{p1}$ 和 $F_{p2}$，分力 $F_{p1}$ 通过活塞销传给连杆，并沿连杆方向作用在曲柄销上，$F_{p1}$ 又可分为两个分力 $F_R$ 和 $F_S$，分力 $F_R$ 沿曲柄方向使曲轴主轴颈与主轴承间产生压紧力分力 $F_S$ 对曲轴形成转矩 $T$，推动曲轴旋转；分力 $F_{p2}$ 把活塞压向汽缸壁，形成活塞与缸壁间的侧向力，加剧活塞和汽缸

壁的磨损。侧向力对曲轴旋转轴线的力矩称为翻转力矩，有使机体翻倒的趋向，翻转力矩通过机体传到发动机支承上。

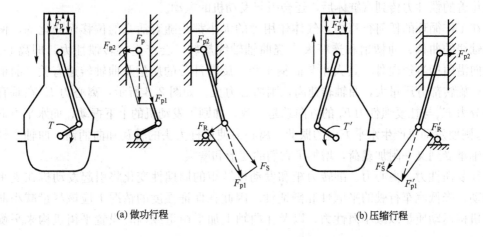

(a) 做功行程　　　　　　　　　　　　　(b) 压缩行程

**图 2.2　气体压力的作用**

如图 2.2(b)所示，在压缩行程中，气体压力是阻碍活塞向上运动的阻力。这时作用在活塞顶的气体总压力 $F'_p$ 也可以分解为两个分力 $F'_{p1}$ 和 $F'_{p2}$，而 $F'_{p1}$ 又分解为 $F'_R$ 和 $F'_S$。$F'_R$ 使曲轴主轴颈与主轴承间产生压紧力，$F'_S$ 对曲轴造成一个旋转阻力矩 $T'$，企图阻止曲轴旋转。而 $F'_{p1}$ 和 $F'_{p2}$ 因连杆的左右摇摆运动，在活塞销和曲轴轴颈的表面以及两者的支承表面上的压力和作用点不断变化，造成各处磨损不均匀。

**2. 往复惯性力与离心力**

活塞在汽缸中做往复直线运动时，速度很高，且数值不断变化。当活塞从上止点向下止点运动时，其速度变化规律是从零开始逐渐增大，临近中间达到最大值，然后又逐渐减小至零，即前半行程是加速运动，惯性力 $F_j$ 向上；后半行程是减速运动，惯性力 $F'_j$ 向下，如图 2.3 所示。同理，当活塞向上时，前半行程惯性力向下，后半行程惯性力向上。

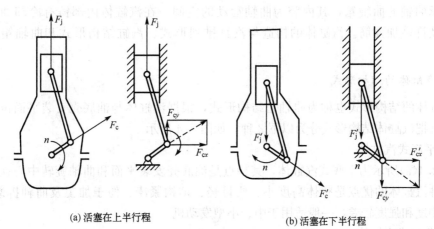

(a) 活塞在上半行程　　　　　　　　　　(b) 活塞在下半行程

**图 2.3　往复惯性力和离心力的作用**

活塞、活塞销和连杆小头的质量越大，曲轴转速越高，则往复惯性力也越大，从而使曲柄连杆机构的各零件和所有轴颈受周期性的附加载荷，加快轴承的磨损；未被平衡的变化着的惯性力传到汽缸体后，还会引起发动机的振动。

在工作循环的任何行程中，气体作用力的大小都是随着活塞的位移而变化的，偏离曲轴轴线的曲柄、曲柄销和连杆大头绕曲轴轴线旋转，会产生旋转惯性力，即离心力，其方向沿曲柄半径向外，其大小与曲柄半径、旋转部分的质量及曲轴转速有关。曲柄半径长，旋转部分质量大，曲轴转速高，则离心力大。如图 2.3 所示，离心力 $F_c$ 在垂直方向的分力 $F_{cy}$ 与往复惯性力 $F_j$ 的方向总是一致，加剧了发动机的上下振动；而水平方向分力 $F_{cx}$ 则使发动机产生水平方向的振动。离心力使连杆大头的轴瓦和曲柄销、曲轴主轴颈及其轴承受到又一附加载荷，增加了它们的变形和磨损。

往复惯性力、离心力、翻转力矩和发动机转矩的周期性变化将引起发动机在支承上的振动，降低汽车行驶的平顺性和舒适性。因此在保证强度的情况下应该尽量减小曲柄连杆机构运动质量以减小惯性力，以及在曲轴上加平衡重或（和）设置平衡机构来平衡惯性力。

# 2.2 机 体 组

机体组包括汽缸体、曲轴箱、汽缸盖、汽缸垫和油底壳等。

机体是发动机的骨架，除了作为汽缸套以及曲柄连杆机构运动件的支承外，还安装汽缸盖、配气机构和驱动机构的机件以及各辅助系统的一些附件，并以其支座安装在车辆上，同时，机体内部还设有冷却液道与润滑油道。机体必须有足够的强度和刚度。

## 2.2.1 汽缸体

发动机的汽缸体和曲轴箱常铸成一体，统称为汽缸体。

汽缸体一般由高强度灰铸铁或铝合金铸成，上半部的圆柱形空腔称为汽缸，下半部为支承曲轴的曲轴箱，其内腔为曲轴运动的空间。在汽缸体内部铸有冷却油套、润滑油道及许多加强筋。汽缸体的构造与汽缸排列形式、汽缸结构形式和曲轴箱结构形式有关。

### 1. 汽缸体的结构形式

汽缸体的结构形式也称为曲轴箱结构形式，根据汽缸体与油底壳安装平面位置的不同，通常把汽缸体结构形式分为以下 3 种，如图 2.4 所示。

1）平底式汽缸体

图 2.4(a)所示为平底式汽缸体，其特点是油底壳安装平面和曲轴旋转中心在同一高度。这种汽缸体的优点是整体高度小、质量轻、结构紧凑、便于加工及曲轴拆装方便，缺点是刚度和强度较差，一般适用于中、小型发动机。

2）龙门式汽缸体

图 2.4(b)所示为龙门式汽缸体，其特点是油底壳安装平面低于曲轴的旋转中心。

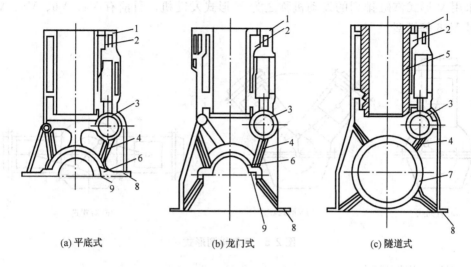

| (a) 平底式 | (b) 龙门式 | (c) 隧道式 |

**图 2.4　汽缸体的结构形式**

1—汽缸体；2—冷却液套；3—凸轮轴孔座；4—加强筋；5—汽缸套；6—主轴承座；
7—主轴承座孔；8—安装油底壳的加工面；9—安装主轴承盖的加工面

它的优点是强度和刚度较好，能承受较大的机械负荷，缺点是工艺性较差、结构笨重、加工较困难。采用这种汽缸体的发动机较多，如捷达、富康、桑塔纳等轿车发动机。

3) 隧道式汽缸体

图 2.4(c)所示为隧道式汽缸体，这种汽缸体曲轴的主轴承孔为整体式，采用滚动轴承，主轴承孔较大，曲轴从汽缸体后部穿入安装。其优点是结构紧凑、刚度和强度好，缺点是加工精度要求高、工艺性较差、曲轴拆装不方便。它主要用在一些负荷较大的柴油机上。

2. 汽缸排列形式

对于多缸发动机，汽缸的排列形式决定了发动机的外形尺寸和结构特点，对发动机机体的刚度和强度也有影响，并关系到汽车的总体布置。按照汽缸排列方式的不同，汽缸体常分成直列式、V 形式和对置式 3 种，如图 2.5 所示。

1) 直列式汽缸排列

如图 2.5(a)所示，发动机各汽缸排成一直列称为直列式汽缸排列，一般是垂直布置的，其特点是结构简单，加工容易，但发动机长度和高度较大。通常把采用直列式汽缸排列的发动机称为直列式发动机。直列式一般多用于六缸以下发动机，如捷达、富康、红旗等轿车发动机。有的汽车为了降低发动机的高度，把发动机倾斜了一个角度，如桑塔纳、夏利等轿车发动机。

2) V 形式汽缸排列

如图 2.5(b)所示，发动机汽缸排成两列，左右两列汽缸中心线的夹角 $r<180°$，称为 V 形式汽缸排列。V 形式汽缸体与直列式汽缸体相比，缩短了机体长度和高度，增加了汽缸体的刚度，减轻了发动机的质量，但加大了发动机的宽度，且形状较复杂，加工困

难。采用 V 形式汽缸排列的发动机称之为 V 形式发动机,目前有 V4、V6、V8、V10、V12 及 V16 等机型。

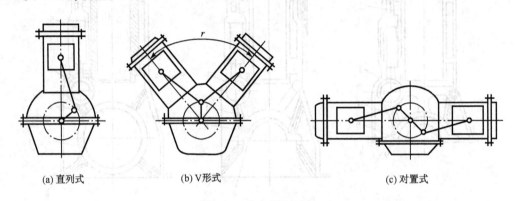

(a) 直列式　　　　　　(b) V 形式　　　　　　(c) 对置式

图 2.5　汽缸排列形式

3) 对置式汽缸排列

如图 2.5(c)所示,发动机汽缸排成两列,左右两列汽缸在同一水平面上,即左右两列汽缸中心线的夹角 $r=180°$,它的特点是高度小,重心低,总体布置方便,平衡性好,有利于风冷。

**3. 汽缸结构形式**

汽缸结构形式有 3 种:无汽缸套式、干式汽缸套式和湿式汽缸套式。

(1) 无汽缸套式汽缸体是在机体上直接加工出汽缸,称为整体式汽缸,其优点是可以缩短汽缸中心距,从而减小机体的尺寸和质量,机体刚度大,工艺性好,能承受较大的载荷。但整体式汽缸对汽缸体材料要求较高,成本也比较高。

如果用耐磨的优质材料制成汽缸套,然后再装到用价格较低的一般材料制造的汽缸体内,这样不但降低了制造成本,而且汽缸套可以从汽缸体中取出,因而便于修理和更换,并可大大延长汽缸体的使用寿命。

(2) 干式汽缸套式的特点是汽缸套装入汽缸体后,其外壁不直接与冷却液接触,而是和汽缸体的壁面直接接触。干式汽缸套的壁厚较薄,一般为 1～3mm,如图 2.6(a)所示。这种汽缸具有整体式汽缸的优点,强度和刚度都较好,但汽缸套加工比较复杂,内、外表面都需要进行精加工,拆装不方便,散热不良。

(3) 湿式汽缸套式的特点是汽缸套装入汽缸体后,其外壁直接与冷却液接触,汽缸套仅在上、下各有一圆环带和汽缸体接触,壁厚一般为 5～9mm,如图 2.6(b)所示。这种汽缸散热良好、冷却均匀、拆装方便、加工容易,通常只需要精加工汽缸套的内表面,而与冷却液接触的外表面不需要加工。其缺点是强度、刚度都不如干式汽缸套式的汽缸好,而且容易产生渗漏现象。

湿式汽缸套上部的密封是通过拧紧汽缸盖螺栓来实现的,将压紧力作用到汽缸套凸缘上,使汽缸套与汽缸盖衬垫和机体支承面贴合紧密,防止汽缸漏气、冷却液套渗漏以及汽缸套松动。因此,汽缸套顶面高出机体顶面 0.05～0.15mm。

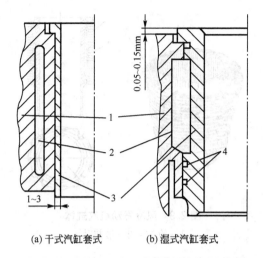

(a) 干式汽缸套式　　　(b) 湿式汽缸套式

**图 2.6　汽缸结构形式**

1—汽缸体；2—水套；3—汽缸套；4—橡胶密封圈

## 2.2.2　曲轴箱

机体下部用来安装曲轴的部分称为曲轴箱，绝大多数水冷发动机的汽缸体与曲轴箱连铸在一起，如图 2.7 所示；风冷发动机大都将汽缸体与曲轴箱分别铸制，如图 2.8 所示。

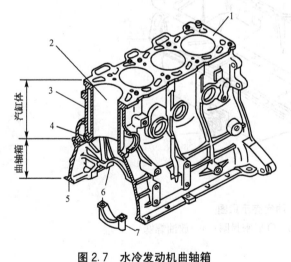

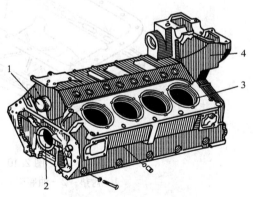

**图 2.7　水冷发动机曲轴箱**

1—机体顶面；2—汽缸；3—冷却液套；4—主油道；
5—机体底面；6—主轴承座；7—主轴承盖

**图 2.8　风冷发动机曲轴箱**

1—凸轮轴孔；2—主轴承孔；
3—汽缸体安装孔；4—定时传动室

风冷发动机的汽缸体多为单体结构，风冷汽缸的外壁铸制散热片，以增加散热面积，增强散热能力，如图 2.9 所示。

曲轴箱分上曲轴箱和下曲轴箱，上曲轴箱常和汽缸体连铸为一体，下曲轴箱用来储存润滑油，并封闭上曲轴箱，故又称为油底壳。

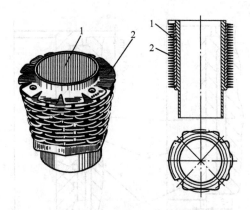

**图 2.9　风冷发动机汽缸体**
1—汽缸；2—散热片

　　油底壳受力很小，一般采用薄钢板冲压而成，其形状取决于发动机的总体布置和润滑油的容量。油底壳内装有稳油挡板，以防止汽车颠簸时油面波动过大。油底壳底部还装有放油螺塞，通常放油螺塞上装有永久磁铁，以吸附润滑油中的金属屑，减少发动机的磨损。在上下曲轴箱接合面之间装有衬垫，防止润滑油泄漏。图 2.10 所示为发动机油底壳示意图。

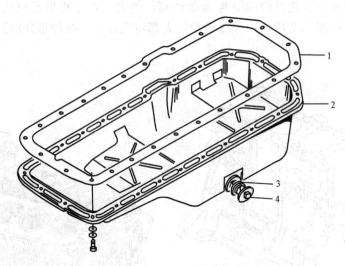

**图 2.10　油底壳示意图**
1—衬垫；2—油底壳；3—O 形密封圈；4—放油螺塞

### 2.2.3　汽缸盖、汽缸衬垫与汽缸盖罩

　　汽缸盖的作用是用来封闭汽缸，并与活塞顶部组成燃烧室，其材料主要有灰铸铁(或合金铸铁)和铝合金两种。图 2.11 所示为东风 EQ6100 发动机的汽缸盖、汽缸衬垫及汽缸盖罩。

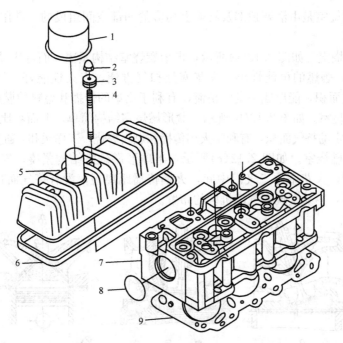

**图 2.11　东风 EQ6100 发动机的汽缸盖、汽缸衬垫及汽缸盖罩**
1—曲轴箱通风管盖；2—螺母；3—垫片；4—螺柱；5—汽缸盖罩；
6—密封垫；7—汽缸盖；8—水堵；9—汽缸衬垫

### 1. 汽缸盖

水冷发动机汽缸盖内部有冷却水套，汽缸盖下端面的冷却水孔与汽缸体的冷却水孔相通，利用循环水来冷却燃烧室等高温部分。汽缸盖上还装有进、排气门座，设有气门导管孔、进气道和排气道等。汽油机的汽缸盖上加工有安装火花塞的孔，而柴油机的汽缸盖上加工有安装喷油器的孔。顶置凸轮轴式发动机的汽缸盖上还加工有凸轮轴轴承孔，用以安装凸轮轴。

汽缸盖的结构比较复杂，它与发动机的类型、燃烧室的形状、气门和顶置式凸轮轴的布置以及冷却水套的安装等有密切关系。为了制造和维护方便，减小变形对密封的影响，缸径较大的柴油机多采用分开式汽缸盖，即一缸一盖式、二缸一盖式或三缸一盖式汽缸盖。汽油机一般缸径较小，缸盖负荷较轻，故结构比较轻巧，多采用整体式缸盖，也有采用分开式的。

汽缸盖是燃烧室的组成部分，燃烧室的形状对发动机的工作影响很大。由于汽油机和柴油机的燃烧方式不同，因此燃烧室的差别也较大。汽油机的燃烧室主要在汽缸盖上，而柴油机的燃烧室主要是活塞顶部的凹坑。

### 2. 燃烧室

燃烧室形状对改善燃料燃烧和提高发动机性能起到重要作用，因此，对燃烧室都有如下基本要求：一是结构尽可能紧凑，充气效率要高，缩短火焰行程，以减少热损失，提高发动机热效率；二是尽可能增大进气量，可以通过增大进气门直径或进气道通过面积来实现，以提高发动机转矩和功率；三是使混合气在压缩行程终了时尽可能产生挤气涡流，以提高混合气燃烧速度，保证混合气得到及时和充分燃烧。

汽油机的燃烧室是由活塞顶部及缸盖上相应的凹部空间组成的,常用的有以下几种,如图2.12所示。

(1) 楔形燃烧室。如图2.12(a)所示,楔形燃烧室结构紧凑,面容比(燃烧室表面积与其容积之比)小,爆燃的可能性小,火花塞处扫气方便,点火性能好,气门布置在斜面上,可增大进气面积,能形成一定的挤流,有利于火焰的传播和燃料的燃烧。

(2) 盆形燃烧室。如图2.12(b)所示,盆形燃烧室结构简单,但面容比较大,HC排放较大,能形成一定的挤气面积,有利于火焰传播和燃料燃烧,工作柔和,缸盖的工艺性好。

(3) 半球形燃烧室。如图2.12(c)所示,半球形燃烧室结构紧凑,气门位于球面上,可增大进气面积,火花塞位于气门中间,火焰传播距离短,没有挤气面积,所以汽缸内的气流运动较弱,容易实现多气门机构的布置。

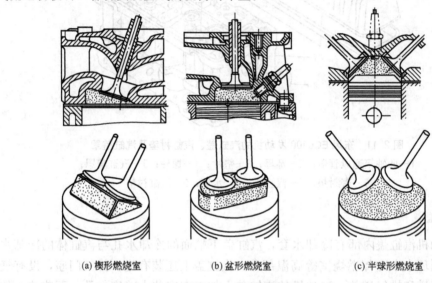

(a) 楔形燃烧室      (b) 盆形燃烧室      (c) 半球形燃烧室

图2.12 汽油机燃烧室

### 3. 汽缸衬垫

汽缸衬垫安装在汽缸盖和汽缸之间,其作用是保证汽缸盖与汽缸体接触面的密封,防止渗漏。汽缸垫的材料要有一定的弹性,以确保密封,同时要有好的耐热性和耐压性,在高温高压下不烧损、不变形。轿车汽缸垫多采用冷轧钢片制成。有的发动机还采用中心用编织的钢丝或有孔钢片为骨架,两面用石棉及橡胶黏结剂压成的汽缸垫,如图2.13所示。

### 4. 汽缸盖罩

在汽缸盖上部有起封闭、密封及防尘作用的汽缸盖罩,一般用薄钢板冲压而成,汽缸盖罩上设有加注机油用的注油孔,汽缸盖罩与汽缸盖之间设有密封垫。

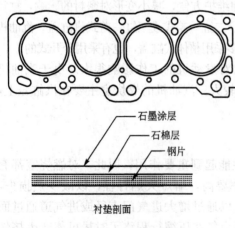

石墨涂层
石棉层
钢片

衬垫剖面

图2.13 汽缸衬垫

# 2.3　活塞连杆组

活塞连杆组由活塞、活塞环、活塞销、连杆、连杆轴瓦等组成，如图 2.14 所示。

## 2.3.1　活塞

活塞的功用是承受气体压力，并通过活塞销和连杆使曲轴旋转。活塞顶部还是燃烧室的组成部分。

在发动机运转过程中，活塞直接与高温气体接触，受热严重，而散热条件很差，所以活塞工作时温度很高，顶部温度高达 600～700K，且温度分布很不均匀。活塞顶部承受的气体压力很大，特别是在做功行程，汽油机高达 3～5MPa，柴油机高达 6～9MPa，这就使得活塞承受冲击和侧压力的作用。另外，活塞在汽缸内还以很高的速度（8～12m/s）做往复运动，且速度不断地变化，这就产生了很大的惯性力，使活塞受到很大的附加载荷。活塞在这种恶劣的条件下工作，会产生变形并加速磨损，还会产生附加载荷和热应力，同时受到燃气的化学腐蚀作用。因此，活塞一般都采用高强度铝合金。

活塞可分为 3 部分，即活塞顶部、活塞头部和活塞裙部，如图 2.15 所示。

### 1. 活塞顶部

活塞顶部是燃烧室的组成部分，主要用于承受气体压力，其形状、大小都与燃烧室的形式有关，都是为了满足可燃混合气的燃烧要求。活塞顶部形状可分为 4 种：平顶、凸顶、凹顶和成型顶，如图 2.16 所示。

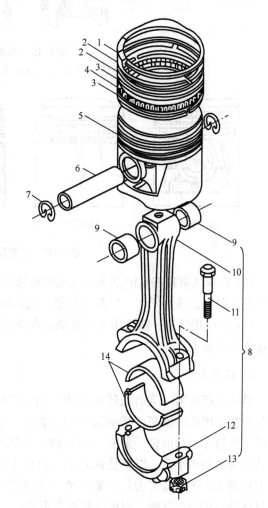

图 2.14　活塞连杆组

1、2—气环；3—油环刮片；4—油环衬簧；5—活塞；
6—活塞销；7—活塞销卡环；8—连杆组；
9—连杆衬套；10—连杆；11—连杆
螺栓；12—连杆盖；13—连杆
螺母；14—连杆轴瓦

（1）平顶活塞顶部是一个平面，结构简单，制造容易，受热面积小，顶部应力分布较为均匀，一般用在汽油机上，柴油机上很少采用。

（2）凸顶活塞顶部凸起呈球形，其顶部强度高，起导向作用，有利于改善换气过程。二冲程汽油机常采用凸顶活塞。

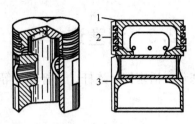

**图 2.15　活塞结构**
1—活塞顶部；2—活塞头部；3—活塞裙部

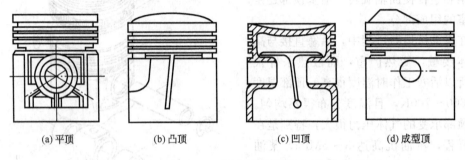

(a) 平顶　　　　(b) 凸顶　　　　(c) 凹顶　　　　(d) 成型顶

**图 2.16　活塞顶部形状**

（3）凹顶活塞顶部呈凹陷形，凹坑的形状和位置必须有利于可燃混合气的燃烧，通常有双涡流凹坑、球形凹坑、U形凹坑等。柴油机多采用凹顶活塞。

（4）成型顶活塞一般适用于对燃烧室有特殊要求的柴油机。特殊的顶面形状可满足燃烧过程中的要求。

**2. 活塞头部**

活塞头部指第一道活塞环槽与活塞销孔之间的部分。头部一般有数道环槽，用以安装起密封作用的活塞环。柴油机压缩比高，一般有四道环槽，上部三道安装气环，最下一道安装油环。汽油机一般有三道环槽，包括两道气环槽和一道油环槽。在油环槽底面上钻有许多径向小孔，以便使油环从汽缸壁上刮下的机油经过这些小孔流回油底壳。第一道环槽工作条件最恶劣，一般应离顶部较远些。活塞顶部吸收的热量主要是经过头部通过活塞环传给汽缸壁，再由冷却液传出去。

总之，活塞头部的作用除了用来安装活塞环外，还与活塞环一起密封汽缸，防止可燃混合气漏到曲轴箱内，同时还将 70%～80% 的热量通过活塞环传给汽缸壁。

**3. 活塞裙部**

活塞裙部是指从油环槽下端面至活塞最下端的部分，它包括装活塞销的销座孔。活塞裙部对活塞在汽缸内的往复运动起导向作用，并承受侧压力。

为了使裙部两侧承受气体压力并与汽缸保持较小且安全的间隙，要求活塞在工作时具有正确的圆柱形状。但是，由于活塞裙部的厚度很不均匀，活塞销座孔部分的金属厚，受热膨胀量大，沿活塞销座轴线方向的变形量大于其他方向；另外，裙部受气体侧压力的作用，导致沿活塞销座轴向变形量较垂直活塞销方向大，如图 2.17 所示。这样，如果活塞冷态时裙部为圆形，那么工作时就会变成一个椭圆，使活塞与汽缸之间沿圆周的间隙不相等，造成活塞在汽缸内卡住而无法正常工作。因此，在加工时预先把活塞裙部做成了椭圆形状，沿销座方向为短轴，与销座垂直方向为长轴，这样保证活塞在工作时趋近正圆。

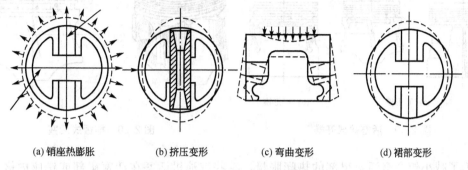

（a）销座热膨胀　　　　（b）挤压变形　　　　（c）弯曲变形　　　　（d）裙部变形

**图 2.17　活塞裙部变形情况**

活塞沿高度方向的温度很不均匀，上部高、下部低，膨胀量也相应是上部大、下部小。为了使工作时活塞上下直径趋于相等，即为圆柱形，就必须预先把活塞制成上下不等的阶梯形、锥形或上小中大的桶形，如图 2.18 所示。目前最好的活塞形状是桶形，它可以保持活塞在任何状态下都能得到良好的润滑。

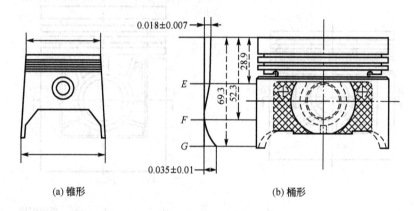

（a）锥形　　　　　　　　　　　　　　（b）桶形

**图 2.18　锥形、桶形活塞**

为了减小活塞裙部的受热量，通常在裙部开有横向的隔热槽，同时，为了补偿裙部受热后的变形量，裙部又开有纵向的膨胀槽。槽的形状有"Ｔ"形或"π"形，如图 2.19所示。横槽一般开在最下一道环槽的下面，裙部上边缘销座的两侧（也有开在油环槽之中的），以减小头部热量向裙部传递，故称为隔热槽。竖槽会使裙部具有一定的弹性，从而使活塞装配时与汽缸间具有尽可能小的间隙，而在热态时又具有补偿作用，不致造成活塞在汽缸中卡死，故将竖槽称为膨胀槽。裙部开竖槽后，会使其开槽的一侧刚度变小，在装配时应使其位于做功行程中承受侧压力较小的一侧，即从发动机前面向后看的右侧。柴油机活塞受力大，裙部一般不开槽。为防止使用时装错，一般在活塞顶面上制有方向标记，如箭头、缺口等。

有些活塞为了减轻质量，以减小惯性力，并减小销座附近的热变形量，会在裙部开孔或把裙部不受侧压力的两边切去一部分，形成拖板式活塞或短活塞，如图 2.20 所示。拖板式活塞结构裙部弹性好、质量小、活塞与汽缸的配合间隙较小，适用于高速发动机。

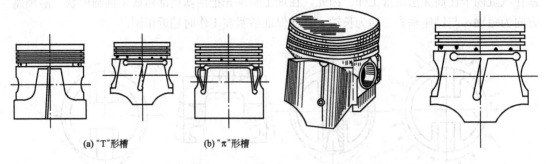

|  |  |
|---|---|
| (a) "T"形槽 | (b) "π"形槽 |

图 2.19　活塞裙部开槽　　　　　　　　图 2.20　拖板式活塞

为了减小铝合金活塞裙部的热膨胀量，有些汽油机活塞在活塞裙部或销座内嵌入合金钢片，如图 2.21 所示。由于合金钢片的膨胀系数仅为铝合金的 1/10，而销座通过合金钢片与裙部相连，从而牵制了裙部的热膨胀变形量。自动调节式活塞的合金钢片为低碳钢片，它贴在销座铝层内侧，不仅起到抑制膨胀的作用，而且利用双金属作用可以减小裙部推力面的膨胀量，故称为热膨胀自动调节活塞。

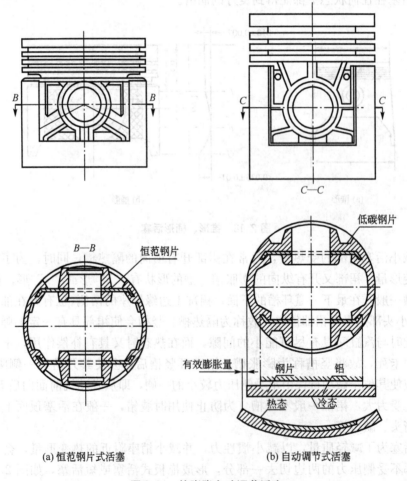

|  |  |
|---|---|
| (a) 恒范钢片式活塞 | (b) 自动调节式活塞 |

图 2.21　热膨胀自动调节活塞

有的汽油机上，活塞销孔中心线是偏离活塞中心线平面的，向做功行程中受主侧压力的一方偏移了 1～2mm，如图 2.22 所示。这种结构可使活塞从压缩行程到做功行程能较为柔和地从压向汽缸的一面过渡到压向汽缸的另一面，以减小敲缸的声音。在安装时，这种活塞销偏置的活塞方向不能装反，否则换向敲击力会更大，使活塞裙部受损。

### 2.3.2　活塞环

活塞环是具有弹性的开口环，有气环和油环之分，如图 2.23 所示。

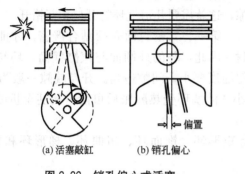

(a) 活塞敲缸　　(b) 销孔偏心

图 2.22　销孔偏心式活塞

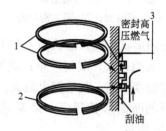

图 2.23　活塞环
1—气环；2—油环；3—活塞

气环的作用是密封汽缸与活塞间的间隙，防止高温燃气直接从活塞与汽缸之间的间隙进入曲轴箱，从而保证燃烧室的密封性；气环还能把活塞顶部吸收的热量传给汽缸壁，由冷却液带走，起散热作用。一般发动机每个活塞有 2～3 道气环。

油环起刮油和布油作用。活塞下行时油环刮除汽缸壁上多余的机油，可以防止机油窜入汽缸造成烧机油；活塞上行时油环在汽缸壁上铺涂一层均匀的油膜，可以减小活塞、活塞环与汽缸壁间的摩擦阻力。此外，油环还能起到封气的辅助作用。一般发动机每个活塞有 1～2 道油环。

活塞环在高温、高压、高速和润滑极其困难的条件下工作，尤其是第一道环的工作条件最为恶劣，因此，活塞环一直是发动机上使用寿命最短的零件。

1. 气环

气环开有切口，具有弹性，在自由状态下其外径大于汽缸直径，它与活塞一起装入汽缸后，外表面紧贴在汽缸壁上，形成密封面。气环密封效果一般与气环数量有关，汽油机一般采用 2 道气环，柴油机多采用 3 道气环。

气环开口形状对漏气量有一定影响，如图 2.24 所示。直开口工艺性好，但密封性差；阶梯形开口密封性好，工艺性差；斜开口的密封性和工艺性介于直开口和阶梯形开口之间。

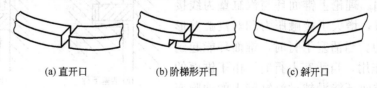

(a) 直开口　　　　(b) 阶梯形开口　　　　(c) 斜开口

图 2.24　气环开口形状

气环的密封面如图 2.25 所示，气环在自由状态下不是正圆形，其外廓尺寸比汽缸直径大。当气环装入汽缸后，在其自身的弹力作用下，环的外圆面与汽缸壁贴紧形成第一

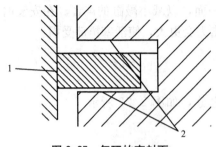

图 2.25　气环的密封面

1—第一密封面；2—第二密封面

密封面，汽缸内的高压气体不可能通过第一密封面造成泄漏；进入侧隙中的高压气体使环的下侧面与环槽的下侧面贴紧形成第二密封面，高压气体也不可能通过第二密封面造成泄漏；进入径向间隙的高压气体只能使气环的外圆面与汽缸壁更加贴紧。这时漏气的唯一通道就是气环的开口端隙，这就需要几道气环的开口相互错开。

第一、二密封面必须贴合严密，才能实现密封。因此，环的外圆面与汽缸壁面、环与环槽的侧面都必须形状正确，形状误差和表面粗糙度要小，间隙适当。开口端隙一般为 0.25～0.8mm，端隙过大，漏气严重；端隙过小，活塞环受热膨胀后可能卡死甚至折断，第一道气环的温度最高，其端隙也最大。

气环的断面形状很多，最常见的有矩形环、锥面环、扭曲环、梯形环和桶面环，如图 2.26 所示。

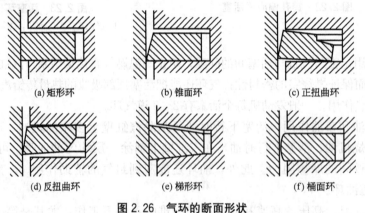

(a) 矩形环　　　(b) 锥面环　　　(c) 正扭曲环

(d) 反扭曲环　　　(e) 梯形环　　　(f) 桶面环

图 2.26　气环的断面形状

矩形环如图 2.26(a)所示，断面为矩形。它形状简单，加工方便，与汽缸壁接触面积大，有利于活塞散热。但磨合性差，而且在与活塞一起做往复运动时，在环槽内上下窜动，把汽缸壁上的机油不断地挤入燃烧室中，产生"泵油作用"，如图 2.27 所示，使机油消耗量增加，活塞顶及燃烧室壁面积炭。

锥面环如图 2.26(b)所示，环的外圆面为锥角很小的锥面。理论上锥面环与汽缸壁为线接触，磨合性好，增大了接触压力和对汽缸壁形状的适应能力。当活塞下行时，锥面环能起到向下刮油的作用。当活塞上行时，由于锥面的油楔作用，锥面环能滑越过汽缸壁上的油膜而

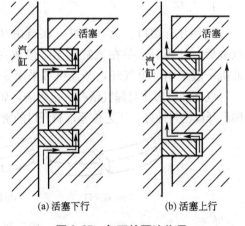

(a) 活塞下行　　　(b) 活塞上行

图 2.27　气环的泵油作用

不致将机油带入燃烧室。锥面环传热性差，所以不用作第一道气环。由于锥角很小，一般不易识别，为避免装错，在环的上侧面标有向上的记号。

扭曲环是断面不对称的气环，装入汽缸后，由于弹性内力的作用使断面发生扭转，故称扭曲环。若将内圆面的上边缘或外圆面的下边缘切掉一部分，整个气环将扭曲成碟子形，则称这种环为正扭曲环，如图 2.26(c)所示；若将内圆面的下边缘切掉一部分，气环将扭曲成盖子形，则称其为反扭曲环，如图 2.26(d)所示。

梯形环，如图 2.26(e)所示，断面为梯形。其主要优点是抗黏结性好。当活塞头部温度很高时，窜入第一道环槽中的机油容易结焦并将气环黏住。在侧向力换向活塞左右摆动时，梯形环的侧隙、径向间隙都发生变化，将环槽中的胶质挤出。梯形环多用作柴油机的第一道气环。

桶面环，如图 2.26(f)所示，环的外圆面为外凸圆弧形。其密封性、磨合性及对汽缸壁表面形状的适应性都比较好。桶面环在汽缸内不论上行或下行均能形成楔形油膜，将环浮起，从而减轻环与汽缸壁的磨损。

**2. 油环**

油环有普通油环和组合油环两种，如图 2.28 所示。

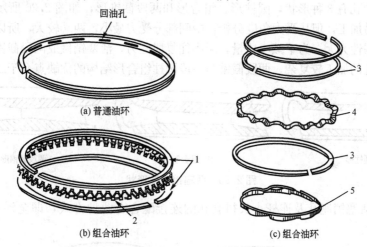

图 2.28　油环结构
1—侧轨环；2—扩张器；3—刮片环；4—波形环；5—衬环

普通油环又叫整体式油环，如图 2.28(a)所示。环的外圆柱面中间加工有凹槽，槽中钻有小孔或开切槽。有些普通油环还在其外侧上边制有倒角，使环在随活塞上行时形成油楔，可起到均布润滑的作用，且下行刮油能力强，减少了润滑油的上窜。整体式油环的刮油过程如图 2.29 所示，当活塞下行时，将缸壁上多余的机油刮下，通过小孔或切槽流回曲轴箱，当活塞上行时，刮下的机油仍通过回油孔流回曲轴箱。

图 2.28(b)所示的组合油环由上下两片侧轨环与中间的扩张器组成，侧轨环用镀

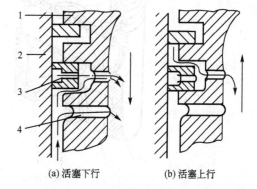

(a) 活塞下行　　(b) 活塞上行
图 2.29　整体式油环的刮油过程
1—活塞；2—汽缸壁；3—油环切槽；4—回油孔

铬钢片制成，扩张器的周边比汽缸内圆周略大一些，可将侧轨环紧紧压向汽缸壁。这种油环的接触压力高，对汽缸壁面适应性好，而且回油通路大，质量小，刮油效果明显。

图 2.28(c)所示的组合油环由一个径向衬环、三个刮片环(上面两片、下面一片)和一个轴向波形环组成。其材料为弹簧钢，三个刮片环的外圆表面镀有铬层。轴向波形环使刮片环贴紧槽上、下端面，形成端面密封，以防止机油上窜；径向衬环使刮片环外圆紧贴汽缸壁，以便活塞下行时刮去汽缸壁上多余的机油。组合油环具有对缸壁接触压力高且均匀、刮油能力强、密封性好等优点；其主要缺点是制造成本高。

### 2.3.3　活塞销

活塞销的作用是连接活塞和连杆小头，并把活塞承受的气体压力传给连杆。

活塞销在高温下周期地承受很大的冲击载荷，其本身又作摆转运动，而且在润滑条件很差的情况下工作，因此要求活塞销具有足够的强度和刚度，表面韧性好、耐磨性好，质量轻。所以活塞销一般都做成空心圆柱体，采用低碳钢和低碳合金钢制成，外表面经渗碳淬火处理以提高硬度，精加工后进行磨光，有较高的尺寸精度和较低的表面粗糙度。

活塞销的内孔有 3 种形状，圆柱形、组合形和两段截锥形，如图 2.30 所示。圆柱形孔结构简单，容易加工，但从受力角度分析，中间部分受力最小，两端较大，所以这种结构质量较大，往复惯性力大。为了减小质量，减小往复惯性力，活塞销做成两段截锥形孔，接近等强度梁，但孔的加工较复杂。两段截锥与一段圆柱组合形结构的优缺点介于二者之间。

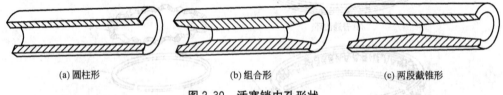

(a) 圆柱形　　　　　　　(b) 组合形　　　　　　　(c) 两段截锥形

图 2.30　活塞销内孔形状

活塞销与活塞销座孔及连杆小头衬套孔的连接配合有两种方式，即全浮式和半浮式，如图 2.31 所示。

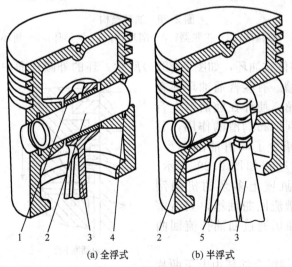

(a) 全浮式　　　　　　　(b) 半浮式

图 2.31　活塞销的连接方式

1—连杆衬套；2—活塞销；3—连杆；4—活塞销挡圈；5—紧固螺栓

全浮式连接的特点是，当发动机工作时，活塞销、连杆小头和活塞销座可相对运动，这样活塞销能在连杆衬套和活塞销座中自由摆转，因而增大了实际活动接触面，降低了相对滑动速度，减小了磨损且使磨损均匀。为了防止全浮式活塞销轴向窜动刮伤汽缸壁，在活塞销两端装有挡圈，进行轴向定位。由于活塞采用铝材料，而活塞销采用钢材料，铝比钢热膨胀量大，为了保证高温工作时活塞销与活塞销座孔为过渡配合，装配时，先把铝活塞加热到一定程度，然后再把活塞销装入。全浮式连接方式应用较广泛。

半浮式连接的特点是，活塞销中部与连杆小头采用紧固螺栓连接，活塞销只能在两端销座内作自由摆动，而和连杆小头没有相对运动。活塞销不会作轴向窜动，不需要挡圈。这种半浮式连接方式在轿车上应用较多。

### 2.3.4  连杆

连杆的作用是连接活塞与曲轴，并把活塞承受的气体压力传给曲轴，使活塞的往复运动变成曲轴的旋转运动。如图 2.32 所示，连杆小头通过活塞销与活塞相连，连杆大头与曲轴的连杆轴颈相连。

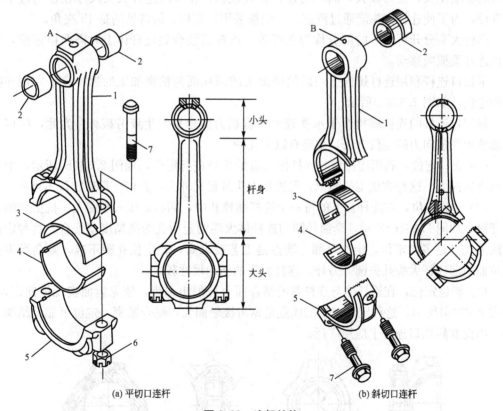

(a) 平切口连杆  (b) 斜切口连杆

**图 2.32  连杆结构**

1—连杆体；2—连杆衬套；3—连杆上轴瓦；4—连杆下轴瓦；
5—连杆盖；6—连杆螺栓；7—连杆螺钉；A—集油孔；B—喷油孔

连杆工作时，承受活塞顶部气体压力和惯性力的作用，而这些力的大小和方向都是周期性变化的。因此，连杆受到的是压缩、拉伸和弯曲等交变载荷，这就要求连杆必须强度高、刚度大、质量轻。

连杆一般采用中碳钢或合金钢经模锻或辊锻后再经加工和热处理而成。连杆结构如图 2.32 所示。连杆分为 3 个部分，即连杆小头、连杆杆身和连杆大头（包括连杆盖）。

连杆小头与活塞销相连。对全浮式活塞销，由于工作时连杆小头孔与活塞销之间相对运动，所以常常在连杆小头孔中压入减磨的青铜衬套。为了润滑活塞销与衬套，在连杆小头和衬套铣有集油槽或钻有集油孔，如图 2.32(a)所示，以收集发动机运转时飞溅上来的润滑油。有的发动机连杆小头采用压力润滑，在连杆杆身内钻有纵向的压力油道，机油经此油道到达连杆小头，在润滑活塞销和衬套的同时，对活塞进行冷却，如图 2.32(b)所示。半浮式活塞销与连杆小头是紧配合，所以连杆小头孔内不需要衬套，也不需要润滑。

连杆杆身通常做成"I"字形断面，抗弯强度好，质量轻，大圆弧过渡，且上小下大。

连杆大头是剖分的，如图 2.32 所示。结合面与连杆轴线垂直的为平切口连杆，汽油机多采用这种连杆，因为一般汽油机连杆大头的横向尺寸都小于汽缸直径，可以方便地通过汽缸进行拆装。

结合面与连杆轴线成 30°～60°夹角的为斜切口连杆，柴油机多采用这种连杆，因为柴油机的压缩比大，受力较大，曲轴的连杆轴颈较粗，相应的连杆大头尺寸往往超过了汽缸直径，为了使连杆大头能通过汽缸，一般都采用斜切口，最常见的是 45°夹角。

连杆大头分开可取下的部分称为连杆盖。连杆盖装合到连杆体上时需严格定位，以防止连杆盖横向移动。

平切口连杆利用连杆螺栓上一段精密加工的圆柱面与精密加工的螺栓孔来实现连杆盖的定位，如图 2.33(a)所示。

斜切口连杆的连杆螺栓由于承受较大的剪切力而容易发生疲劳破坏。为此，应该采用能够承受横向力的定位方法，主要有以下几种。

(1) 止口定位，利用连杆盖与连杆体大端的止口进行定位，如图 2.33(b)所示，由止口承受横向力。这种方法工艺简单，但连杆大头外形尺寸大，止口变形后定位不可靠。

(2) 套筒定位，在连杆盖上的每一个连杆螺栓孔中，同心地压入刚度大、抗剪切的定位套筒，如图 2.33(c)所示，套筒外圆与连杆体大端的定位孔为高精度动配合。这种定位方法的优点是多向定位，定位可靠；缺点是工艺要求高，若定位孔距不准，则会发生过定位而引起连杆大头孔失圆。另外，连杆大头的横向尺寸较大。

(3) 锯齿定位，在连杆体与连杆盖的结合面上拉削出锯齿，依靠齿面实现横向定位，如图 2.33(d)所示。这种定位方法的优点是锯齿接触面大，贴合紧密，定位可靠，结构紧凑，因此在斜切口连杆上应用广泛。

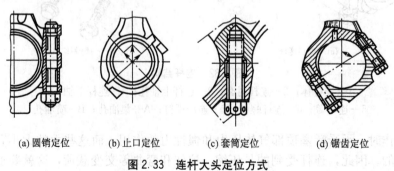

(a) 圆销定位　　　(b) 止口定位　　　(c) 套筒定位　　　(d) 锯齿定位

图 2.33　连杆大头定位方式

连杆与连杆盖配对加工，加工后，在它们同一侧打上配对记号，安装时不得互相调换或变更方向。

　　将连杆盖和连杆大头连接在一起的连杆螺栓，在工作中要承受很大的冲击力，若折断或松脱，将造成严重事故。为此，连杆螺栓都采用优质合金钢，并经精加工和热处理特制而成。拧紧连杆螺栓螺母时，要用扭力扳手分 2～3 次交替均匀地拧紧，拧紧后还应可靠地锁紧。连杆螺栓损坏后绝不能用其他螺栓来代替。

　　为了减小摩擦阻力和曲轴连杆轴颈的磨损，连杆大头孔内装有瓦片式滑动轴承，简称连杆轴瓦。如图 2.34 所示，轴瓦由上、下两个半片组成，目前多采用薄壁钢背轴瓦，在其内表面浇铸有耐磨合金层，背面有很高的光洁度。耐磨合金层具有质软、容易保持油膜、磨合性好、摩擦阻力小及不易磨损等特点。连杆轴瓦的半个轴瓦在自由状态下不是半圆形，当它们装入连杆大头孔内时，由于有过盈，故能均匀地紧贴在大头孔壁上，具有很好的承受载荷和导热的能力，并可以提高工作可靠性和延长使用寿命。

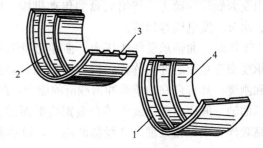

图 2.34　连杆轴瓦
1—钢背；2—油槽；3—定位凸键；4—减磨合金层

　　连杆轴瓦上制有定位凸键，供安装时嵌入连杆大头和连杆盖的定位槽中，以防轴瓦前后移动或转动。有的轴瓦上还制有油孔，安装时应与连杆上相应的油孔对齐。

　　V 型发动机左右两侧对应的两个汽缸的连杆是装在曲轴的同一个连杆轴颈上的，其布置形式有 3 种，如图 2.35 所示。

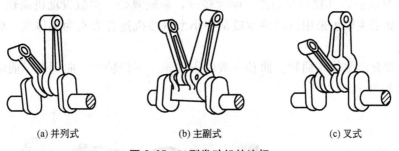

(a) 并列式　　　　　　(b) 主副式　　　　　　(c) 叉式
图 2.35　V 型发动机的连杆

　　(1) 并列式连杆，如图 2.35(a)所示，左右两缸的连杆一前一后装在同一连杆轴颈上。这种形式的优点是连杆可以通用，两列汽缸的活塞连杆组运动规律相同。缺点是两列汽缸的轴心沿曲轴的轴向要错开一段距离，因而曲轴总长度增加，刚度降低。

　　(2) 主副式连杆，如图 2.35(b)所示，一列汽缸的连杆为主连杆，其连杆大头直接安装在曲轴的曲柄销上；另一列汽缸的连杆为副连杆，其连杆大头通过销轴铰连在主连杆上。这样布置不会增加曲轴的长度，但缺点是主副连杆不能互换，且左右两列汽缸的活塞连杆组的运动规律和受力都不相同。

　　(3) 叉式连杆，如图 2.35(c)所示，两列汽缸对应的两个连杆中，一个连杆大头做成叉形，跨装在另一个连杆厚度较小的片形大头两端。其优点是两列活塞连杆组的运动规律相同，左右对应的汽缸不需要错位。缺点是叉形连杆大头的结构和制造工艺较复杂，而且大头的刚度也不高。

# 2.4 曲轴飞轮组

曲轴飞轮组主要由曲轴、飞轮、扭转减振器等组成。

## 2.4.1 曲轴

曲轴的作用是把连杆传来的气体压力转变为转矩对外输出,将作用在活塞上的气体压力变为旋转的动力,传给底盘的传动机构,同时驱动配气机构和其他辅助装置,如风扇、水泵、发电机等运转。

工作时,曲轴承受气体压力、惯性力及惯性力矩的作用,受力大而且受力复杂,并且承受交变载荷的冲击作用,同时曲轴又是高速旋转件,因此,要求曲轴具有足够的强度和刚度,具有良好的承受冲击载荷的能力,耐磨损且润滑良好。

曲轴一般用中碳钢或中碳合金钢模锻而成。为提高耐磨性和耐疲劳强度,轴颈表面经高频淬火或氮化处理,并经精磨加工,以达到较高的表面硬度和较低的表面粗糙度的要求。

### 1. 曲轴构造

曲轴可分为整体式曲轴和组合式曲轴两大类。整体式曲轴是将曲轴做成一个整体零件,它具有较高的强度和刚度,结构紧凑、质量轻;组合式曲轴是将曲轴分成若干个零件分别进行加工,然后组装在一起,构成完整的曲轴,它具有加工方便、便于产品系列通用等优点,其缺点是强度、刚度较差,装配复杂。多缸发动机曲轴一般都是整体式的,但如果主轴承采用滚动轴承或某些小型汽油机连杆大头为整体式,则曲轴必须采用组合式。

以下主要介绍整体式曲轴。曲轴一般由主轴颈、连杆轴颈、曲柄臂、前端和后端等组成,如图2.36所示。

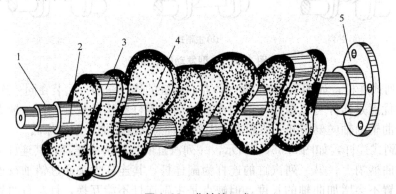

**图2.36 曲轴的组成**

1—前端;2—主轴颈;3—连杆轴颈;4—曲柄臂;5—后端

曲轴基本上由若干个单元曲拐构成,一个曲柄销(连杆轴颈)、左右两个曲柄臂及前后两个主轴颈组成一个单元曲拐。直列式发动机曲轴的曲拐数等于汽缸数,V型发动机曲轴的曲拐数等于汽缸数的一半。

主轴颈是曲轴的支承部分，曲轴通过主轴承支承在曲轴箱的主轴承座中。主轴颈的数目不仅与发动机汽缸数有关，还取决于曲轴的支承方式。曲轴的支承方式一般有两种，即全支承曲轴和非全支承曲轴，如图 2.37 所示。

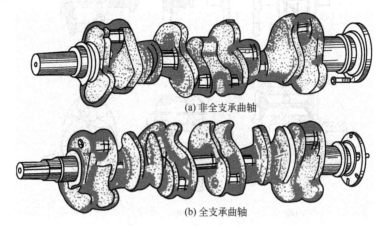

(a) 非全支承曲轴

(b) 全支承曲轴

**图 2.37　曲轴的支承形式**

全支承曲轴的特点是，曲轴的主轴颈数比汽缸数多一个，即每一个连杆轴颈两边都有一个主轴颈。四缸发动机全支承曲轴有 5 个主轴颈。在这种支承情况下，曲轴的强度和刚度都比较好，并且减轻了主轴承载荷，减小了磨损。柴油机和大部分汽油机采用这种形式，如捷达轿车、富康轿车、夏利轿车和奥迪轿车等。

非全支承曲轴的特点是曲轴的主轴颈数比汽缸数少或与汽缸数相等。这种支承的主轴承载荷较大，但缩短了曲轴的总长度，使发动机的总体长度有所减小。有些承受载荷较小的汽油机可以采用这种曲轴形式。

曲轴的连杆轴颈是曲轴与连杆的连接部分，通过曲柄与主轴颈相连，在连接处用圆弧过渡，以减少应力集中。直列发动机的连杆轴颈数与汽缸数相等，V 型发动机的连杆轴颈数等于汽缸数的一半。

主轴颈和曲柄销一般是实心的，部分锻钢曲轴可将曲柄销制成空心的，用来减小曲柄销的质量及其产生的旋转惯性力；部分铸铁曲轴可将主轴颈和曲柄销均铸成空心的。

主轴颈和曲柄销均需润滑。机油经机体上的油道进入主轴承润滑主轴颈，再从主轴颈沿曲轴中的油孔(实心轴颈)进入连杆轴承润滑曲柄销，如图 2.38(a)所示；或沿着压入曲轴中的油管(空心轴颈)流向曲柄销，如图 2.38(b)所示。通常进入曲柄销空腔中的机油在离心力的作用下，其中的机械杂质沉积在空腔的壁面上，空腔中心的洁净机油经油管进入曲柄销工作表面，如图 2.38(c)所示，但是高速发动机由于离心力过大，可能造成曲柄销空腔中心无机油，从而使曲柄销表面得不到润滑。为了保证曲柄销的可靠润滑，在装有全流式机油滤清器的发动机中，曲轴中的油孔绕过曲柄销空腔直通曲柄销表面，如图 2.38(d)所示。

曲柄是主轴颈和连杆轴颈的连接部分，断面为椭圆形，为了平衡惯性力，曲柄处铸有(或紧固有)平衡重块。平衡重块用来平衡发动机的离心力矩，有时还用来平衡一部分往复惯性力，从而使曲轴旋转平稳，平衡重块一般简称为平衡重。

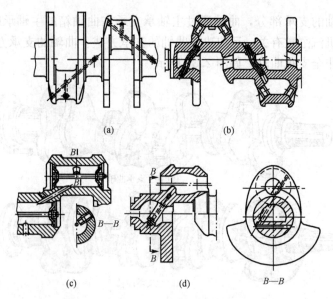

(a)　　　　　　　　(b)

(c)　　　　　(d)　　　　　B—B

图 2.38　曲轴的润滑

平衡重形状多为扇形，使其重心远离曲轴回转中心，以期在较小的质量下获得较大的旋转惯性力。有的平衡重与曲柄臂锻或铸成一体，如图 2.39(a)所示，有的则是单独制成零件，再用螺栓紧固在曲柄臂上，如图 2.39(b)、(c)所示。

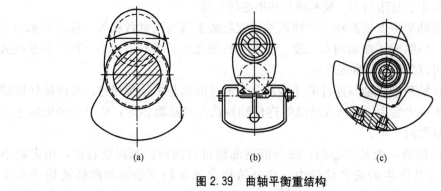

(a)　　　　　　　　(b)　　　　　　　　(c)

图 2.39　曲轴平衡重结构

曲轴前端装有正时齿轮、驱动风扇和水泵的带轮以及起动爪等。为了防止机油沿曲轴轴颈外漏，在曲轴前端装有一个甩油盘，齿轮室盖上装有油封。曲轴的后端用来安装飞轮，在后轴颈与飞轮凸缘之间制成挡油凸缘与回油螺纹，以阻止机油向后窜漏。

曲轴前端多采用斜齿轮传动，工作中会产生轴向力，而使曲轴前后窜动，影响曲柄连杆机构的正常工作，另外，曲轴工作时还会受热伸长。因此，为了保证曲轴既有受热膨胀的余地，又不致产生过大的轴向冲击和保证曲柄连杆机构的正确位置，必须对曲轴进行轴向定位，使其轴向间隙保持在一定范围内。曲轴轴向定位通常是在主轴承结构上采取限位措施，较多的是在曲轴的前部或中部、后部主轴承上制作凸肩或安装止推垫圈，如图 2.40 所示。

**2. 曲拐布置与多缸发动机工作顺序**

多缸发动机曲轴一般都是整体式的，但如果主轴承采用滚动轴承或某些小型汽油机连杆大头为整体式，则曲轴必须采用组合式。

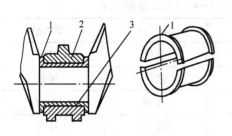

(a) 翻边凸缘主轴承衬瓦

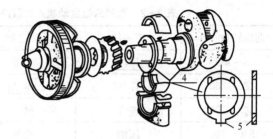

(b) 止推垫圈

**图 2.40　曲轴轴向定位方式**
1—翻边凸缘；2—主轴承座；3—主轴承盖；4—止推垫圈；5—舌榫

曲轴的形状和曲拐相对位置(即曲拐的布置)取决于汽缸数、汽缸排列方式和发动机的点火顺序。安排多缸发动机的点火顺序时应注意使连续做功的两缸相距尽可能远，以减轻主轴承的载荷，同时避免可能发生的进气重叠现象。做功间隔应力求均匀，也就是说发动机在完成一个工作循环的曲轴转角内，每个汽缸都应点火做功一次，而且各汽缸点火的间隔时间以曲轴转角表示，称为点火间隔角。四冲程发动机每完成一个工作循环，曲轴转两圈，其转角为 720°，在 720° 的曲轴转角内发动机的每个汽缸应该点火做功一次，且点火间隔角是均匀的，因此四冲程发动机的点火间隔角为 $720°/i$，即曲轴每转动 $720°/i$ 角度就应有一缸做功，以保证发动机运转平稳。

1) 四冲程直列四缸发动机的点火顺序和曲拐布置

四冲程直列四缸发动机的点火间隔角为 720°/4＝180°，曲轴每转半圈(180°)做功一次，四个缸的做功行程是交替进行的，并在 720° 内完成。对于每一个汽缸来说，其工作过程和单缸机的工作过程完全相同，只不过是要求它按照一定的顺序工作，这一顺序即为发动机的工作顺序，也称为发动机的点火顺序。可见，多缸发动机的工作顺序(点火顺序)就是各缸完成各行程的次序。四缸发动机 4 个曲拐布置在同一个平面内，如图 2.41 所示，1、4 缸在上，2、3 缸在下，互相错开 180°，其点火顺序的排列只有两种可能，即1—3—4—2 或 1—2—4—3，两种工作顺序的发动机工作循环表分别见表 2-1 和表 2-2。

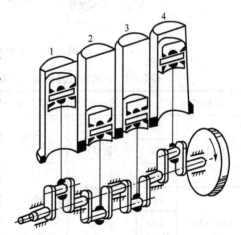

**图 2.41　直列四缸发动机的曲拐布置**

**表 2-1　直列四缸发动机点火顺序为 1—3—4—2 的工作循环表**

| 曲轴转角/(°) | 第一缸 | 第二缸 | 第三缸 | 第四缸 |
| --- | --- | --- | --- | --- |
| 0～180 | 做功 | 排气 | 压缩 | 进气 |
| 180～360 | 排气 | 进气 | 做功 | 压缩 |
| 360～540 | 进气 | 压缩 | 排气 | 做功 |
| 540～720 | 压缩 | 做功 | 进气 | 排气 |

表 2-2　直列四缸发动机点火顺序 1—2—4—3 的工作循环表

| 曲轴转角/(°) | 第一缸 | 第二缸 | 第三缸 | 第四缸 |
|---|---|---|---|---|
| 0~180 | 做功 | 压缩 | 排气 | 进气 |
| 180~360 | 排气 | 做功 | 进气 | 压缩 |
| 360~540 | 进气 | 排气 | 压缩 | 做功 |
| 540~720 | 压缩 | 进气 | 做功 | 排气 |

2）四冲程直列六缸发动机的点火顺序和曲拐布置

四冲程直列六缸发动机的点火间隔角为 720°/6＝120°，6 个曲拐互成 120°，工作顺序为 1—5—3—6—2—4 或 1—4—2—6—3—5，前者应用较为普遍，如图 2.42 所示，其工作循环表见表 2-3。

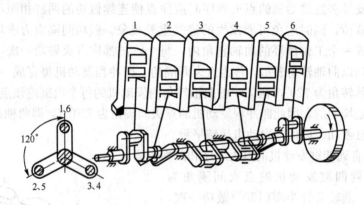

图 2.42　直列六缸发动机的曲拐布置

表 2-3　直列六缸发动机点火顺序为 1—5—3—6—2—4 的工作循环表

| 曲轴转角/(°) | | 第一缸 | 第二缸 | 第三缸 | 第四缸 | 第五缸 | 第六缸 |
|---|---|---|---|---|---|---|---|
| 0~180 | 60 | | 排气 | | | 压缩 | |
| | 120 | 做功 | | 压缩 | 排气 | | 进气 |
| | 180 | | | | | | |
| 180~360 | 240 | | 进气 | | | 做功 | |
| | 300 | 排气 | | | | | 压缩 |
| | 360 | | | 做功 | 进气 | | |
| 360~540 | 420 | | 压缩 | | | 排气 | |
| | 480 | 进气 | | | | | 做功 |
| | 540 | | | 排气 | 压缩 | | |
| 540~720 | 600 | | 做功 | | | 进气 | |
| | 660 | 压缩 | | | 做功 | | 排气 |
| | 720 | | 排气 | 进气 | | | |

3）四冲程 V 型八缸发动机的点火顺序和曲拐布置

四冲程 V 型八缸发动机的点火间隔角为 $720°/8＝90°$，4 个曲拐互成 $90°$，工作顺序为 1—8—4—3—6—5—7—2，曲拐布置如图 2.43 所示，其工作循环表见表 2-4。

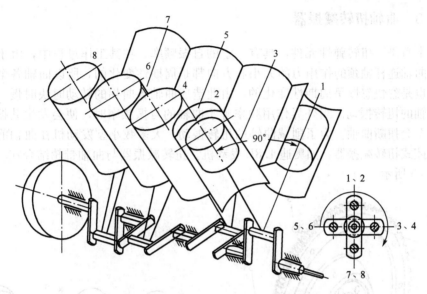

图 2.43　V 型八缸发动机的曲拐布置

表 2-4　V 型八缸发动机点火顺序为 1—8—4—3—6—5—7—2 的工作循环表

| 曲轴转角/(°) | | 第一缸 | 第二缸 | 第三缸 | 第四缸 | 第五缸 | 第六缸 | 第七缸 | 第八缸 |
|---|---|---|---|---|---|---|---|---|---|
| 0～180 | 90 | 做功 | | | 压缩 | | 进气 | 排气 | 做功 |
| | 180 | | 排气 | 压缩 | | 进气 | | | |
| 180～360 | 270 | 排气 | | | 做功 | | 压缩 | 进气 | |
| | 360 | | 进气 | 做功 | | 压缩 | | | 排气 |
| 360～540 | 450 | 进气 | | | 排气 | | 做功 | 压缩 | |
| | 540 | | 压缩 | 排气 | | 做功 | | | 进气 |
| 540～720 | 630 | 压缩 | | | 进气 | | 排气 | 做功 | |
| | 720 | | 做功 | 进气 | | 排气 | | | 压缩 |

## 2.4.2　飞轮

飞轮的主要作用是储存做功行程的能量，以克服各行程的阻力，使曲轴能均匀地旋转，并使发动机能克服短期的超负荷，同时把发动机的动力传给离合器。飞轮外缘的齿圈与起动电动机的驱动齿轮啮合，用来带动起动发动机；离合器也装在飞轮上，利用飞轮后端面作为驱动件的摩擦面，对外传递动力。

飞轮与曲轴的装配是经过精确平衡的，两者之间要有轴向定位装置。飞轮是一个很重的铸铁圆盘，用螺栓固定在曲轴后端的接盘上，具有很大的转动惯量，如图 2.44 所示。

飞轮轮缘上通常刻有第一缸点火正时记号,用来找压缩上止点(四缸发动机为1缸或4缸压缩上止点,六缸发动机为1缸或6缸压缩上止点)。当飞轮上的记号与外壳上的记号对正时,正好是压缩上止点。

### 2.4.3 曲轴扭转减振器

曲轴本身是一扭转弹性元件,具有一定的自振频率。在其工作过程中,由于活塞连杆组传给曲轴连杆轴颈的作用力的大小和方向都是周期性变化的,所以曲轴各个曲拐的旋转速度也是忽快忽慢呈周期性变化的,由此造成曲轴各曲拐的转动时快时慢,这种现象称为曲轴的扭转振动。当外界作用频率等于曲轴的自振频率时,便会发生共振。振动强烈时甚至会扭断曲轴。为了削减曲轴的扭转振动,大多数小型发动机在曲轴前端安装了橡胶摩擦式扭转减振器,如奥迪1.8L发动机。扭转减振器与曲轴带轮结合在一起,结构如图2.45所示。

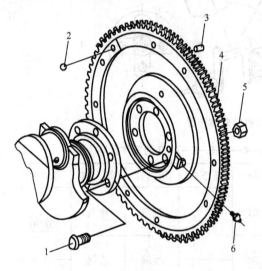

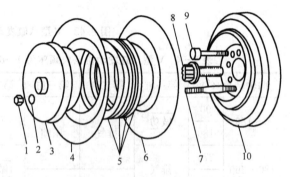

| 图2.44 飞轮 | 图2.45 曲轴扭转减振器 |
|---|---|
| 1—螺栓;2—上止点信号;3—定位销;<br>4—齿圈;5—螺母;6—润滑脂油嘴 | 1—螺母;2—波形垫片;3—带轮固定盘;<br>4、6—带轮;5—调整垫片;7—双头螺柱;<br>8—大螺栓;9—螺栓;10—带轮总成 |

扭转减振器由外圈、橡胶(轮毂)部分组成,在图2.45中,带轮4、6外面为外圈,里面是橡胶层,带轮固定盘3即为内圈。当曲轴旋转时内圈3通过弹性橡胶层带动外圈4、6一起转动,当曲轴发生扭转时,外圈因其转动惯量大而角速度均匀,于是橡胶层产生很大的交变剪切变形,消耗了扭转能量,减小了扭振。

### 2.4.4 平衡轴

发动机运转时,有关的运动部件在进行往复直线运动和转动,速度的大小和方向发生周期性变化,产生惯性力和惯性力矩,并作用到相关零件上,使它们产生变形,破坏零件之间的配合间隙,对发动机造成不良的影响。在高档发动机中,可以采用加平衡装置的方法来平衡惯性力和惯性力矩。

广州本田发动机设有两根平衡轴（前平衡轴和后平衡轴）作为平衡装置，如图2.46所示。发动机运转时平衡轴随之转动，产生的惯性力和惯性力矩与其他运动件的惯性力和惯性力矩相抵消，可以很好地减轻两者造成的不良影响。两根平衡轴均由铸铁制成，机加工表面渗氮处理。前平衡轴有3个轴颈，所以安装到缸体上以后会有3个支承点，轴颈和缸体轴承座之间装有平衡轴衬套，可以起减磨作用。前端有螺纹孔，用于固定平衡轴带轮，工作时，由曲轴通过带轮和齿形带带动平衡轴转动。后平衡轴有两个轴颈，前端与一个齿轮室内的齿轮啮合，依靠齿轮室上的带轮带动，其他情况与前平衡轴一样。前、后平衡轴不是普通的圆轴，而是制成形状比较奇怪的不规则圆轴，这是对发动机运动件的运动、受力进行计算后针对实际情况设计而成的，可以有效地减轻惯性力的不良影响。

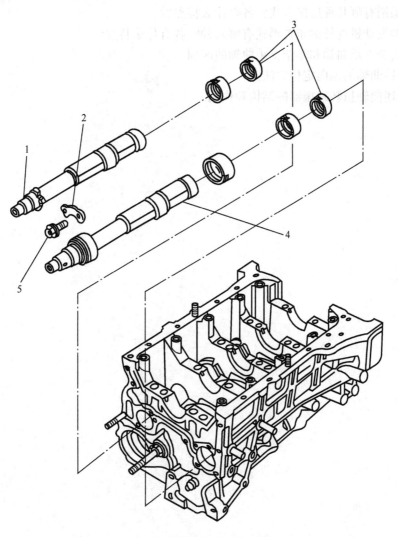

图 2.46  广州本田发动机双平衡轴

1—后平衡轴；2—保持架；3—平衡轴衬套；4—前平衡轴；5—螺钉

## 思 考 题

1. 曲柄连杆机构的功用及组成是什么？
2. 简述汽缸体的 3 种结构形式及各自特点。
3. 什么是干式汽缸套、湿式汽缸套？各有什么特点？
4. 活塞顶部形状有哪几种？各有什么特点？
5. 活塞裙部为什么要做成椭圆形？其长、短轴如何布置？
6. 油环有哪几种？各有什么特点？
7. 活塞销有哪几种连接方式？各有什么特点？
8. V 型发动机连杆的布置形式有哪几种？各有什么特点？
9. 指出全支承曲轴和非全支承曲轴的区别。
10. 简述曲轴的轴向定位方法。
11. 简述曲轴扭转减振器的结构和作用。

# 第 3 章

# 配气机构

**教学提示**

　　配气机构的功用是按照发动机各缸的工作过程和顺序，定时地开启和关闭进、排气门，保证及时吸进新鲜充足的空气(或混合气)，并及时排除废气。本章重点介绍配气机构的布置形式、配气相位、配气机构的气门组及气门传动组，并介绍可变配气正时技术。

**教学目标**

　　掌握配气机构的功用、组成及布置形式；掌握凸轮轴的驱动方式及应用场合；重点掌握顶置气门式配气机构的组成和工作特点；了解几种常见发动机的配气相位图及气门间隙；理解可变配气正时机构。

| 知 识 点 | 技 能 点 |
| --- | --- |
| 1. 充气效率的概念<br>2. 气门式配气机构的传动过程<br>3. 气门间隙及配气相位概念<br>4. 气门组和气门传动组主要零部件的结构特点<br>5. 可变配气正时及气门升程技术 | 1. 能正确绘制配气相位图<br>2. 具备正确拆装配气机构的基本技能<br>3. 能正确调整气门间隙<br>4. 能正确更换正时皮带 |

# 3.1 概　述

配气机构的功用是按照发动机各缸的工作过程和顺序，定时地开启和关闭进、排气门，保证及时吸进新鲜充足的空气(或混合气)，并及时排除废气，当汽缸处于压缩和做功行程时，气门应具有足够的密封性，保证发动机的正常运转。

配气机构主要分为气门式配气机构和气孔式配气机构两种。四冲程发动机通常采用凸轮-气门式配气机构，即气门式配气机构，用曲轴来驱动配气凸轮轴，再由凸轮轴上的凸轮驱动进气门和排气门。气门式配气机构由凸轮轴及其传动系统、气门传动组和气门组3部分组成。二冲程发动机通常采用气孔式配气机构，这种配气机构在汽缸套中间开有进、排气孔，通过活塞位移来控制进、排气过程。汽车发动机一般采用气门式配气机构。

气门式配气机构按气门的布置形式可分为顶置气门式和侧置气门式；按凸轮轴的布置位置分为上置凸轮轴式、中置凸轮轴式和下置凸轮轴式；按曲轴和凸轮轴的传动方式分为齿轮传动式、链条传动式和同步带传动式；按每个汽缸的气门数目分为两气门式、三气门式、四气门式和五气门式。

## 3.1.1 气门的布置形式

### 1. 顶置气门式配气机构

顶置气门式配气机构是配气机构中应用最多的一种形式，其特点是：进、排气门均倒装在汽缸盖上，凸轮轴装在曲轴箱内，如图3.1所示。气门组包括气门、气门导管、气门座、气门弹簧座、气门弹簧、气门锁片等零件；气门传动组一般由摇臂、摇臂轴、推杆、挺柱、凸轮轴和正时齿轮组成。

顶置气门式配气机构的工作过程是：当汽缸的工作循环需要气门打开进行换气时，曲轴通过正时齿轮驱动凸轮轴旋转，使凸轮轴上凸轮通过挺柱、推杆、调整螺钉推动摇臂摆转，摇臂的另一端便向下推动气门杆，使气门开启，同时使气门弹簧进一步压缩。随着凸轮转动，气门升程逐渐加大，当凸轮升至凸起部分顶点时气门全开，凸轮继续转动，此时凸轮的凸起部分的顶点转过挺柱，对挺柱的推力逐渐减小，气门在其弹簧张力的作用下，开度逐渐减小，直至完全关闭，即完成一次进气或排气过程。压缩和做功行程中，气门在弹簧张力作用下严密关闭，使汽缸密闭。

由于四冲程式发动机每完成一个工作循环，曲轴转两圈，而各缸只进、排气一次，也即凸轮轴只需转一圈，所以曲轴与凸轮轴的传动比为2∶1。

顶置式气门布置方式的特点是：气门行程大，虽结构较为复杂，零件数目较多，但它的燃烧室紧凑，有利于燃烧及散热，也有利于提高压缩比和改善发动机的动力性。

### 2. 侧置气门式配气机构

侧置气门式配气机构的特点是：进、排气门装在汽缸体的一侧，如图3.2所示。由于气门布置在汽缸体一侧，使燃烧室的结构不紧凑，限制了压缩比的提高，还由于进气弯道多，进气流动阻力大，因而发动机的动力性较差，目前已被淘汰。

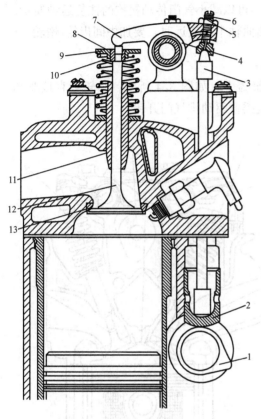

图 3.1　顶置气门式配气机构

1—凸轮轴；2—挺柱；3—推杆；4—摇臂轴；
5—锁紧螺母；6—调整螺钉；7—摇臂；8—气
门锁片；9—气门弹簧座；10—气门弹簧；
11—气门导管；12—气门；13—气门座

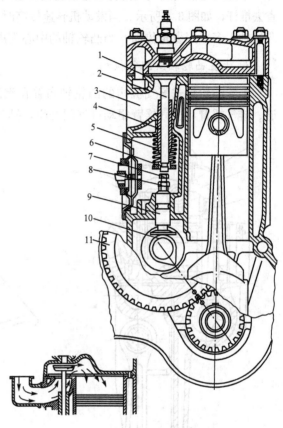

图 3.2　侧置气门式配气机构

1—气门座；2—气门；3—气道；4—气门导管；
5—气门弹簧；6—气门锁片；7—气门挺杆
调整螺栓；8—锁紧螺母；9—气门挺
杆；10—凸轮；11—正时齿轮

### 3.1.2　凸轮轴的布置形式

顶置气门式配气机构的凸轮轴的位置可以分为下置、中置和上置 3 种形式。

1. 下置凸轮轴式配气机构

将凸轮轴布置在曲轴箱内的配气机构称为下置凸轮轴式配气机构，如图 3.1 所示，其特点是：气门与凸轮相距较远，动力是通过挺柱、推杆、摇臂传递的，因为传动环节多、路线长，所以在高速运转时，整个系统会产生弹性变形，影响气门运动规律和开启、关闭的准确性，所以它不适用于高速车用发动机。但因曲轴与凸轮轴距离较近，可以简化两者之间的传动装置，有利于整机的布置。

2. 中置凸轮轴式配气机构

中置凸轮轴式配气机构将凸轮轴位置移至汽缸体上部,凸轮轴经过挺柱直接驱动摇臂而省去推杆,如图3.3所示。当发动机转速较高时,可以减小气门传动机构的往复运动质量。凸轮轴大多采用齿轮传动,当凸轮轴的中心距离曲轴中心较远时,要加中间齿轮(惰轮)。

3. 上置凸轮轴式配气机构

上置凸轮轴式配气机构的凸轮轴布置在汽缸盖上,如图3.4所示。凸轮轴直接驱动进、排气摇臂,进气摇臂驱动进气门开闭,排气摇臂驱动排气门开闭。

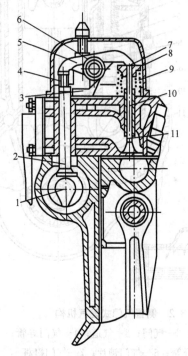

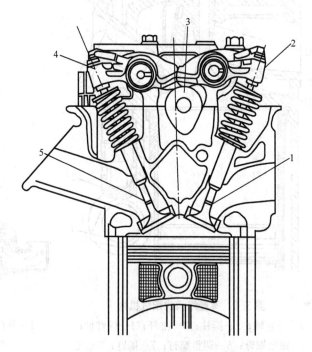

图3.3 中置凸轮轴式配气机构

1—凸轮轴;2—挺柱;3—支架;4—调整
螺钉;5—摇臂;6—摇臂轴;7—气门锁
片;8—气门弹簧座;9—气门弹
簧;10—气门导管;11—气门

图3.4 上置凸轮轴式配气机构

1—排气门;2—排气摇臂;3—凸轮;
4—进气摇臂;5—进气门

将凸轮轴上置,可使凸轮轴与气门的距离很近,省去了推杆、挺柱(或摇臂轴和摇臂),凸轮轴直接通过摇臂或液压挺杆来驱动气门,使往复运动的惯量大大减小,从而可使发动机转速提高,因此它适用于高速发动机。

对于上置凸轮轴式配气机构,气门的驱动方式通常有3种形式:一是通过摇臂驱动气门(图3.4);二是凸轮轴直接驱动气门,如图3.5(a)、(b)所示,凸轮轴直接驱动气门又可分为无挺杆和有挺杆两种;三是通过摆臂驱动气门,如图3.5(c)所示。

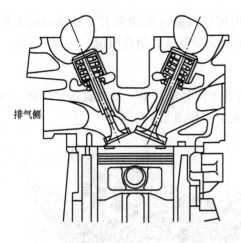

排气侧

(a) 无挺杆直接驱动式

(b) 有挺杆直接驱动式

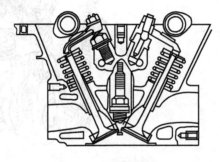

(c) 摆臂驱动式

图 3.5　上置凸轮轴式配气机构气门驱动方式

### 3.1.3　凸轮轴的传动方式

凸轮轴由曲轴通过传动装置来驱动，所用传动装置有齿轮传动、链传动和同步带传动。

#### 1. 齿轮传动

凸轮轴下置和中置的配气机构大多采用圆柱形正时齿轮传动，一般从曲轴到凸轮轴的传动只需一对正时齿轮，如图 3.6 所示，必要时可加装惰轮。为了啮合平稳，减少噪声，正时齿轮多采用斜齿轮。在一些中、小功率发动机上，曲轴正时齿轮用钢制造，凸轮轴正时齿轮则用铸铁或夹布胶木制造。为了保证装配时的配气正时，齿轮上都有正时记号，装配时必须使记号对齐。

#### 2. 链传动

链传动噪声小，一般用于中置凸轮轴式发动机上，如图 3.7 所示。曲轴通过链条驱动凸轮轴，在

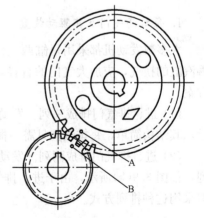

图 3.6　凸轮轴正时齿轮传动
A—凸轮轴正时齿轮记号；
B—曲轴正时齿轮记号

链条侧面有张紧机构和链条导板，利用张紧机构可以调整链条的张力。链传动的工作可靠性和耐久性较差，其传动性能在很大程度上取决于链条的制造质量。

### 3. 同步带传动

在高速发动机上广泛采用氯丁橡胶同步带传动来代替链传动，显著减小了噪声，且其质量轻、包角大、啮合量大、工作可靠。其结构形式如图 3.8 所示。

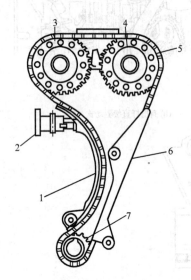

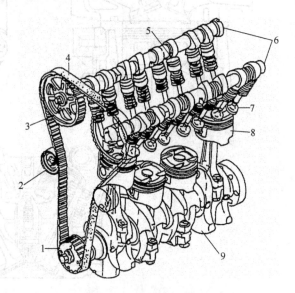

图 3.7  链传动装置

1—链张紧导板；2—链张紧器；3—进气凸轮轴链轮；4—排气凸轮轴链轮；5—传动链；6—链导板；7—曲轴链轮

图 3.8  同步带传动装置

1—曲轴同步带轮；2—张紧轮；3—凸轮轴同步带轮；4—同步带；5—液压挺杆；6—凸轮轴；7—气门；8—活塞；9—曲轴

## 3.1.4  气门排列及其驱动装置

### 1. 每缸两气门及其驱动装置

大多数发动机都采用每缸两气门，即一个进气门和一个排气门的排列方式。为了改善汽缸的换气，应加大气门的直径，特别是进气门的直径。其排列方式可以有如下两种方案。

(1) 进、排气门排成一列。发动机各缸的气门沿机体纵向排成一列，如图 3.9(a)所示，其结构简单，每排汽缸只需一根凸轮轴就能控制本排各缸的所有进、排气门。

(2) 进、排气门排成两列。发动机各缸的进、排气门分别排列在汽缸的两侧，各成一列，如图 3.9(b)所示。由于进、排气门分开成两列，汽缸盖的温度比较均匀。柴油机一般采用这种排列方式。

### 2. 每缸四气门及其驱动装置

在很多新型汽车发动机上采用每缸四气门的结构，即两个进气门和两个排气门，对于采用这种形式后，进气门总的通过断面较大，充气效率较高，排气门的直径可适当减

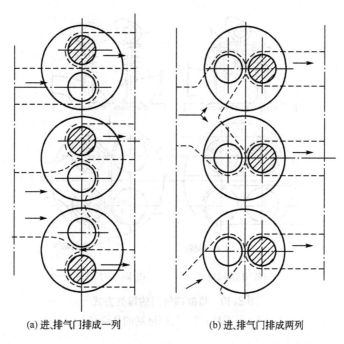

(a) 进、排气门排成一列　　　　　(b) 进、排气门排成两列

图 3.9　每缸两气门的排列方式

小，使其工作温度相应降低，提高了工作可靠性。对于采用直接喷射式燃烧室或预燃室燃烧室的大功率高速柴油机，如果采用每缸四气门的结构特别有利，它可将喷油器或预热室布置在汽缸的中央位置，使混合气形成和燃烧更好，汽缸盖的结构布局更为合理。此外，采用四气门后还可适当减小气门升程，改善配气机构的动力性，四气门的汽油机还有利于改善排放。

当采用每缸四气门的结构时，气门排列的方案有以下两种。

(1) 同名气门排成两列。如图 3.10(a) 所示，发动机的进、排气门沿垂直于发动机轴线的方向排列，由一个凸轮通过 T 形驱动杆同时驱动，并且所有气门都可以由一根凸轮轴驱动。由于两个气门串联在一个气道内，可能会使两者的工作条件和工作效果不一致。

(2) 同名气门排成同一列。如图 3.10(b) 所示，发动机的两个气门并联在一个气道内，弥补了上述方案的缺点，但一般采用两根凸轮轴分别驱动两组不同的气门。

### 3. 每缸五气门及其驱动装置

有些新型发动机采用五气门技术，如图 3.11 所示。与每缸四气门相比，采用每缸五气门的发动机其气门流通截面更大，充气效率更高。在四气门发动机缸盖和五气门发动机缸盖上，气门可能的最大直径是不相同的。对于四气门缸盖，气门的最大可能直径受火花塞和气门之间棱宽的限制，而对于五气门缸盖则主要受气门自身间棱宽的限制。由于气门和火花塞的间距增大，就有可能在铸件设计时把火花塞座和排气道分开，从而使整个区域的冷却得到显著改善，这就是五气门发动机尽管汽缸充气效率高，而爆燃敏感性却极小的原因。因此采用每缸五气门的结构为满足高性能指标要求提供了机会，可以实现燃油消耗低、转矩大及排污少，比目前使用的四气门发动机达到的性能指标更好。此外，如果将五气门技术与增压技术相结合，发动

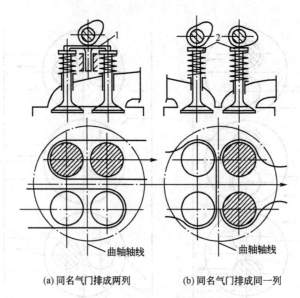

图 3.10　每缸四气门的排列方式

1—T形杆；2—气门尾端的从动盘

机性能指标的优势将更加明显。

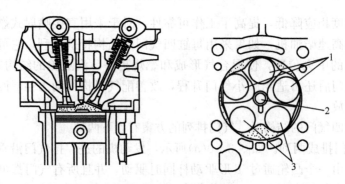

图 3.11　每缸五气门的排列方式

1—进气门；2—火花塞；3—排气门

当采用每缸五气门技术时，气门排列的方案通常是同名气门排成列，分别用进气凸轮轴和排气凸轮轴驱动。

# 3.2　配气相位和气门间隙

## 3.2.1　配气相位

为了保证发动机汽缸排气彻底、进气充分，要求气门具有尽可能大的通过能力，因此发动机的进、排气门实际开启和关闭并不恰好在活塞的上、下止点，而是适当地提前和迟后。

进气门提前开启的目的是保证新鲜气体或可燃混合气能顺利、充足地充入汽缸；而进气门滞后关闭是为了在压缩行程开始时，利用汽缸内的压力暂低于大气或环境压力，靠进气气流的惯性使新鲜气体或可燃混合气仍可继续进入汽缸。这样，进气门开启持续时间内的曲轴转角大于 180°。从图 3.12 可以看出，进气持续角相当于曲轴转角$(\alpha+180°,+\beta)$。$\alpha$ 为进气提前角，一般为 10°～38°；$\beta$ 为进气滞后角，是活塞从进气行程下止点到进气门关闭所在位置对应的曲轴转角。

排气门滞后的原因是：活塞到达上止点时，汽缸内的压力仍高于大气压，利用排气流的惯性可使废气继续排出。这样，排气门开启持续时间的曲轴转角可表示为$(\gamma+180°,+\delta)$。$\gamma$ 为排气提前角，即活塞从排气门开始开启到下止点所对应的曲轴转角，$\gamma$ 一般为 40°～80°；排气滞后角即为活塞从上止点到排气门关闭所对应的曲轴转角，由 $\delta$ 表示，一般为 10°～30°。

由于进气门早开和排气门晚关，会有一段时间进、排气门同时开启。进气门和排气门同时开启的那一段时间或曲轴转角，称为气门重叠角。

由于气门重叠角较小，且新鲜气体和废气流的惯性要保持原来的流动方向，所以只要气门重叠角取得合适，就不会产生废气倒流进气管和新鲜气体随废气排出的问题。发动机的结构不同、转速不同，配气相位也就不同，最佳配气相位角是根据发动机性能指标的要求，由试验确定的。

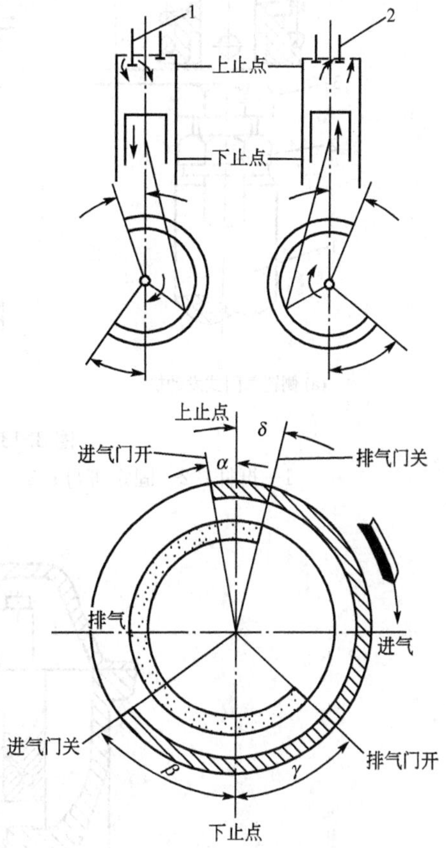

### 3.2.2 气门间隙

发动机工作时，配气机构的各个零件，如气门、挺柱、推杆等都因受热膨胀而伸长，如果气门及其传动件之间不留间隙，则在热态时，就会因受热膨胀而顶开气门，破坏气门与气门座之间的密封，造成发动机在压缩和做功行程中漏气，而使功率下降。为了消除这种现象，通常配气机构在常温装配时，留有一定的间隙，这一间隙就称为气门间隙，如图 3.13 所示。有的发动机采用液压挺杆，其特点是在挺杆内的油压、柱塞和弹簧作用下可自动调节气门间隙，故不需要预留气门间隙。捷达 1.6L 两气门发动机采用的就是液压挺杆，如图 3.14 所示。

气门间隙的大小由发动机制造厂根据试验确定，一般在冷态时，进气门的间隙为 0.25～0.30mm。如果间隙过大，则传动零件之间以及气门与气门座之间将产生撞击并发出响声，一方面加剧了零件的磨损，另一方面也会使气门开启的持续时间减少，汽缸的充气及排气情况变坏。

**图 3.12 配气相位示意图**

1—进气门；2—排气门；

$\alpha$—进气提前角；$\beta$—进气滞后角；

$\delta$—排气滞后角；$\gamma$—排气提前角

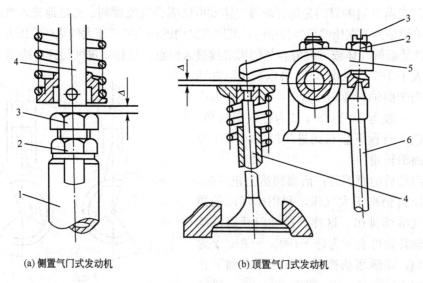

(a) 侧置气门式发动机　　　　　　　(b) 顶置气门式发动机

图 3.13　气门间隙的位置

1—挺杆；2—固定螺母；3—调整螺钉；4—气门；5—摇臂；6—推杆

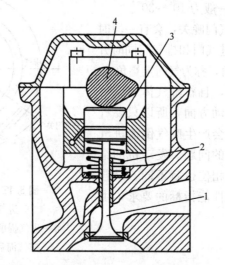

图 3.14　捷达 1.6L 两气门发动机采用液压挺杆

1—气门；2—气门弹簧；3—液压挺杆；4—凸轮轴

# 3.3　气门传动组和气门组

在各种配气机构中，其主要零件都可以分为气门传动组和气门组两部分。

## 3.3.1　气门传动组

气门传动组的作用是使进、排气门能按配气相位规定的时刻开闭，并保证有足够的开度。主要部件包括凸轮轴、气门挺杆、推杆、摇臂和摇臂组等。

## 1. 凸轮轴

凸轮轴是气门传动组中最主要的零件,其作用是驱动和控制各缸气门的开启和关闭,使其符合发动机的工作顺序、配气相位及气门开度的变化规律等要求。此外,多数汽油机还用它来驱动汽油泵、机油泵和电器等。

凸轮轴主要由凸轮和凸轮轴轴颈等组成。多缸发动机的凸轮轴按汽缸工作顺序,布置了一系列的凸轮。根据发动机的总体布置,在一根凸轮轴上,可以单独配置进气凸轮或排气凸轮,也可以同时配置进气凸轮和排气凸轮,如图 3.15 所示。

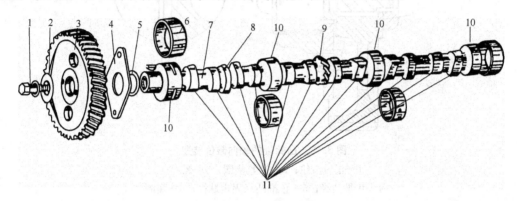

**图 3.15 凸轮轴结构**

1—螺栓;2—正时齿轮垫圈;3—正时齿轮;4—止推凸缘;5—止推座;6—凸轮轴衬套;
7—凸轮轴;8—偏心轮;9—螺旋齿轮;10—凸轮轴轴颈;11—进、排气凸轮

凸轮是凸轮轴的主要工作部分,它的轮廓应保证气门开启和关闭的持续时间符合配气相位的要求,使气门有合适的升程及升降过程的运动规律。凸轮在工作时承受气门间歇性开启的周期性冲击载荷。因而要求凸轮表面应有良好的耐磨性,为了保证气门开闭规律的正确性,凸轮还应有足够的刚度。

凸轮轴通常做成一整体轴,采用优质碳钢和合金钢模锻,并经表面高频淬火(中碳钢)或渗碳淬火处理。近年来,合金铸铁和球墨铸铁也被广泛地用来制造凸轮轴。

有的发动机的凸轮轴安装在汽缸体上的轴承座上,座孔中压装有青铜或巴氏合金滑动轴承;也有的发动机的凸轮轴安装在汽缸盖上。凸轮轴的轴颈数取决于承受的载荷和轴本身的刚度。通常有两种形式,即每隔两个汽缸设置一个轴颈和每隔一个汽缸设置一个轴颈。一般发动机多采用前者,当缸径较大、气门数多、转速高及凸轮轴负荷大时,则应采用后者。

有些凸轮轴轴颈上有些特殊形状的油槽或油孔。为了承受斜齿轮产生的轴向力,防止凸轮轴在工作中产生轴向窜动,凸轮轴需要轴向定位。目前多数发动机采用止推限位装置,如图 3.16 所示。

凸轮轴轴承一般做成衬套压入整体式的座孔内,最后再经加工,与轴径配合。其材料多与曲轴轴承相同。

## 2. 气门挺杆

气门挺杆的作用是将凸轮的推力传给推杆(顶置气门式配气机构)或气门(侧置气门式配气机构),并承受凸轮轴旋转时所施加的侧向力。挺杆常用碳钢、合金铸铁和冷激铸铁

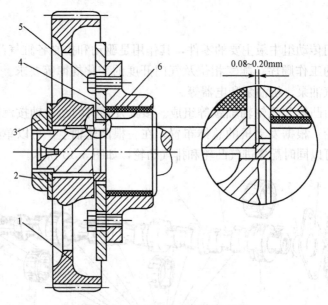

**图 3.16　凸轮轴的轴向限位装置**

1—正时齿轮；2—锁紧垫圈；3—螺母；

4—止推凸缘；5—止推凸缘固定螺栓；6—隔圈

等制成，其摩擦表面应经热处理后精磨。它与凸轮轴的材料必须有合理的组合配对。

常见的普通挺杆有菌形挺杆、平面挺杆和筒形挺杆，如图 3.17 所示。

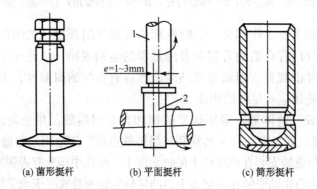

(a) 菌形挺杆　　　(b) 平面挺杆　　　(c) 筒形挺杆

**图 3.17　气门挺杆的形式**

1—挺杆；2—凸轮

挺杆工作时，由于受凸轮侧向推力的作用，会引起挺杆与导管之间单面磨损，又因挺杆的工作面直接与凸轮相接触，是一对高摩擦副，在工作中会产生很大的摩擦与磨损。为了减轻挺杆工作面的局部磨损，一般采取以下办法。

(1) 如图 3.17(a)所示，将挺杆底面工作面制成球面，将凸轮的母线做成斜率很小的锥体，这样可使挺杆在工作中绕其中心线稍有转动，从而达到磨损均匀的目的。

(2) 如图 3.17(b)所示，挺杆工作面是平面，凸轮是柱体，但在安装中使挺杆中心线与凸轮中心线不相重合而具有一定的偏心量($e=1\sim3\text{mm}$)。这样，在工作时也可使挺杆绕其中心线产生一定的转动。

(3) 如图 3.17(c)所示，挺杆外表面做成两端小，中间大的筒形。当挺杆在座孔中歪斜时，由于它的自定位作用，仍可保证凸轮型面全宽与挺杆表面相接触，从而可减小接触应力，并使磨损均匀。

平面挺杆由于结构简单、质量轻，被广泛用于车用发动机上。

存在气门间隙的配气机构中，由于在高速运行时会产生很大的振动和噪声，为解决这一问题，有的发动机上采用了液压挺杆，如图3.18所示。

液压挺杆主要由挺杆壳体、柱塞、球阀、柱塞弹簧、阀簧等组成。

在挺杆体4中装有柱塞3，柱塞3上端压有球座2作为推杆支承座，同时将柱塞内腔堵住。柱塞被柱塞弹簧6压向上方，其最上位置由卡圈1来限制。柱塞下端的单向阀架5内装有碟形弹簧8，用以关闭单向阀7。

发动机工作时，机油沿主油道供到气门挺杆，并充满柱塞内腔及其下面的空腔。当气门关闭时，机油经挺杆体和柱塞上的油孔压进柱塞腔A内，并推开单向阀充入挺杆体腔B内。柱塞弹簧6使柱塞3连同压合在柱塞中的球座2紧靠着推杆，使配气机构的间隙消失。

当凸轮转到工作面使挺杆上推时，挺杆作用于球座2和柱塞3的反力力图使柱塞克服柱塞弹簧的力相对于挺杆体4向下移动，于是柱塞下部空腔内的油压迅速升高，使单向阀7关闭。由于液体的不可压缩性，整个挺杆便像一个刚体一样，按凸轮的运动规律开闭气门。

当油压过高或者气门受热膨胀时，将有少许油液依靠柱塞弹簧的作用，使柱塞向上运动，始终保持与推杆的接触，同时柱塞下部空腔产生真空度，于是，主油道的油压将再次推开单向阀，向挺杆体腔内充油而再度充满整个挺杆内腔。

液压挺杆消除了配气机构中的间隙，减小了各零件的冲击载荷和噪声，同时凸轮轮廓可设计得比较陡一些，使气门关闭更快，以减小进、排气阻力，改善发动机的换气，提高发动机的性能，特别是高速性能。

图3.19所示为捷达轿车发动机的液压挺杆，其工作原理与上述液压挺杆基本相同，其

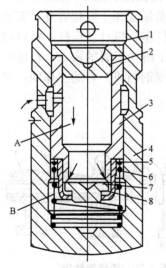

**图 3.18  液压挺杆结构**

1—卡圈；2—球座；3—柱塞；4—挺杆体；5—单向阀架；6—柱塞弹簧；7—单向阀；8—碟形弹簧；A—柱塞腔；B—挺杆体腔

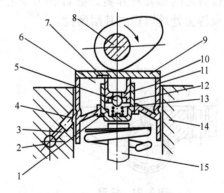

**图 3.19  捷达轿车发动机液压挺杆结构**

1—高压油腔；2—缸盖油道；3—油量孔；4—斜油孔；5—球阀；6—低压油腔；7—键形槽；8—凸轮轴；9—挺杆体；10—挺杆体焊缝；11—柱塞；12—套筒；13—弹簧；14—缸盖；15—气门杆

结构特点是：液压挺杆倒置，直接推动气门的开启；挺杆的上盖和圆筒是经加工后再用激光焊接成一体的薄壁零件；单向阀采用钢球、弹簧式结构。

**3. 推杆**

推杆的作用是将从凸轮轴经挺杆传递的推力传给摇臂，如图3.20所示。为了减轻质量，推杆是一根细长空心杆，其上、下端压入或用电阻焊接经淬火和精加工的凹、凸球头，推杆的上、下两端均经热处理并磨光，以提高其耐磨性。

**4. 摇臂和摇臂组**

摇臂的作用是将推杆或凸轮传递的力改变方向，作用到气门杆端以推开气门。摇臂实际是一个双臂杠杆，如图3.21所示。摇臂一般制成不等长的，两边臂长的比值(称摇臂比)为1.2～1.8，其中长臂一端用来推动气门。

摇臂的短臂上带有螺纹孔，拧入调整螺钉。调整螺钉上带有锁紧螺母，螺钉的球面端头与推杆顶端球座接触，以调整配气机构的气门间隙。

摇臂与气门杆尾端接触部分由于接触应力高，且有相对滑移，因此磨损严重，为此在该部分常堆焊耐磨合金或做成圆弧面状。摇臂内还钻有润滑油道和油孔。

摇臂的材料一般用中碳钢，也有的用球墨铸铁或合金铸铁。为了提高其耐磨性，摇臂的轴孔内镶有青铜衬套或装有滚针轴承与摇臂轴配合转动，有些高速发动机摇臂采用轻质合金铸铝，圆弧面上堆焊一层耐磨合金。

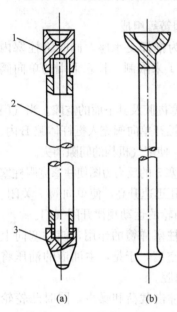

图3.20 推杆
1—上端头；2—杆身；
3—下端头

如图3.22所示，摇臂组中摇臂通过摇臂轴支承在摇臂轴支座上，摇臂支座安装在汽缸盖上。摇臂与推杆端、摇臂轴间的润滑可采用来自挺杆座、挺杆、推杆、摇臂内油道或来自汽缸体、汽缸盖、摇臂内孔的压力机油润滑。为了防止摇臂的窜动，在摇臂轴上每两摇臂之间都装有弹簧。摇臂轴为空心管状结构，用碳钢制成，它的工作面一般都经过表面淬火处理以提高其耐磨性。

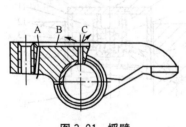

图3.21 摇臂
A、C—油道；B—油槽

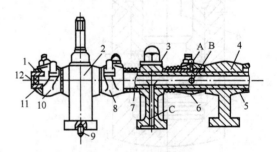

图3.22 摇臂组结构
1—垫圈；2、3、4—摇臂轴支座；5—摇臂轴；
6、8、10—摇臂；7—弹簧；9—定位销；
11—锁簧；12—堵头；
A、B、C—油孔

### 3.3.2 气门组

气门组包括气门、气门导管、气门座、气门弹簧、气门弹簧座及锁片等零件，如图 3.23 所示，其主要功用是维持气门的关闭。气门组应保证气门头部与气门座贴合严密，气门杆在气门导管中有良好的导向作用，气门弹簧能使气门迅速关闭，并保证气门紧压在气门座上。

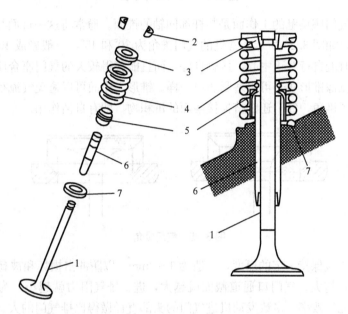

图 3.23 气门组

1—气门；2—气门锁块；3—气门弹簧上座圈；4—气门弹簧；
5—气门油封；6—气门导管；7—气门弹簧下座圈

#### 1. 气门

气门由头部和杆部两部分组成。气门的工作条件非常恶劣，主要表现在：气门头部的工作温度很高，进气门可达 570~670K，排气门更高，可达 1050~1200K。气门头部要承受气体压力、气门弹簧力及传动组零件惯性力的作用，冷却和润滑条件差，还要接触汽缸内燃烧生成物中的腐蚀介质。因此，要求气门必须具有足够的强度、刚度、耐热、耐腐蚀和耐磨能力。由于进、排气门的工作条件不同，进气门的材料采用铬钢或镍铬钢等合金钢，排气门由于热负荷大，一般采用耐热合金钢（硅铬钢、硅铬钼钢等）。有的排气门为了降低成本，头部采用耐热钢，杆部采用耐热合金钢，然后将两者焊在一起。还有些排气门在头部锥面堆焊或等离子喷涂一层钨钴等特种合金覆盖层，以提高其耐腐蚀性和耐热性。

气门头顶部的形状有平顶、凸顶和凹顶等，如图 3.24 所示。凸顶气门头顶部中央厚，受热面积和刚度较大，其排气阻力小，适用于排气门。凹顶气门的头部呈喇叭形，与杆部有较大的过渡圆弧，气流阻力小，但其顶部受热面积大，多用在进气门。平顶气门结构简单、制造方便、受热面积小，性能介于凸顶和凹顶之间，应用较广。

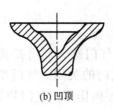
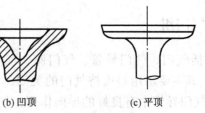

(a) 凸顶　　　　　　(b) 凹顶　　　　　　(c) 平顶

图 3.24　气门头的形状

气门头部与气门座接触的工作面是与杆部同轴的锥面。通常将这一锥面与气门顶平面夹角称为气门锥角，如图 3.25 所示。常见的气门锥角为 30°和 45°，一般做成 45°。采用锥形工作面，气门落座时能自行对正中心，接触良好，而且能获得较大的气门座合压力，以提高密封性和导热性，就像锥形塞子可以塞紧瓶口一样。锥形工作面可以避免气流拐弯过大而降低流速。此外，有了锥角，气门还能挤掉接触面的沉积物，即有自洁作用。

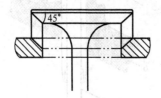
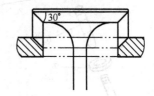

图 3.25　气门锥角

气门头的边缘应保持一定的厚度，一般为 1～3mm，以防冲击损坏和被高温烧蚀。

气门头部直径越大，气门口通道截面就越大，进、排气阻力就越小。为了减小进气阻力，提高汽缸的充气效率，多数发动机进气门的头部直径做得比排气门的大。有时为了加工简单，把进、排气门直径做成一致，在这种情况下，往往在排气门头部刻有排气标志，以防装错。

气门杆呈圆柱形，在气门导管中不断进行往复运动，其杆部加工精度要求较高，表面需经过热处理和磨光，以保证同气门导管的配合精度和耐磨性。有的发动机排气门杆加粗，以利于传热，降低排气门温度，但从工艺考虑，大多数发动机的进、排气门杆制成一样粗。

气门杆一端与气门头部相连，另一端即气门尾部与气门弹簧座相连。气门杆尾部结构与气门和弹簧座的连接方式有关，常见的有以下两种固定方法。

(1) 图 3.26(a)所示为锁片式固定方法，在气门杆尾部切一凹槽，凹槽上装有两个半锥形锁片，在气门弹簧的弹力作用下，气门弹簧上座圈内锥面压住两个半锥形锁块，使其紧箍在气门杆尾部。

(2) 图 3.26(b)所示为锁销式固定方法，把气门杆尾部制成一圆柱形径向通孔，利用插在孔内的锁销来支承弹簧座，而弹簧座的边缘又可以阻止锁销松脱。

(a) 锁片式　　　　　(b) 锁销式

图 3.26　气门杆的固定方式

1—气门杆；2—气门弹簧；3—气门弹簧座；
4—锁片；5—锁销

2. 气门座

汽缸盖或缸体的进、排气道与气门锥面相结合的部位称为气门座，如图 3.27 所示。气门座的作用是与气门头部共同密封汽缸，同时接受气门传来的热。气门座可在汽缸盖上直接镗出，但大多数车用发动机的气门座用耐热合金钢或合金铸铁等单独做成座圈，然后镶嵌到汽缸盖或缸体上，后者称为镶嵌式气门座。

气门座圈是一个圆环，它以较大的过盈量压在汽缸盖的气门座窝上，如图 3.28 所示。气门座圈与汽缸盖的过盈量要合适，如果过盈量不足，则在工作时座圈易脱落而损坏发动机。为了防止气门座圈松脱，有的在气门座圈外围上装有环槽，以备压入后缸盖材料塑性变形嵌入其中。

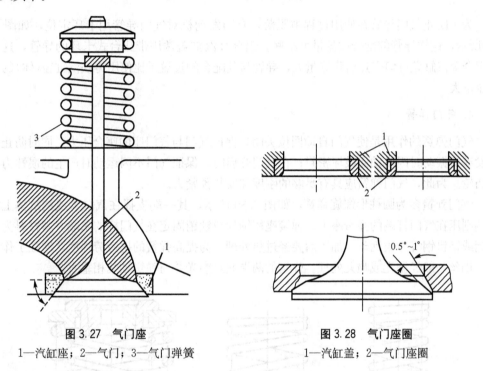

图 3.27 气门座
1—汽缸座；2—气门；3—气门弹簧

图 3.28 气门座圈
1—汽缸盖；2—气门座圈

镶嵌式气门座导热性差，加工精度也较高。气门座与座孔应有较大的过盈量，配合表面也应具有一定的表面要求，安装时通常将气门座圈冷缩或将座孔部位加热后压入。如果座圈的公差配合不当，则工作时座圈易脱落，当在缸体或缸盖上直接镗出的气门座能满足工作性能要求时，最好不用镶嵌式气门座。

3. 气门导管

气门导管的作用是给气门以运动导向，保证气门直线运动，使气门与气门座能正确贴合。此外，气门导管还具有导热作用。

气门导管的外形如图 3.29 所示，为圆柱形管，其外表面有较高的加工精度和较好的粗糙度，与缸盖(体)的配合有一定的过盈量，以保证良好地传热和防止松脱。为了保证气门和气门导管的精确配合间隙，气门导管的内孔在气门导管被压入汽缸盖或汽缸体后再精铰。

气门导管上端面内孔处不应倒角，以防止过多的机油进入导管；气门导管外侧面带有一定锥度，以防止积油产生，如图3.29(c)所示。

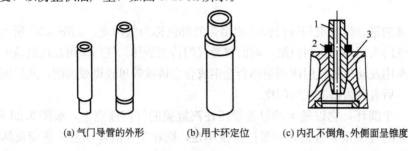

(a) 气门导管的外形　　(b) 用卡环定位　　(c) 内孔不倒角、外侧面呈锥度

图3.29　气门导管

1—气门导管；2—卡环；3—汽缸盖

　　为了防止气门导管在使用过程中脱落，有的发动机对气门导管用卡环定位，如图3.29(b)所示，这样导管的配合过盈量可小些。铝合金汽缸盖常用带凸台式卡环的导管，这是因为铝合金汽缸盖(体)受热后膨胀量大，导管与其配合的过盈量比使用铸铁汽缸盖(体)的配合过盈量大。

　　4. 气门弹簧

　　气门弹簧的作用是使气门自动回位关闭，保证气门与气门座的座合压力，同时防止气门在发动机振动时因跳动而破坏密封；在气门开启时，保证气门不因运动时产生的惯性力而脱离凸轮。为此，气门弹簧应具有足够的刚度和安装预紧力。

　　气门弹簧多为圆柱形螺旋弹簧，如图3.30所示，其一端支撑在汽缸盖或汽缸体上，另一端则压在气门杆端的弹簧座上。弹簧座用锁片或锁销固定在气门杆的末端。其材料为高碳锰钢或铬钒钢等冷拔钢丝，加工后要经过热处理。为提高弹簧的抗疲劳强度，增强工作可靠性，钢丝一般经抛光或喷丸处理。弹簧的两端面经磨光并与弹簧轴线相垂直。

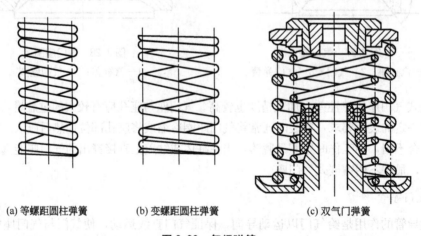

(a) 等螺距圆柱弹簧　　　　(b) 变螺距圆柱弹簧　　　　(c) 双气门弹簧

图3.30　气门弹簧

　　气门弹簧一般按以下几种结构设计，可以防止发生共振。

　　(1) 提高气门弹簧的自振频率。提高气门弹簧的刚度，如加粗钢丝直径或减小弹簧的圈径，但这会增加功率消耗和零件间的冲击载荷。

　　(2) 采用变螺距的圆柱弹簧，如图3.20(b)所示。当传动零件压缩气门开启时，螺距小的先叠合，使弹簧的实际工作圈数逐渐减少，刚度和固有频率逐渐变化，从而避免共振的发生。

（3）采用双气门弹簧，如图3.30(c)所示。高速发动机多数是一个气门有同心安装的内、外两根气门弹簧，且旋向相反。由于两弹簧的自振频率不同，当某一弹簧发生共振时，另一弹簧可起减振作用；且当有一根弹簧折断时，另一根还可维持工作。此外还能使弹簧的高度减小。当装用两根气门弹簧时，弹簧的螺旋方向应相反，这样可以防止折断的弹簧圈卡入另一弹簧圈内。

# 3.4 可变配气正时与气门升程机构

气门的开闭决定了配气正时（进、排气门开闭的时间）与气门升程（气门打开的程度）这两个影响发动机性能和充气效率的重要参数。发动机运转过程中，高速和低速对配气正时的要求是不同的，低速时应采用小的气门重叠角和升程，防止缸内新鲜空气倒流，以便增加低速转矩，提高燃油经济性；高速时却希望有大的气门升程和气门重叠角，以便进入更多的混合气以满足高速时的动力性要求。

在普通的发动机上，进气门和排气门的开闭时间是固定不变的，气门重叠角也是固定不变的，是根据试验而取得的最佳配气正时，在发动机运转过程中不能改变。发动机只能根据其匹配车型的需求，选择最优化的固定的气门重叠角。例如，车用发动机大都采用适中的气门重叠角，同时兼顾高速和低速时的动力输出要求，但在低转速和高转速时会损失很多动力。利用可变配气系统调整配气正时与气门升程，保证了发动机低速与高速不同的配气相位及进气量的要求，使发动机无论在何种转速下都达到动力性、经济性与低排放的较佳状态。

目前各种可变配气执行机构被习惯称为VVA(Variable Valve Actuation)技术，有的仅仅配气正时可变，有的仅仅气门升程可变，而有的则是两者都可变。尽管VVT技术的实现手段和技术名称各不相同，但是目的都只有一个，就是使发动机在不同转速下有不同的气门重叠角或者气门升程，进而使得发动机高低转速的表现都趋近于完美。VVT技术大致可归纳为以下几种类型。

（1）可变配气正时VVT(Variable Valve Time)，包括分级可变配气正时和连续可变配气正时CVVT(Continuous Variable Valve Time)，如PASSAT B5轿车2.8L V6发动机VVT、丰田VVT-I(Variable Valve Time-Intake)均为连续可变配气正时。

（2）可变气门升程VTEC(Variable Valve Timing and Lifting Electronic Control)，如本田VTEC、三菱MIVEC(Mitsubishi Innovative Valve-timing-and-lift Engine Control)。VTEC主要应用变凸轮的可变气门技术，通过使用不同形状的凸轮作用于气门摇臂，达到在不同的发动机转速工况下，控制相对应的气门升程及打开持续时间，来优化发动机的动力和油耗表现。

（3）配气正时与气门升程均可变，如丰田VVTL-I(Variable Valve Timing and Lifting with Intelligence)、本田I-VTEC(Intelligence-VTEC)均为连续可变配气相位及分级可变气门升程；本田A-VTEC(Advanced VTEC)和宝马Valvetronic均为连续可变配气相位及连续可变气门升程。

（4）双可变配气相位D-VVT(Double-VVT)，如宝马的Double VANOS系统，在进

气和排气凸轮轴上都分别装有可变正时系统，能达到更深入的进排气重叠及更强的换气效果。

### 3.4.1　本田 VTEC/I‑VTEC/A‑VTEC

1. 本田 VTEC

本田公司的"可变配气正时和气门升程电子控制"系统(简称 VTEC)，可以使发动机在高速时改变配气正时和气门升程，在 ECU 的控制下，还可以改变高速时进、排气门的重叠角，使发动机在高速范围由于 VTEC 作用而输出更大的功率。

VTEC 的结构原理如图 3.31 所示。同一缸的两个进气门有主、次之分，即主进气门和次进气门。每个进气门通过单独的摇臂驱动，驱动主进气门的摇臂称为主摇臂，驱动次进气门的摇臂称为次摇臂，在主、次摇臂之间装有一个中间摇臂，中间摇臂不与任何

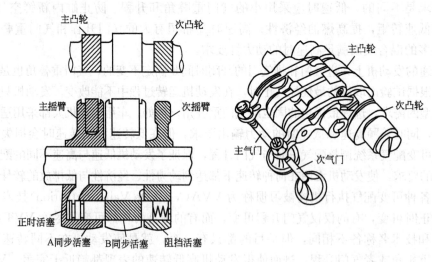

(a) 低速工况

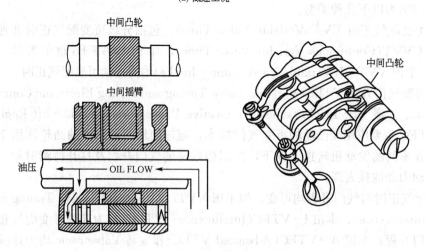

(b) 高速工况

图 3.31　VTEC 的结构原理

气门直接接触，3个摇臂并列在一起组成进气摇臂总成。

凸轮轴上相应有3个不同升程的进气凸轮分别驱动主摇臂、中间摇臂和次摇臂，凸轮轴上的凸轮也相应分为主凸轮、中间凸轮和次凸轮；在凸轮形状设计上，中间凸轮的升程最大，次凸轮的升程最小，主凸轮的形状适合发动机低速时单进气门工作的配气相位要求，中间凸轮的形状适合发动机高速时双进气门工作的配气相位要求。

可变配气正时控制系统的功能是根据发动机转速、负荷等变化来控制VTEC机构工作，改变驱动同一汽缸两进气门工作的凸轮，以调整进气门的配气相位及升程，并实现单进气门工作和双进气门工作的切换。

发动机低速运转时，电磁阀不通电使油道关闭，机油压力不能作用在正时活塞上，在次摇臂油缸孔内的弹簧和阻挡活塞作用下，正时活塞和同步活塞A回到主摇臂油缸孔内，与中间摇臂等宽的同步活塞B停留在中间摇臂的油缸孔内，3个摇臂彼此分离，如图3.31(a)所示。此时，主凸轮通过主摇臂驱动主进气门，中间凸轮驱动中间摇臂空摆（不起作用），次凸轮的升程非常小，通过次摇臂驱动次进气门微量开闭，其目的是防止次进气门附近积聚燃油。配气机构处于单进、双排气门工作状态，单进气门由主凸轮驱动。

当发动机高速运转，且发动机转速、负荷、冷却液温度及车速达到设定值时，ECU向VTEC电磁阀供电，使电磁阀开启，来自润滑油道的机油压力作用在正时活塞一侧，由正时活塞推动两同步活塞A、B和阻挡活塞移动，两同步活塞分别将主摇臂与中间摇臂、次摇臂与中间摇臂接成一体，成为一个同步工作的组合摇臂，如图3.31(b)所示。此时，由于中间凸轮升程最大，组合摇臂受中间凸轮驱动，两个进气门同步工作，与发动机低速时相比气门的升程、提前开启和迟后关闭角度均增大。

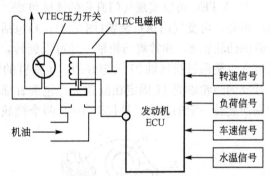

图3.32 VTEC的控制系统

本田VTEC的控制系统由传感器、控制部分和执行部分组成，如图3.32所示。执行部分由VTEC机构中的凸轮、摇臂和同步活塞等组成；控制部分由ECU、VTEC电磁阀、VTEC压力开关等组成。

在发动机运转过程中，各传感器不断地向ECU输入转速、负荷、车速以及水温信号，由ECU判断何时能改变气门正时和升程。当发动机转速为2300~3200r/min、车速超过10km/h、冷却水的温度超过10℃和根据进气歧管压力判断发动机负荷较大时，ECU操纵VTEC电磁阀打开油路，使从机油泵输出的压力机油推动同步活塞把3个摇臂连成整体，实行VTEC配气正时和气门升程变动，以改变进气量，增加发动机功率。如果不符合以上转换条件，ECU将VTEC电磁阀断电，切断油路，不实行VTEC控制。

2. 本田I-VTEC

本田I-VTEC为连续可变配气相位及分级可变气门升程。在VTEC切换凸轮的基础上，I-VTEC增加了VTC(Valve Overlap Control)，利用和丰田VVT-I类似的方式来"连续式"转动凸轮轴，从而达到配气正时和气门重叠角的控制。

进、排气门正时与开启的重叠时间的可变由电控液压系统控制的 VTC 来实现,它使进气凸轮轴转动一些角度,如图 3.33 所示。VTC 控制进气凸轮向右进而提前驱动气门的开关,VTC 控制进气凸轮向左进而延迟驱动气门的开关,以满足不同转速下配气正时及气门重叠角的需要。

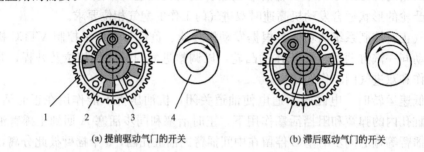

(a) 提前驱动气门的开关          (b) 滞后驱动气门的开关

图 3.33  I-VTEC 的 VTC

1—链轮;2—VTC 壳体;3—VTC 轴(与凸轮轴一体);4—进气凸轮

### 3. 本田 A-VTEC

A-VTEC 可以实现气门升程的连续可变。为了能实现发动机气门升程和气门正时的连续可变,可变气门执行装置(图 3.34(a))包括了以下部分:由发动机缸盖固定部分所支撑着的凸轮轴 8,和常规凸轮轴一样可以旋转,并且只包含有一种形状的进气凸轮 7;主摇臂 9 也是通过摇臂轴 27 固定好的;主摇臂的气门侧有一滑块 12,控制气门杆 6,一个半开放的凸轮轴壳 11 固定在缸盖上,包裹着部分的凸轮轴,并可由滚齿 25 和控制杆 26 控制而旋转一定的角度;副摇臂 10 有两个推轮,第一推轮 20 和第二推轮 21,都固定在

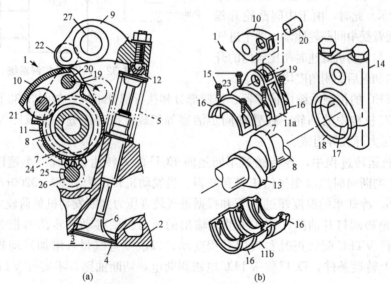

(a)                          (b)

图 3.34  A-VTEC 的可变气门执行装置

1—可变气门执行装置;2—缸盖;3—气门座;4—气门密封;5—气门弹簧;6—气门杆;7—进气凸轮;8—凸轮轴;9—主摇臂;10—副摇臂;11—凸轮轴壳;12—滑块;13—排气凸轮;14—轴承座;15—螺钉;16、18、24—凸轮轴套;17—凸轮轴孔;19—进气凸轮槽;20—第一推轮;21—第二推轮;22—摇臂滑轮;23—排气凸轮槽;25—滚齿;26—控制杆;27—摇臂轴

凸轮轴壳之上；位于主摇臂之上的摇臂滑轮 22 能使副摇臂和主摇臂啮合顺畅；凸轮轴在凸轮轴壳内旋转，推动副摇臂，再由副摇臂推动主摇臂，驱动气门。凸轮轴和凸轮轴套及副摇臂的结构如图 3.34(b)所示，14 为固定于缸盖的凸轮轴套轴承座。

当发动机处于低转速状态时，发动机电控系统驱动控制杆顺时针旋转，带动凸轮轴壳及副摇臂往左摆动，提前驱动进气门的开关，而且气门升程较小，如图 3.35(a)所示。

当发动机处于高转速状态时，发动机电控系统驱动控制杆逆时针旋转，带动凸轮轴壳及副摇臂往右摆动，延迟驱动进气门的开关，而且气门升程增大，如图 3.35(b)所示。由于副摇臂工作面的曲线设计，可以实现气门升程的连续可变。

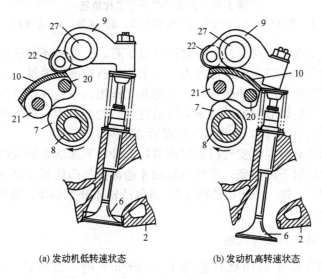

(a) 发动机低转速状态　　　　(b) 发动机高转速状态

图 3.35　A-VTEC 的两种工作状态(图注见图 3.34)

### 3.4.2　大众 VVT

**1. 大众 VVT 的结构原理**

PASSAT B5 轿车 2.8L V6 发动机 VVT 简称大众 VVT，其传动方式以及进、排气凸轮轴分布如图 3.36 所示，排气凸轮轴安装在外侧，进气凸轮轴安装在内侧。曲轴通过同步带首先驱动排气凸轮轴，排气凸轮轴通过链条驱动进气凸轮轴。

图 3.37(a)所示为发动机在高速状态下，为了充分利用气体进入汽缸的流动惯性，提高最大功率，进气门滞后角增大后的位置(轿车发动机通常工作在高速状态下，所以这一位置为一般工作位置)。

图 3.37(b)所示为发动机在低速状态下，为了提高最大转矩，进气门滞后角减小后的位置。进气凸轮轴由排气凸轮轴通过链条驱动，两轴之间设置一个可变气门正时调

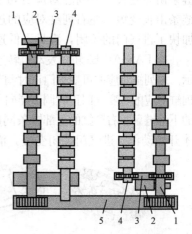

图 3.36　大众 VVT 凸轮轴传动方式
及进、排气凸轮轴分布图

1—排气门；2—正时调节器；

3—链条；4—进气门；

5—同步带(正时皮带)

节器，在内部液压缸的作用下，调节器可以上升和下降。

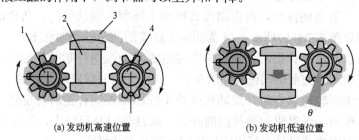

(a) 发动机高速位置　　　　　　　　　　(b) 发动机低速位置

**图 3.37　大众 VVT 两个工作位置**

1—排气门；2—可变气门正时调节器；3—链条；4—进气门

当发动机转速下降时，可变气门正时调节器下降，上部链条被放松，下部链条传递着排气凸轮旋转拉力和调节器向下的推力。由于排气凸轮轴在曲轴正时带的作用下不可能逆时针反转，所以进气凸轮轴受到两个力的共同作用：一是在排气凸轮轴正常旋转带动下链条的拉力；二是调节器推动链条传递给进气凸轮的拉力。进气凸轮轴顺时针额外转过 $\theta$，加快了进气门的关闭，亦即进气门滞后角减少 $\theta$。

当发动机转速提高时，可变气门正时调节器上升，下部链条被放松。排气凸轮轴顺时针旋转，首先要拉紧下部链条，进气凸轮轴才能被排气凸轮轴带动旋转。就在下部链条由松变紧的过程中，排气凸轮轴已转过 $\theta$，进气凸轮才开始动作，进气门关闭变慢，即进气门滞后角增大 $\theta$。

**2. 大众 VVT 的两种工作状态**

当 PASSAT B5 轿车发动机转速高于 1000r/min 时，要求进气门关闭较早，如图 3.38(a)所示。左列缸对应的可变气门正时调节器向下运动，上部链条由长变短，下部链条由短变长；右列缸对应的可变气门正时调节器向上运动，上部链条由短变长，下部链条由长变短。左右列缸对应的进气凸轮轴在两个力的共同作用下都顺时针额外转过 $\theta$，加快了进气门的关闭，满足了低速进气门关闭较早、提高最大转矩的要求。

当 PASSAT B5 轿车发动机转速高于 3700r/min 时，要求进气门关闭较迟，如图 3.38(b)所示。左列缸对应的可变气门正时调节器向上运动，上部链条由短变长，下部链条由长变短；右列缸对应的可变气门正时调节器向下运动，上部链条由长变短，下部链条由短变长。在左列缸的下部链条、右列缸的上部链条同时由长变短的过程中，排气凸轮轴已转过 $\theta°$，进气凸轮才开始动作，进气门关闭变慢，满足了高速进气门关闭较迟、提高最大功率的要求。

(a) 转速高于1000r/min时　　　　　　　　　　(b) 转速高于3700r/min时

**图 3.38　大众 VVT 两个工作状态**

**3. 可变气门正时的微机控制**

PASSAT B5 轿车 2.8L V6 发动机的可变气门正时系统由 Motronic M 3.8.2 发动机

控制 单元进行控制。微机控制关系如图 3.39 所示。

左右列缸对应的可变气门正时机构均设置了一个可变气门正时电磁阀，如图 3.40 所示。发动机在获得转速传感器的信息后，对左右列缸对应的可变气门正时电磁阀的控制方式做出正确选择并控制阀体动作。当获得不同阀体位置时，通往可变气门正时调节器内的液压缸油路变换，使可变气门正时调节器上升或下降，从而使左右列缸对应的进气门获得不同的迟后角。

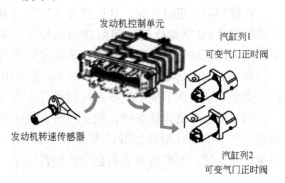

图 3.39　可变气门正时的微机控制

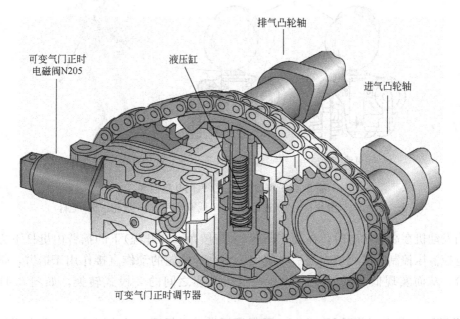

图 3.40　可变气门正时调节器

大众 VVT 是通过微机控制可变气门正时调节器上升和下降获得同步带轮与进气凸轮（进气门）的相对位置变化的，这种结构属于凸轮轴配气相位可变结构，一般可调整 20°～30° 曲轴转角。由于这种机构的凸轮轴、凸轮形线及进气持续角均不变，虽然高速时可以加大进气滞后角，但是气门重叠角却减小。

### 3.4.3　丰田 VVTL-I

丰田可变气门正时技术 VVTL-I 是 VVT-I 的升级改良版，除具备 VVT-I 能适应车辆在不同负荷工况下无级调整气门正时的基本功能外，还有 2 级改变气门升程的功能。在原来 VVT-I 的凸轮轴上，多了可以切换大小不同角度的凸轮，也利用"摇臂"的机械装置来决定是否顶到高角度或小角度的凸轮，做到"可连续式"地改变配气正时、重叠角及"两阶段式"气门升程，进一步强化了发动机的动力性能。VVTL-I 可以看成是丰田 VVT-I 连续式可变正时与 VTEC 式的凸轮轴切换技术的结合。

在控制配气正时方面，其原理和 VVT-I 相同，通过电动方式(本田 I-VTEC 是通过液压方式)来驱动凸轮轴向前或向后旋转一定的角度；通过发动机转速、发动机负荷率、上坡或下坡等路况信号的输入来决定恰当的配气正时。

和 VTEC 技术相类似，VVTL-I 也是使用两个进气凸轮、一个摇臂来控制两个进气门，满足发动机在不同工况下对气门重叠角及气门升程的要求。

当发动机在低速状态时，低速凸轮直接作用于气门摇臂，由低速凸轮控制气门开合；高速凸轮下的摇臂则在摇臂内部设置了挺杆，由于滑块没有移动，挺杆处于自由状态，高速凸轮空转，挺杆的运动不会干涉摇臂动作，如图 3.41(a)所示。

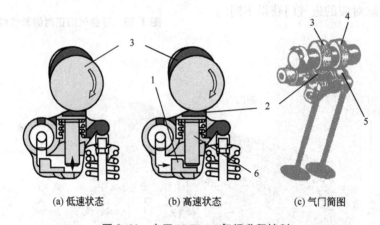

(a) 低速状态      (b) 高速状态      (c) 气门简图

**图 3.41　丰田 VVTL-I 气门升程控制**
1—滑块；2—滑片；3—高速凸轮；4—低速凸轮；5—滚轮；6—挺杆

当发动机在高速状态时，在高速凸轮(大持续角、高升程)下的摇臂内挺杆下方的空隙被电控液压控制的滑块填充之后，就变为由高速凸轮的动作直接作用于摇臂，带动气门开合，从而实现低速气门升程和高速气门升程之间的 2 段式转换，如图 3.41（b）所示。

VVTL-I 相对于普通 VVT-I，既保留了发动机低至中转速区域扭力分布平均和顺滑的特性，还因为引入气门升程可变技术，直接改善了发动机的高转速动力性能，使发动机的动力能向高转速区域延伸。因此，不管是从平顺性、动力性还是燃油经济性等方面考虑，VVTL-I 都是较为优越的可变配气正时系统。

1. 配气机构的功用是什么？
2. 简述顶置气门式配气机构的组成及特点。
3. 比较下置、中置、上置凸轮轴式配气机构的优缺点及各自应用的场合。
4. 配气机构中凸轮轴的传动方式有哪几种？各有什么特点？
5. 指出气门排列的几种形式及各自的特点。

6. 配气机构中为什么要留气门间隙？气门间隙过大或过小有何危害？

7. 什么是配气相位？画出发动机配气机构的配气相位图。

8. 气门头部有哪些形状？各有什么特点？

9. 什么是液压挺杆？简述其工作原理。

10. 气门杆尾部与气门弹簧座连接的方式有哪几种？各有什么特点？

11. 为防止共振，气门弹簧的设计一般采用哪些措施？

12. 可变配气正时及气门升程机构如何分类？

13. 简述本田 VTEC/I－VTEC/A－VTEC 的主要区别。

14. 简述 PASSAT B5 轿车 2.8L V6 发动机 VVT 工作过程。

15. 简述丰田的 VVTL－I 工作过程。

# 第2章

# 第4章

# 汽油机燃油系统

**教学提示**

汽油机燃油系统有化油器式和汽油喷射式两种类型，目前电控汽油喷射系统已经完全取代了化油器式燃油系统，提高了发动机的动力性和经济性并改善了排放性。本章重点介绍缸外喷射的电控汽油喷射系统，同时简要介绍汽油缸内直喷技术。

**教学目标**

了解可燃混合气的形成及表示方法；重点掌握电控汽油喷射系统的燃油供给系统、空气供给系统和电子控制系统的组成、主要部件结构原理；了解汽油缸内直喷技术的分层燃烧技术及主要特殊结构；对化油器式燃油系统，由于已经属于淘汰技术，故不提要求。

| 知 识 点 | 技 能 点 |
|---|---|
| 1. 可燃混合气形成过程<br>2. 可燃混合气成分与汽油机性能的关系<br>3. 汽油缸内直喷技术(FSI)组成及三种工作模式<br>4. 电控汽油喷射系统的类型及组成功用 | 1. 能在原车上辨别 TSI 各电控元件的位置<br>2. 具备在原车上识别电控汽油喷射系统及其元件的基本能力 |

# 4.1　概　　述

汽油机燃油系统的功用是根据发动机运转工况的需要，向发动机供给一定数量的、清洁的、雾化良好的汽油，以便与一定数量的空气混合形成可燃混合气，在临近压缩终了时混合气点火燃烧而膨胀做功。汽油机燃油系统有化油器式和汽油喷射式两种形式，现代汽车燃油系统大多采用汽油喷射式燃油系统，以适应降低油耗、减少污染的要求。

## 4.1.1　可燃混合气的形成

图 4.1 所示为简单化油器与可燃混合气形成的原理示意图，它主要由浮子机构、喷管、喉管、节气门等组成。

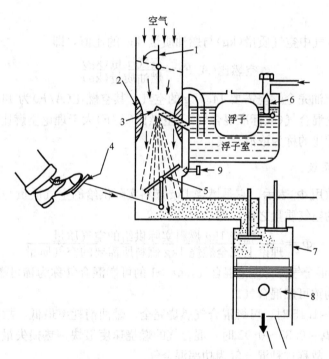

**图 4.1　可燃混合气的形成过程**
—阻风门；2—喉管；3—喷管；4—加速踏板；5—节气门；
6—针阀；7—汽缸；8—活塞；9—怠速阀

汽油由汽油泵输送进入浮子室，其喷管口高于浮子室汽油平面，汽油不会自动流出。汽油平面的高度由浮子机构控制。浮子室上开有通气孔，因此浮子室汽油面的压力始终为大气压。为了在喷管处形成很大的真空度，将浮子室中的燃油吸出，进气管的中部做成了喉管。

在进气行程中，进气门开启，空气在喉管处的流速加快而压力降低形成真空度，浮子室中的燃油在压力差的作用下，通过喷管吸出，吸出的汽油被喉管处高速流动的气流冲散,形成雾状与气体混合,并由进气管分配到各个汽缸内。混合气的形成一般包括计量、雾化、蒸发3步。

由于汽车行驶情况的变化,发动机的功率也需要作相应的变化,发动机功率的变化是通过改变供入汽缸的可燃混合气的数量来实现的。当发动机转速一定时,可燃混合气的数量由节气门的开度决定,节气门的开度越大,供入的混合气数量越多,发动机功率随之增加。当节气门开大时,空气流量增加,流速增大,其静压力进一步下降,喉管真空度相应增大,这时通过主喷管喷出的汽油数量增多。节气门通过一系列杆件与驾驶室内的加速踏板相连,驾驶员通过踩加速踏板来改变节气门开度。

### 4.1.2 可燃混合气成分的表示方法

可燃混合气中空气与燃油的比例称为可燃混合气成分或可燃混合气浓度。可燃混合气成分可用空燃比($A/F$)表示,也可用过量空气系数($\Phi_a$)表示。

1. 空燃比

空燃比是混合气中空气质量(kg)与燃油质量(kg)的比值,即

$$空燃比(A/F)=\frac{空气质量(kg)}{燃油质量(kg)}$$

理论上 1kg 汽油完全燃烧需要 14.7kg 的空气,其空燃比($A/F$)为 14.7,这种空燃比的混合气称为理论混合气(或标准混合气)。空燃比($A/F$)大于理论空燃比的,称为稀混合气;小于理论空燃比的称为浓混合气。

2. 过量空气系数

过量空气系数用 $\Phi_a$ 表示。它是燃烧 1kg 燃料实际供给的空气质量与理论上 1kg 燃料完全燃烧所需要的空气质量之比,即

$$\Phi_a=\frac{燃烧 1kg 燃料实际供给的空气质量}{理论上完全燃烧 1kg 燃料所需要的空气质量}$$

$\Phi_a=1$ 的可燃混合气称为理论混合气,$\Phi_a>1$ 的可燃混合气称为稀可燃混合气,$\Phi_a<1$ 的可燃混合气称为浓可燃混合气。

当 $\Phi_a=1.05\sim1.15$ 时,可燃混合气燃烧完全,燃油消耗率最低,故称这种混合气为经济混合气;当 $\Phi_a=0.85\sim0.95$ 时,混合气的燃烧速度最快,热损失最小,这时发动机的有效功率最大,故称这种混合气为功率混合气。

混合气过浓或过稀都不能着火燃烧,在一般情况下,混合气浓到 $\Phi_a=0.4\sim0.5$ 或混合气稀到 $\Phi_a=1.3\sim1.4$ 时,火焰便不能传播,将导致发动机熄火。通常称前者为火焰传播上限,后者为火焰传播下限。

### 4.1.3 发动机不同运行工况对混合气成分的要求

发动机工况的主要参数是负荷和转速,转速一定时,负荷可以用节气门开度来衡量。汽车在行驶过程中的负荷、车速、路况等经常变化,因此汽车发动机工作时有以下特点:工况变化范围大,负荷可从 0 变到 100%,转速可从最低稳定转速变到最高转速;在汽车行驶的大部分时间内,发动机在中等负荷下工作,轿车发动机负荷经常是

$40\%\sim60\%$，货车则为 $70\%\sim80\%$。车用发动机在不同运行工况下对混合气成分的要求简述如下。

**1. 起动工况**

发动机在冷起动时，因温度低，汽油不易蒸发气化，加上发动机起动转速低，空气流速很低，汽油雾化不良，致使进入汽缸的混合气中汽油蒸气太少，大量汽油呈油粒状态黏附在进气管壁上，从而使混合气过稀而无法燃烧。为此需供给 $\Phi_a=0.2\sim0.6$ 的浓混合气，才能使进入汽缸的混合气浓度在火焰传播界限之内，使发动机能够顺利起动。

**2. 怠速工况**

怠速是指发动机对外无功率输出的工况，此时混合气燃烧所做的功只是用以克服发动机内部的阻力，使发动机保持低转速稳定运转。在怠速工况时，节气门接近关闭，吸入汽缸内的混合气数量很少，汽缸内残余废气含量相对较多，混合气被废气严重稀释，使燃烧速度减慢甚至熄火。为此需要供给 $\Phi_a=0.6\sim0.8$ 的浓混合气，以补偿废气的稀释作用。

**3. 小负荷工况**

在小负荷工况，节气门开度在 $25\%$ 以内，随着进入汽缸内的混合气数量的增多，汽油雾化和蒸发的条件有所改善，残余废气对混合气的稀释作用相对减弱。因此应该供给 $\Phi_a=0.7\sim0.9$ 的混合气。

**4. 中等负荷工况**

车用发动机大部分时间在中等负荷下工作，中等负荷工况的节气门开度为 $25\%\sim85\%$。因此应该供给 $\Phi_a=1.05\sim1.15$ 的经济混合气，以保证发动机有较好的燃油经济性。从小负荷到中等负荷，随着负荷的增加，节气门逐渐开大，混合气逐渐变稀。

**5. 大负荷和全负荷工况**

大负荷和全负荷工况时，节气门接近或达到全开位置（节气门开度达 $85\%$ 以上），发动机需要获得最大功率，以克服较大的外部阻力或加速行驶。此时应供给 $\Phi_a=0.85\sim0.95$ 的功率混合气。从中等负荷转入大负荷时，混合气由经济混合气加浓到功率混合气。

**6. 加速工况**

加速时，驾驶员要快踩加速踏板，使节气门突然开大，以期迅速增加发动机的功率。这时空气流量迅速增加，但是由于汽油的密度比空气密度大得多，即汽油的流动惯性远大于空气的流动惯性，致使汽油流量的增加比空气流量的增加滞后一段时间。而且节气门开大，进气歧管的压力增加，不利于汽油的蒸发气化。因此，在节气门突然开大时，将会出现混合气瞬时变稀的现象。这不仅不能使发动机功率增加、汽车加速，反而有可能造成发动机熄火。为了避免这种现象发生，在节气门突然开大、空气流量迅速增加的同时，需要快速额外地供给一定数量的汽油，使混合气得到加浓。

# 4.2 汽油机电控燃油喷射系统

### 4.2.1 汽油机电控燃油喷射系统的类型

**1. 按喷射方式不同分类**

(1)间歇喷射或脉冲喷射。在发动机运转时,将汽油间歇地喷入进气管内,喷射持续时间对应所控制的喷油量。在多点电控燃油喷射系统中,按各缸喷油器的喷射顺序又可分为顺序喷射、分组喷射和同时喷射。

(2)连续喷射或稳定喷射。在发动机运转时,汽油连续不断喷射在进气管道内,而且大部分的汽油是在进气门关闭后喷射的,因此大部分汽油也是在进气道内蒸发的,K型、KE型和大部分SPI系统采用这种喷射方式。

**2. 按汽油喷射位置分类**

(1)缸内喷射。喷油器直接安装在发动机汽缸盖上,将汽油直接喷射到汽缸内,配合缸内的气体流动形成可燃混合气,可实现分层燃烧和稀混合气燃烧,是正在研究和开发的发动机新技术,可进一步提高经济性和降低排放。

(2)进气管喷射。进气管喷射是目前普遍采用的喷射方式,根据喷油器数量和安装位置的不同又可分为单点喷射方式(SPI,也称为单点节气门体喷射方式)和多点喷射方式(MPI),如图4.2所示。

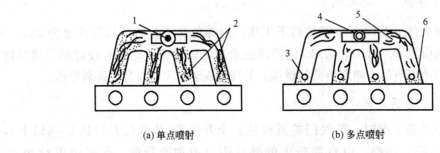

(a) 单点喷射　　　　　　　　　(b) 多点喷射

**图 4.2　汽油机电控燃油喷射系统**
1—节气门体喷油器;2—混合气;3—喷油器;4—节气门;
5—进气;6—进气歧管喷射

**3. 按空气流量的测量方式分类**

(1)D型汽油机电控燃油喷射系统。通过检测进气歧管的压力(真空度)和发动机转速,推算发动机吸入的空气量,并计算确定基本喷油量。D型汽油机电控燃油喷射系统如图4.3所示。

(2)L型汽油机电控燃油喷射系统。利用空气流量计直接测量发动机的进气量,测量的准确程度高于D型,故可更精确地控制空燃比。L型汽油机电控燃油喷射系统如图4.4所示。

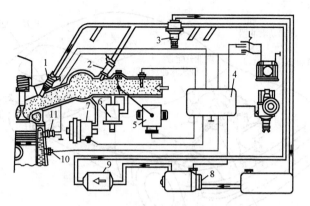

**图 4.3　D 型汽油机电控燃油喷射系统**

1—喷油器；2—冷起动喷油器；3—燃油压力调节器；4—电控单元(ECU)；5—节气
门位置传感器；6—急速控制阀；7—进气压力传感器；8—电动汽油泵；
9—汽油滤清器；10—冷却液温度传感器；11—热时间开关

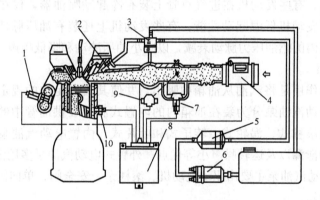

**图 4.4　L 型汽油机电控燃油喷射系统**

1—氧传感器；2—喷油器；3—燃油压力调节器；4—空气流量计；5—汽油
滤清器；6—电动汽油泵；7—急速控制阀；8—电控单元(ECU)；
9—节气门位置传感器；10—冷却液温度传感器

## 4.2.2　汽油机电控燃油喷射系统的组成

汽油机电控燃油喷射系统一般由燃油供给系统、空气供给系统和电子控制系统 3 部分
组成。

### 1. 燃油供给系统

燃油供给系统用来向发动机精确地提供所需要的燃油量，一般由汽油箱(简称油箱)、
电动汽油泵、燃油滤清器、燃油压力调节器、喷油器和冷起动喷油器、燃油分配管、油
压脉冲衰减器等组成，如图 4.5 所示。其中电动汽油泵、喷油器和冷起动喷油器、燃油压
力调节器是电控系统的执行器。

电动汽油泵将汽油从汽油箱中吸出，经燃油滤清器过滤，由燃油压力调节器调压，
通过燃油分配管输送给喷油器。喷油器根据 ECU 指令向进气歧管喷油，多余的燃油通过

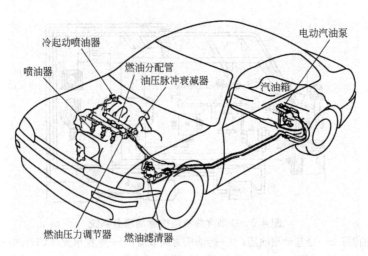

图 4.5　燃油供给系统

回油管返回汽油箱。有些发动机在进气总管上装有冷起动喷油器，仅在发动机低温起动时喷油，用以改善发动机低温起动性能。有些发动机上还装有油压脉冲衰减器，在喷油器喷油时，使管道内的燃油压力脉动衰减，以减小油压波动和降低噪声。

　　1) 电动汽油泵

　　电动汽油泵的作用是将汽油从油箱中吸出，并使其具有足够的规定的压力。根据安装位置的不同，电动汽油泵分为装在油箱内的内置式和装在供油管中的外置式；根据结构的不同，可分为滚柱式、涡轮式、转子式和叶片式。内置电动汽油泵多用涡轮式，具有不易产生气阻和泄漏以及运转噪声小等优点；外置式电动汽油泵多用滚柱式。

　　(1) 滚柱式电动汽油泵主要由驱动电动机、滚柱泵、安全阀、单向阀和阻尼减振器等组成，如图 4.6 所示。

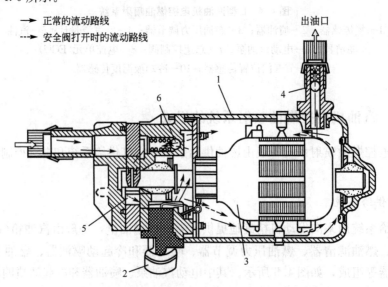

图 4.6　滚柱式电动汽油泵

1—壳体；2—电连接器；3—驱动电动机；4—单向阀；

5—滚柱泵；6—安全阀

装有滚柱的转子与定子(即泵体)偏心安装,转子由驱动电动机驱动旋转,位于转子凹槽内的滚柱在离心力的作用下,紧压在定子内表面上,从而使 5 个滚子室成为相对独立的密封空腔。在转子旋转过程中,空腔的容积不断发生变化,在进油口处,容积增大吸入汽油;在出油口处,容积减小压力增大泵出汽油,如图 4.7 所示。

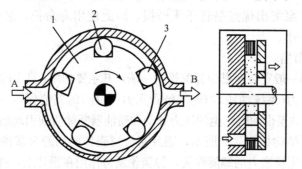

**图 4.7　滚柱式电动汽油泵工作示意图**
1—转子;2—滚柱;3—定子(泵体);
A—进油口;B—出油口

安全阀是一种保护装置,防止系统压力过高造成输油管路泄漏和管路破损。油泵工作压力大于 0.4MPa 时,安全阀自动打开泄压。

单向阀安装在电动汽油泵的出油口处,其作用是防止燃油倒流,使管路保压,有利于减少气阻现象,提高发动机高温起动性能。

阻尼减振器的作用是吸收电动汽油泵出口端燃油压力脉动的能量,降低其对燃油输送管路内油压的影响和降低噪声。

(2)涡轮式电动汽油泵属内置泵,主要由驱动电动机、涡轮泵、单向阀和安全阀等组成,如图 4.8 所示,其转子是一块圆形平板,在平板的圆周上制有小槽,由叶片上的小槽与泵体之间的空间形成泵油腔室。

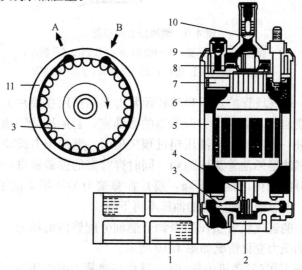

**图 4.8　涡轮式电动汽油泵的结构与原理**
1—滤网;2—橡胶缓冲垫;3—平板叶片转子;4、8—轴承;5—永磁磁极;
6—电枢;7—电刷;9—限压阀;10—单向阀;11—泵体

当驱动电动机带动涡轮泵转子旋转时，在叶片小槽与泵体进油口之间就会产生真空，当转到进油口 B 处时，燃油被吸入泵体内；当转到出油口 A 处时，在离心力和燃油压力的共同作用下，燃油便从出油口压出并流向电动机，单向阀打开，燃油便输送到燃油分配管和喷油器。

涡轮式电动汽油泵突出优点是转子无磨损，因此使用寿命长、泵油压力高、出油压力脉动小、运转噪声小。

2) 燃油压力调节器

燃油压力调节器一般安装在燃油分配管的一端，其主要功用：①调节供油系统的燃油压力，使燃油分配管压力(系统油压)与进气歧管压力(负压)的差值保持不变，一般为0.25～0.30MPa；②缓冲燃油泵供油时产生的压力脉动和喷油器断续喷油引起的压力波动。

燃油压力调节器结构如图 4.9 所示，膜片将金属壳体的内腔分成两个室：一个是弹簧室，内装一个具有一定预紧力的螺旋弹簧，弹簧预紧力作用在膜片上，弹簧室通过软管引入进气歧管的负压；另一个是燃油室，通过两个管接头与燃油分配管及回油管相连。

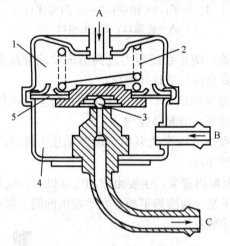

图4.9　燃油压力调节器

1—弹簧室；2—弹簧；3—球阀；4—燃油室；5—膜片；

A—进气歧管负压进口；B—进油管；C—回油管

发动机运转时，进气歧管的负压和弹簧预紧力共同作用在膜片上。电动汽油泵供给的燃油同时输送到喷油器和燃油压力调节器的燃油室，若油压低于预定值，球阀将回油孔关闭，燃油不再进一步流动。当油压超过预定值时，燃油压力推动膜片使球阀向上移动，回油孔打开，燃油经回油管流回油箱，同时弹簧室的弹簧被进一步压缩。一部分燃油流回油箱，燃油分配管内的油压下降，膜片在弹簧力的作用下向下移动到原来位置，球阀将回油孔关闭，使燃油分配管内的油压不再下降。

作用在膜片上方的进气歧管负压用来调节燃油分配管内的压力。燃油分配管内油压调整值随进气歧管的压力变化情况如图 4.10 所示。

电动汽油泵停止工作(发动机停转)时，膜片在弹簧力的作用下，将回油孔关闭，使电动汽油泵与燃油压力调节器之间的油路内保持一定的残余压力，以利于发动机再起动。

在部分大排量的车型上，燃油压力调节器与进气管连接的真空管路中装有一个真空开关阀（VSV阀），又称燃油压力控制阀，是由ECU控制的电磁阀。燃油压力控制VSV阀的控制原理如图4.11所示。

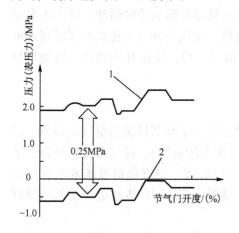

图4.10 进气歧管及燃油分配管压力的关系
1—燃油分配管内油压；2—进气歧管内压力

图4.11 燃油压力控制VSV阀控制原理

当发动机起动时，若ECU检测到冷却液温度过高，则接通VSV阀电磁线圈的搭铁回路，VSV阀切断真空通道，使燃油压力调节器的弹簧室通大气，从而提高输油管内的油压，以防止高温时产生"气阻"现象，改善发动机高温起动性能。发动机起动后约100s，ECU切断VSV阀电路，终止燃油压力控制。

3）喷油器

在电控汽油喷射系统中都使用电磁喷油器，其功用是在ECU的控制下，把汽油喷入进气管或气道。由于喷射系统的不同，对喷油器的性能要求不完全相同，因此喷油器在结构上也存在差异。

根据结构形式不同有轴针式和孔式两种电磁喷油器。轴针式喷油器的优点是不易堵塞，但喷射雾化效果较差；孔式喷油器的最大优点是雾化质量高。

按喷油器电磁线圈的阻值可将其分为低阻值型喷油器和高阻值型喷油器，高阻值型喷油器电磁线圈的电阻值为$12\sim18\Omega$；低阻值型喷油器电磁线圈的电阻值为$0.6\sim3\Omega$，由于减少了电磁线圈的匝数，因此线圈的电感小，动态响应特性好。

如图4.12所示为轴针式电磁喷油器的结构。当喷油器电磁线圈无电流时，喷油

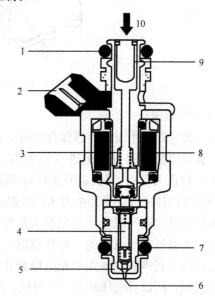

图4.12 轴针式电磁喷油器的结构
1—O形密封圈；2—线束插座；3—复位弹簧；4—针阀阀体；5—针阀阀座；6—轴针；7—O形密封圈；8—电磁线圈；9—燃油滤网；10—进油口

器内的针阀被螺旋弹簧压在喷油器出口处的密封锥形阀座上使阀体复位，针阀关闭，轴针压靠在阀座上起到密封作用，防止燃油泄漏；当电磁线圈通电时，产生磁场吸动衔铁

上移，衔铁带动轴针从其座面上升约 0.1mm，燃油从精密环形间隙中喷出。

4) 冷起动喷油器和热时间开关

冷起动喷油器安装在进气总管上，其功用是发动机在低温起动时喷油，以改善发动机的低温起动性能，冷起动喷油器也是电磁式喷油器。现代车辆为了提高控制精度，取消了冷起动喷油器，由 ECU 根据起动信号和温度信号，加大喷油脉冲宽度，增加喷油量，从而加浓混合气。

2. 空气供给系统

空气供给系统的作用是计量并控制进入汽缸的空气，主要部件包括空气滤清器、进气管和进气歧管、空气计量装置(空气流量计和进气压力传感器)、进气温度传感器、节气门位置传感器、怠速控制装置(怠速控制阀和空气阀)等。空气供给系统的组成如图 4.13 所示。本节主要介绍空气流量计、进气压力传感器、节气门位置传感器的结构原理及其控制电路的诊断检修。

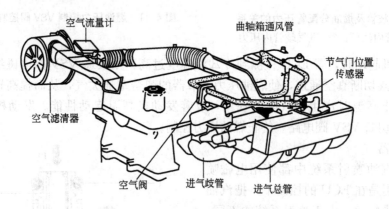

**图 4.13 空气供给系统的组成**

1) 空气流量计

空气流量计利用流量传感器直接测量吸入进气管的空气流量，用于 EFI-L 型的发动机上，其功用是检测发动机进气量大小，并将进气量信息转换成电信号输入电控单元(ECU)，以供 ECU 计算确定喷油时间(即喷油量)和点火时间。空气流量计安装在空气滤清器与节气门体之间，常用的有卡门旋涡式、热线式、热膜式、叶片式等几种。

卡门旋涡式空气流量计是根据卡尔曼涡流理论，利用超声波或光电信号，通过检测旋涡频率来测量空气流量的一种传感器。根据检测旋涡频率方式的不同，卡门旋涡式空气流量计分为超声波检测式和光电检测式。由于卡门旋涡式空气流量计是用电子方法测量进气量的，所以具有体积小、质量轻、进气道结构简单、进气阻力小等优点。

卡尔曼涡流理论：在流体中放置一柱状物体(称为涡流发生器)后，在涡流发生器下游流体中就会形成两列平行状旋涡，并且左右交替出现，后部将会不断产生有规则交错的旋涡，这些旋涡称为卡门旋涡。而且单侧涡流产生的频率与流体流速成正比，通过测量涡流的频率，就可以计算出流体的体积流量。因此卡门旋涡式空气流量计属于体积型空气流量计。

光电检测卡门旋涡式空气流量计如图 4.14 所示，用光学传感器检测卡门旋涡频率。

它由涡流发生器、光电耦合器（发光二极管、光电晶体管）、反光镜及整形电路等组成。

当进气气流流过涡流发生器时，在涡流发生器两侧就会交替产生旋涡，两侧的压力交替发生变化，进气量越大，旋涡数量越多，压力变化频率越高。光电检测方式是把涡流发生器两侧的压力变化通过导压孔引向薄金属制成的反光镜表面，使反光镜产生振动。反光镜振动时，将发光二极管投射的光反射给光电晶体管，通过对反射信号的检测，即可求出旋涡频率。

超声波检测卡门旋涡式空气流量计如图 4.15 所示，它是用超声波传感器

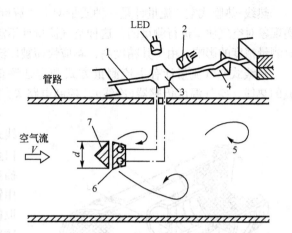

图 4.14　光电检测卡门涡旋式空气流量计
1—压力感应板；2—光电晶体管；3—反光镜；4—板簧；
5—卡门旋涡；6—导压孔；7—涡流发生器

来检测卡门旋涡频率的，由涡流发生器、超声波发生器、接收器和整形电路组成。

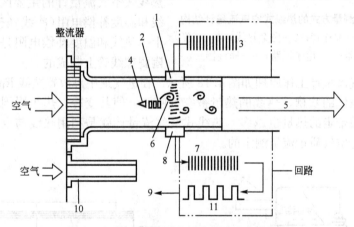

图 4.15　超声波检测卡门旋涡式空气流量计
1—信号发生器；2—涡流稳定板；3—超声波发生器；4—涡流发生器；
5—往发动机；6—卡门旋涡；7—与涡流对应的疏密声波；8—接收器；
9—接 ECU；10—旁通气道；11—脉冲波（整形后矩形波）

超声波发生器通过发射器不断向接收器发射一定频率（40kHz）的超声波，当超声波经过进气气流的旋涡时，由于受到气流移动速度及压力变化的影响，接收器接收到的超声波信号的相位和相位差就会发生变化，控制电路根据相位和相位差的变化情况就可计算出涡流的频率。

卡门旋涡式空气流量计输出的是与卡门旋涡同步的电脉冲信号，进气量大时，信号频率高；进气量小时，信号频率低。卡门旋涡频率信号输入 ECU 后，ECU 就可计算出进气量。卡门旋涡式空气流量计内装有进气温度传感器，用于对进入空气流量计的空气密度进行修正。在这种空气流量计内设有专门电路，它可将卡门旋涡脉冲信号进行整形后输出。

热线-热膜式空气流量计是一种质量型空气流量计，它是利用发热体与空气之间的热传递现象对空气质量进行测量的。这种空气流量计不需要校正大气温度、海拔高度、大气压力对测量精度的影响，由于其精度高、响应快而被广泛应用到现代电控汽油喷射系统中。

热线式空气流量计有主流测量方式和旁通测量方式两种，其主要结构包括用铂丝制成的热线、空气温度传感器(冷线)、控制电路等。

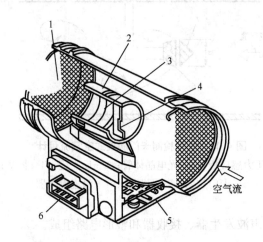

**图 4.16 主流测量方式的热线式空气流量计结构**
1—防护网；2—取样管；3—白金热线；4—上游温度传感器；5—电子回路；6—插接器

如图 4.16 所示为主流测量方式的热线式空气流量计结构，它主要由取样管、白金热线、温度补偿电阻、控制线路板、插接器和防护网等组成。热线直径 $70\mu m$，用铂(俗称白金)制成，安放在取样管中。取样管安置在主进气道中央，两端有金属防护网，防护网用卡箍固定在壳体上。控制线路板上有六脚插头与发动机电子控制单元(ECU)连接，以传递信号。

图 4.17 所示为旁通测量方式的热线式空气流量计结构，它与主流测量方式的热线式空气流量计的主要区别是：白金热线和温度补偿电阻(冷线)安置在旁通气道上。热线和温度补偿电阻是用铂丝缠绕在陶瓷螺线管上制成的。

热线式空气流量计工作原理如图 4.18 所示。在进气道中央放置热线 $R_H$，当空气流过热线时，由于空气的吹拂，热线的热量被空气吸收，使其变冷。热线周围流过的空气质量流量越大，被带走的热量也越多。热线式空气流量计就是利用热线与空气之间的这种热传递现象进行空气质量流量测定的。

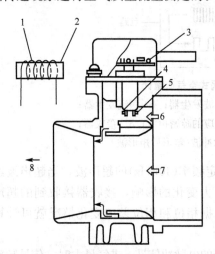

**4.17 旁通测量方式的热线式空气流量计结构**
1—热线及冷线绕组；2—陶瓷螺线管；3—控制
回路；4—冷线(进气温度测定)；5—热线；
6—旁通气道；7—主通道；8—至节气门

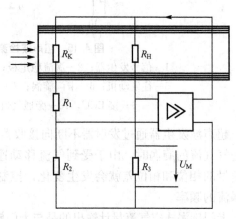

**图 4.18 热线式空气流量计工作原理**
$R_H$—热线电阻；$R_K$—冷线电阻；
$R_1$、$R_2$、$R_3$—高精度电阻；
$U_M$—空气流量的电压信号

热线 $R_H$ 和温度补偿电阻 $R_K$ 组成单臂电桥，控制电路使热线的温度始终保持比空气流的温度高出一定值，例如，保持 $100℃$ 的温差，当空气流量增大时，对热线吹拂使其冷却作用加强，电阻减小，从而改变电桥中的电压分布，控制电路立即增大加热电流 $I_H$ 给予修正。所以，加热电流 $I_H$ 就反映了空气质量流量数，加热电流 $I_H$ 变化较大，变化范围为 $50\sim1200mA$，通过 $R_3$ 转化为变化的电压 $U_M$ 信号，输送给 ECU。

精密电阻 $R_3$ 为避免自热采用温度系数很低的金属薄膜电阻。电桥电路另一个臂上电阻器的电阻很大，电流只有几毫安，以减少电损耗。其中 $R_K$ 是白金薄膜电阻，与 $R_1$ 相连作为温度补偿。

热线式空气流量计在使用一段时间后，由于热丝表面受空气尘埃玷污，其热辐射能力降低将会影响热线式空气流量计的测量精度，因此控制电路中设计有自洁电路来实现自洁功能。每当 ECU 接收到发动机熄火的信号时，ECU 将控制自洁电路接通，将热线电阻加热到 $1000℃$ 并持续 $1s$，使黏附在热线电阻上的尘埃烧掉。另一种防止热线电阻玷污的方法是提高热线电阻的保持温度，一般将保持温度设定在 $200℃$ 以上，以便烧掉黏附的污物。

热膜式空气流量计是热线式空气流量计的改进产品，工作原理与热线式空气流量计相同。其发热元件采用平面形铂金属膜电阻器，故称为热膜电阻。桑塔纳 2000GSi 型轿车采用的就是热膜式空气流量计，其结构如图 4.19 所示。

流量计内部的进气通道上设有一个矩形护套（相当于取样管），热膜电阻设在护套中。为了防止污物沉积到热膜电阻上影响测量精度，在护套的空气入口一侧设有空气过滤层，用以过滤空气中的污物。为了防止进气温度变化使测量精度受到影响，在热膜电阻附近的气流上游设有铂金属膜式温度补偿电阻，如图 4.20 所示。温度补偿电阻和热膜电阻与传感器内部控制电路连接，控制电路与线束插接器连接，线束插接器设在传感器壳体中部。与热线式流量计相比，热膜电阻的阻值较大，所以消耗电流较小，使用寿命较长。但是，由于其发热元件表面制作有一层绝缘保护薄膜，存在辐射热传导作用，因此响应特性稍差。

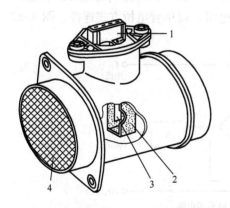

图 4.19　热膜式空气流量计结构
1—接线插座；2—护套；
3—铂金属膜；4—防护网

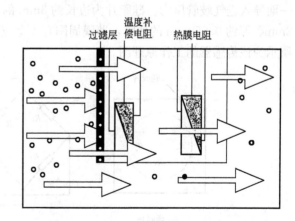

图 4.20　热膜式空气流量计内部元件示意图

2）进气压力传感器

进气压力传感器应用在 D 型 EFI 电控汽油喷射式发动机的进气系统中，相当于 L 型

EFI电控汽油喷射式发动机进气系统中的空气流量计。它能根据发动机的负荷状态检测出进气歧管内绝对压力的变化，并将其转换成电压信号与转速信号一起输入ECU中，作为喷油器基本喷油量的依据。

进气压力传感器按其信号产生的原理，可分为电压型和频率型两种。电压型进气压力传感器有半导体压敏电阻式和膜盒传动的可变电感式；频率型进气压力传感器有电容式和表面弹性波式。其中半导体压敏电阻式和电容式进气压力传感器应用较多。

半导体压敏电阻式进气压力传感器如图4.21所示，是由压力转换元件和把转换元件输出信号进行放大的混合集成电路构成的。

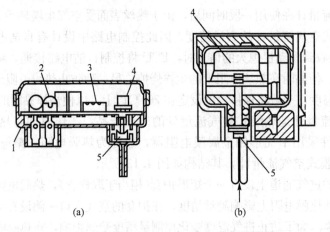

(a)　　　　　　　　　　(b)

**图4.21　半导体压敏电阻式进气压力传感器的结构**
1—塑料外壳；2—MFI过滤器；3—混合集成电路；
4—压力转换元件；5—滤清器

压力转换元件是利用半导体的电压效应制成的硅膜片。硅膜片的一面是真空室，另一面导入进气歧管压力。硅膜片为边长约3mm的正方形，其中部经光刻腐蚀形成直径约2mm、厚约0.050mm的薄膜，薄膜周围有4个应变电阻，以单臂电桥方式连接。图4.22所示为该传感器的工作原理图。

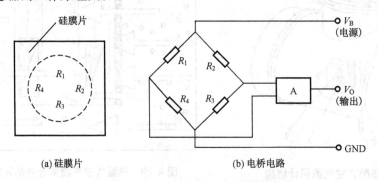

(a)硅膜片　　　　　　　　　　(b)电桥电路

**图4.22　半导体压敏电阻式进气压力传感器的工作原理**

由于硅膜片的一侧是真空室，因此进气歧管的压力越高，硅膜片的变形越大，其应变与压力成正比。附着在硅膜片上的应变电阻的阻值与压力成正比变化，这样就可以利用单臂电桥把硅膜片的变形变成电信号。因电信号很微弱，所以需用混合集成电路进行放大后输出。

进气压力传感器控制电路如图 4.23 所示。从图中可知，它有 3 条连接线，一条为 $V_{cc}$ 电源线，一条为 PIM 信号输出线，一条为地线。这种电压型压力传感器应检查输出电压值，在怠速时为 0.9V，转速升高时，真空度降低，输出电压升高，最高不超过 5V。

电容式进气压力传感器是用氧化铝膜片和底板彼此靠近排列形成电容，利用电容量随膜片上下的压力差而改变的性质，获得与压力成比例的电容值信号，如图 4.24 所示。把电容(即压力转换元件)连接到传感器混合集成电路的振荡器电路中，则传感器产生可变频率的信号，其输出信号的频率与进气歧管绝对压力成正比，在 $80\sim120Hz$ 范围内变化。输出信号送至电子控制装置，ECU 便可感知进气歧管的绝对压力，据此计算、确定所需的喷油量。

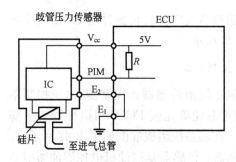

图 4.23　进气压力传感器控制电路

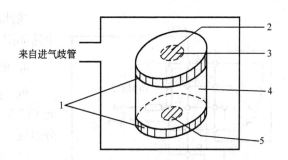

图 4.24　电容式进气压力传感器的结构
1—氧化铝膜片；2—电极引线；3—厚膜电极；
4—绝缘介质；5—电极引线

### 3) 节气门位置传感器

节气门位置传感器(TPS)都安装在节气门体上节气门轴的一端，其功用是将节气门开度(即发动机负荷)大小转换成电压信号输入 ECU，ECU 根据节气门位置信号判断发动机的工况，如怠速工况、部分负荷工况、大负荷工况等，并根据发动机不同工况对混合气浓度的需求来控制喷油时间，从而控制燃油喷射量。在装配有自动变速器的汽车上，TPS 信号除输到发动机 ECU 之外，还要输入变速器电控单元(ECT ECU)，作为确定变速器换挡时机和液力变矩器锁止时机的主要信号之一。节气门位置传感器(TPS)根据总体结构形式的不同，可分为触点开关式、可变电阻式和触点与可变电阻组合式 3 种；按节气门位置传感器输出信号的类型可分为线性输出型和开关输出型两类。下面分析线性输出型节气门位置传感器。

发动机节气门位置传感器主要由制作在传感器底板上的镀膜电阻器、节气门轴和壳体等组成。镀膜电阻器的两个触点可与节气门轴联动，一个触点可在电阻体上滑动，感知节气门开度，利用电阻变化转换成线性变化电压值 VTA(即节气门位置输出信号)，输入 ECU 进行喷油量修正；另一个触点在节气门全关闭时与怠速触点 IDL 接触，IDL 信号用来控制断油和点火提前角。当节气门全开时，电控单元使控制系统进入开环控制模式，此时不采用氧传感器信号。如果此时汽车空调器在工作，那么电控单元将中断空调主继电器信号约 15s，以便切断空调电磁离合器线圈电流，使空调压缩机停止工作，增大发动机输出功率，提高汽车的动力性。图 4.25 所示为线性输出型节气门位置传感器结构与特性。

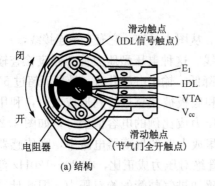

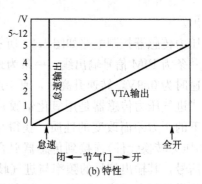

**图 4.25　线性输出型节气门位置传感器结构与特性**

Vcc—电源；VTA—节气门位置输出信号；IDL—怠速触点；E₁—接地

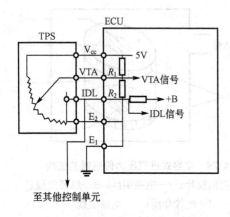

**图 4.26　线性输出型节气门位置传感器
与 ECU 的连接电路**

线性输出型节气门位置传感器与 ECU 的连接电路如图 4.26 所示。

### 3. 电子控制系统

电子控制系统由传感器、控制器(电子控制单元 ECU，简称电控单元或 ECU)和执行器 3 个部分组成。电子控制系统组成框图如图 4.27 所示。

(1) 传感器。传感器是汽油机电控燃油喷射系统感知信息的部件，它负责向电控单元(ECU)提供汽车的运行状况。只有通过传感器，ECU 才能了解发动机工况的变化和实际工作情况，从而正确地管理发动机的运转。由此可见，对传感器的精度要求是相当高的，否则，ECU 就得不到正确的信息。

(2) 控制器。控制器是汽油机电控燃油喷射系统的核心控制元件。控制器(ECU)实际上是一台微型计算机，它一方面接收来自传感器的信号，另一方面完成对这些信息的处理，并发出相应的控制指令来控制执行元件的正确动作。

(3) 执行器。执行器是汽油机电控燃油喷射系统的执行元件，负责执行 ECU 发出的各项指令。

大部分的传感器和执行器均已前述，下面介绍其他主要传感器和控制器(ECU)的结构原理。

#### 1) 温度传感器

温度传感器种类很多，负温度系数(NTC)热敏电阻式温度传感器在汽油机电控燃油喷射发动机上得到了广泛的应用。NTC 型热敏电阻具有温度升高阻值减小，温度降低阻值增大的特性，而且呈明显的非线性关系。NTC 型热敏电阻的特性曲线如图 4.28 所示。

热敏电阻式温度传感器的结构形式如图 4.29 所示，主要由热敏电阻、金属引线、接线插座和壳体等组成。

在传感器的壳体上制作有螺纹，以便安装与拆卸。接线插座分为单端子式和两端子式两种，若传感器插座上只有一个接线端子，则壳体为传感器的一个电极。目前电控系统使用的温度传感器插座大多数都有两个接线端子，分别与 ECU 插座上的相应端子连

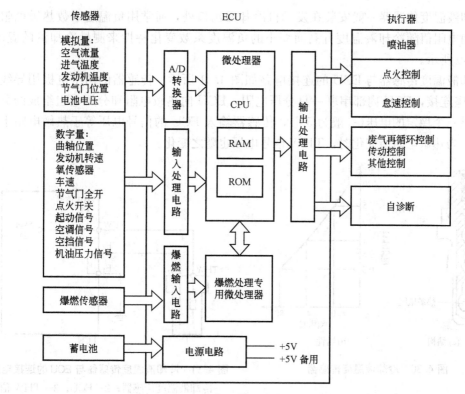

图 4.27 电子控制系统组成框图

接，以便可靠传递信号。

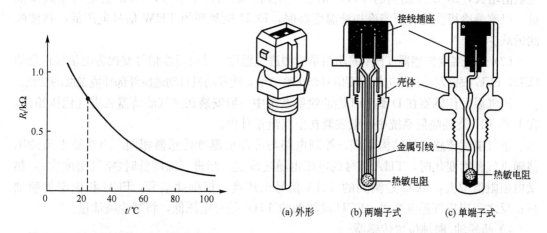

图 4.28 NTC 型热敏电阻的特性曲线

图 4.29 热敏电阻式温度传感器的结构形式

  热敏电阻式温度传感器利用陶瓷半导体材料的电阻值随温度变化而变化的特性制成，其突出优点是灵敏度高、响应特性好、结构简单、成本低廉，所以广泛应用在汽车上的冷却液温度传感器和进气温度传感器中。

  (1) 冷却液温度传感器 THW(或 CTS)通常称为水温传感器，其功用是检测发动机冷却液的温度，并将温度信号变换为电信号传送给 ECU。ECU 根据发动机的温度信号修正喷油时间和点火时间，从而使发动机工况处于最佳状态运行。

冷却液温度传感器一般安装在发动机冷却液出口处，通常用负温度系数热敏电阻制成，利用电阻值随冷却液温度升高而变小的负温度系数变化特性来测量冷却液的温度，如图4.30所示。

冷却液温度传感器与ECU的连接电路如图4.31所示。传感器的两个电极用导线与ECU插座连接，ECU内部串联一只分压电阻，ECU向热敏电阻和分压电阻组成的分压电路提供一个稳定的电压(一般为5V)，传感器输入ECU的信号电压等于热敏电阻上的分压值，当热敏电阻值变化时，THW信号电压也随之变化。

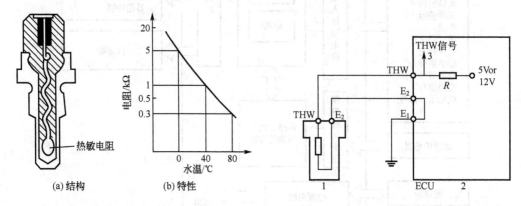

图4.30　冷却液温度传感器　　　　图4.31　冷却液温度传感器与ECU的连接电路
　　　　　　　　　　　　　　　　　　1—冷却液温度传感器；2—ECU；3—THW信号

当冷却液温度低时，燃油蒸发性差，要求较浓的混合气，由于冷却液温度低，热敏电阻值增大，ECU检测到的THW信号电压高。根据这个信号，ECU会适当增大喷油量，以改善冷机性能。而当冷却液温度高时，ECU检测到的THW信号电压低，将使喷油量减少。

(2) 进气温度传感器THA的功用是检测进气温度，并将温度信号变换为电信号传送给ECU，ECU根据发动机的进气温度信号修正喷油量，使发动机自动适应外部环境温度的变化。

进气温度传感器在D型EFI燃油喷射系统中一般安装在空气滤清器或进气稳压箱内，在L型EFI燃油喷射系统中一般安装在空气流量计内。

进气温度传感器的结构原理、控制电路与冷却液温度传感器相同。当热敏电阻的阻值随进气温度变化时，THA信号的电压也随之改变。当进气温度低时(空气密度大)，热敏电阻阻值增大，ECU检测到的THA信号电压高，根据此信号，ECU相应增加喷油量；反之，当进气温度高时，ECU检测到的THA信号电压低，将减少喷油量。

2) 凸轮轴/曲轴位置传感器

凸轮轴位置传感器又称为汽缸识别传感器(CIS)、上止点位置传感器、相位传感器，是确定曲轴基准位置和点火基准的传感器。该传感器在曲轴旋转至某一特定的位置(如第一缸压缩上止点前某一确定的角度)时，输出一个脉冲信号，即判缸信号，又称G信号。ECU将这一脉冲信号作为计算曲轴位置的基准信号，再利用曲轴转角信号计算出曲轴任一时刻所处的具体位置。

曲轴位置传感器(CPS)又称为发动机转速传感器、曲轴转角传感器。曲轴每转过一定角度就发出一个脉冲信号(即Ne信号)，ECU通过不断地检测脉冲个数，即可计算出曲轴转角。与此同时，ECU 根据单位时间内接收到的脉冲个数，即可计算出发动机的转速。

凸轮轴/曲轴位置传感器主要有光电式、磁感应式和霍尔式 3 种类型。如日产公爵王（Cedric）轿车、三菱与猎豹吉普车采用光电式曲轴与凸轮轴位置传感器；丰田系列轿车采用磁感应式曲轴位置与凸轮轴位置传感器；捷达 AT、GTX、桑塔纳 2000GSi、奥迪等系列轿车采用磁感应式曲轴位置传感器和霍尔式凸轮轴位置传感器；红旗 CA7220E 型轿车和切诺基吉普车采用了霍尔式曲轴与凸轮轴位置传感器，且曲轴位置传感器为差动霍尔式传感器等。

（1）光电式曲轴/凸轮轴位置传感器。日产公司的光电式曲轴/凸轮轴位置传感器安装在分电器上，结构如图 4.32 所示，主要由信号发生器、信号盘（即信号转子）、配电器、传感器壳体和线束插头等组成。

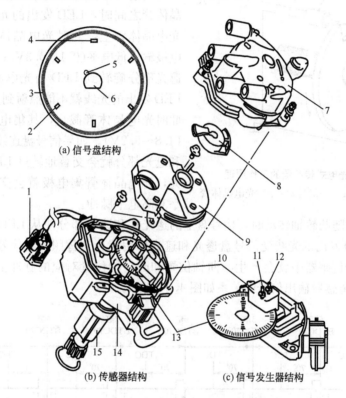

**图 4.32　日产光电式曲轴/凸轮轴位置传感器**

1—线束插头；2—上止点信号透光孔；3—曲轴转角信号透光孔；
4—1 缸上止点信号透光孔；5—定位销；6、15—传感器轴；
7—分电器盖；8—分火头；9—防护盖；10—信号发生器；
11—G 信号（凸轮轴位置信号）传感器；12—Ne 信号（曲轴
位置信号）传感器；13—信号盘；14—分电器壳体

信号盘是传感器的信号转子，压装在传感器轴上，如图 4.32(a) 所示。在靠近信号盘的边缘位置制作有间隔弧度均匀的内、外两圈透光孔。其中，外圈制作有 360 个长方形透光孔（缝隙），间隔角度为 1°（透光孔占 0.5°，遮光部分占 0.5°），用于产生曲轴转角与转速信号；内圈制作有 6 个（或 4 个，与汽缸数相同）透光孔（长方形孔），间隔角度为 60°（或

90°），用于产生各个汽缸的上止点位置信号，其中有 1 个长方形宽边稍长的透光孔，用于产生第一缸上止点位置信号(凸轮轴位置)。

信号发生器固定在传感器壳体上，由 Ne 信号(曲轴位置信号)发生器、G 信号(凸轮轴位置信号)发生器以及信号处理电路组成，如图 4.32(c)所示。Ne、G 信号发生器均由一只发光二极管(LED)和一只光电晶体管(三极管)组成，两只 LED 分别正对着两只光电三极管。

光电式传感器的工作原理如图 4.33 所示。因为传感器轴上的斜齿轮与发动机凸轮轴上的斜齿轮啮合，所以当发动机带动传感器轴转动时，信号盘上的透光孔便从信号发生器的发光二极管(LED)与光电晶体管之间转过。

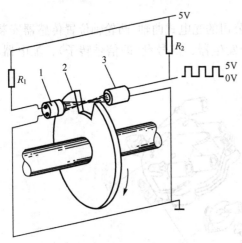

图 4.33　光电式传感器的工作原理

1—发光二极管；2—信号盘；3—光电晶体管

当信号盘上的透光孔旋转到 LED 与光电晶体管之间时，LED 发出的光线就会照射到光电晶体管上，此时光电晶体管导通，其集电极输出低电平(0.1～0.3V)；当信号盘上的遮光部分旋转到 LED 与光电晶体管之间时，LED 发出的光线就不能照射到光电晶体管上，此时光电晶体管截止，其集电极输出高电平(4.8～5.2V)。如果信号盘连续旋转，透光孔和遮光部分就会交替地转过 LED 而透光或遮光，光电晶体管集电极就会交替地输出低电平和高电平脉冲。

当传感器轴随凸轮轴转动时，信号盘上的透光孔和遮光部分便从 LED 与光电晶体管之间转过，LED 发出的光线受信号盘透光和遮光作用就会交替照射到信号发生器的光电晶体管上，信号传感器中就会产生与曲轴位置和凸轮轴位置对应的脉冲信号。光电式曲轴/凸轮轴位置传感器输出信号的关系如图 4.34 所示。

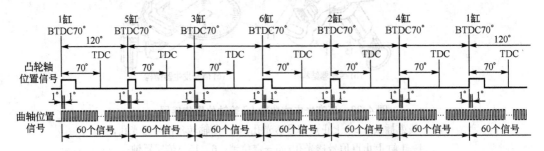

图 4.34　光电式曲轴/凸轮轴位置传感器输出信号的关系

当 ECU 接收到 G 信号发生器输入的宽脉冲信号时，便可确定第一缸活塞处于压缩上止点前 70°位置；ECU 接收到下一个 G 信号时，则判定第五缸活塞处于压缩上止点前 70°位置。ECU 接收到每一个凸轮轴位置信号(G 信号)后，再根据曲轴位置信号(Ne 信号)便可将喷油提前角和点火提前角的控制精度控制在 1°(曲轴转角)范围内。

(2) 磁感应式曲轴/凸轮轴位置传感器。磁感应式传感器主要由信号转子、传感线圈、永久磁铁和导磁磁轭组成，工作原理如图 4.35 所示。

磁力线穿过的路径为：永久磁铁 N 极→定子与转子间的气隙→转子凸齿→信号转子→转子凸齿与定子磁头间的气隙→定子磁头→导磁板(导磁磁轭)→永久磁铁 S 极。当信号转子旋转时，磁路中的气隙就会周期性地发生变化，磁路的磁阻和穿过信号线圈磁头的磁通量随之发生周期性的变化。根据电磁感应原理，传感线圈中就会感应产生交变电动势。

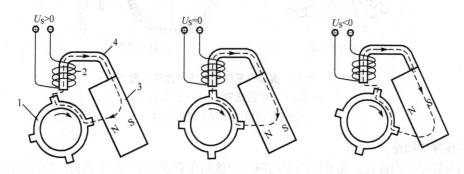

**图 4.35　磁感应式传感器工作原理**
1—信号转子；2—传感线圈；3—永久磁铁；4—导磁磁轭

当信号转子按顺时针方向旋转、转子凸齿接近定子磁头时，转子凸齿与定子磁头间的气隙减小，磁路磁阻减小，磁通量 $\Phi$ 增大，磁通变化率增大，感应电动势 $E$ 为正($E>0$)；当转子凸齿接近定子磁头边缘时，磁通量 $\Phi$ 急剧增大，磁通变化率最大，感应电动势 $E$ 最高，当转子转过此位置后，虽然磁通量 $\Phi$ 仍在增大，但磁通变化率减小，因此感应电动势 $E$ 降低。

当转子旋转到转子凸齿的中心线与定子磁头的中心线对齐时，磁路的磁阻最小，磁通量 $\Phi$ 最大，而磁通的变化率为零，因此感应电动势 $E$ 为零。

当转子继续旋转，转子凸齿离开定子磁头时，转子凸齿与定子磁头间的气隙增大，磁阻增大，磁通量 $\Phi$ 减小，感应电动势 $E$ 为负值，当转子凸齿即将离开定子磁头边缘时，磁通量 $\Phi$ 急剧减小，磁通变化率最大，感应电动势同时达到最大负值。

由此可见，信号转子每转过一个凸齿，传感线圈中就会产生一个交变电动势，即电动势出现一次最大值和一次最小值，传感线圈也就相应地输出一个交变电压信号。

磁感应式传感器的突出优点是不需要外加电源，永久磁铁起着将机械能转换为电能的作用，其磁能不会损失。当发动机转速变化时，转子凸齿转动的速度将发生变化，铁心中的磁通变化率也将随之发生变化。转速越高，磁通变化率就越大，传感线圈中的感应电动势也就越高。

由于转子凸齿与定子磁头间的气隙直接影响磁路的磁阻和传感线圈输出电压的高低，因此，转子凸齿与定子磁头间的气隙在使用中不能随意变动。气隙如有变化，必须按规定进行调整，气隙大小一般设计为 0.2～0.4mm。

大众、奥迪车系一般称曲轴位置传感器为转速传感器。如捷达 AT、GTX、桑塔纳2000GSi、PASSAT、奥迪 A6 等轿车的磁感应式转速传感器安装在曲轴箱内靠近离合器一侧的缸体上，结构如图 4.36 所示，主要由信号发生器和信号转子组成。

信号发生器用螺栓固定在发动机缸体上，由永久磁铁、线圈和线束插头组成。永久磁铁上带有一个磁头，磁头正对安装在曲轴上的信号转子，磁头与导磁磁轭(导磁板)连

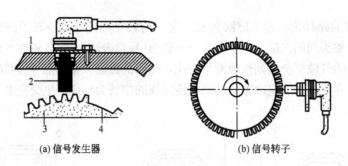

(a) 信号发生器　　　　　　　　(b) 信号转子

**图4.36　大众、奥迪车系磁感应式转速传感器结构**
1—缸体；2—传感器磁头；3—信号转子；
4—大齿隙(输出曲轴位置基准信号)

接而构成导磁回路。

信号转子为齿盘式，在其圆周上间隔均匀地制作有58(60−2)个凸齿、57个小齿隙和1个大齿隙。大齿隙输出基准信号，对应于发动机第一缸或第四缸压缩上止点前一定角度。大齿隙所占的弧度相当于2个凸齿和3个小齿隙所占的弧度。因为信号转子随曲轴一同旋转，曲轴旋转一圈(360°)，信号转子也旋转一圈(360°)，所以信号转子圆周上的凸齿和齿隙所占的曲轴转角也为360°。因此，每个凸齿和小齿隙所占的曲轴转角均为3°，共占58×3°+57×3°=345°曲轴转角，大齿隙所占的曲轴转角为15°(2×3°+3×3°=15°)。

当转速传感器信号转子随曲轴旋转时，信号转子每转过一个凸齿，传感线圈中就会产生一个周期的交变电动势，传感线圈相应的输出一个交变电压信号。因为该系列轿车的磁感应式转速传感器的信号转子上设有一个产生基准信号的大齿隙，所以当大齿隙转过磁头时，其输出信号所占时间较长，即输出信号为一个宽脉冲信号，该信号对应于第一缸或第四缸压缩上止点前一定的角度。传感器产生的信号电压输入电控单元(ECU)，经过处理后输出的信号电压波形如图4.37所示。

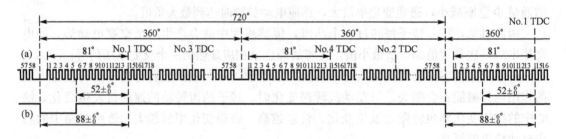

**图4.37　处理后输出的信号电压波形图**

当ECU接收到大齿隙信号(即宽脉冲)时，只知道是第一缸或第四缸活塞即将到达上止点位置，究竟是第一缸还是第四缸，还要根据凸轮轴位置传感器(霍尔传感器)输入的汽缸识别信号进行判定。

由于信号转子上设置有58个凸齿，信号转子每转一圈，传感线圈就会输出58个交变电压信号。因此，ECU内部计数电路每接收到58个信号，即可判定发动机曲轴旋转了一转。也就是说，ECU根据接收曲轴位置传感器脉冲信号的数量，便能计算出发动机曲轴旋转的转速，同时结合进气量信号，ECU就能计算出基本喷油提前角、基本点火提前角和点火导通角(通电时间)3 个基本控制参数。

为了保证系统的控制精度，ECU 还需要将曲轴转角信号转换为 1°信号。当 ECU 接收到大齿隙信号(宽脉冲)后，内部分频电路便开始对凸齿和小齿隙信号进行分频处理，即将每个凸齿和小齿隙信号进行三等分，从而得到 1°信号，以便将喷油提前角、点火提前角和点火导通角的控制精度控制在 1°范围内。

带有分电器的丰田计算机控制系统(Toyota Computer Control System，TCCS)采用的磁感应式曲轴/凸轮轴位置传感器结构如图 4.38 所示。传感器集成在分电器内，由上、下两部分组成。上部分为凸轮轴位置传感器，又称为基准信号或 G 信号，其功用是产生汽缸识别信号；下部分为曲轴位置传感器，又称为 Ne 信号，其功用是产生曲轴转速与转角信号。

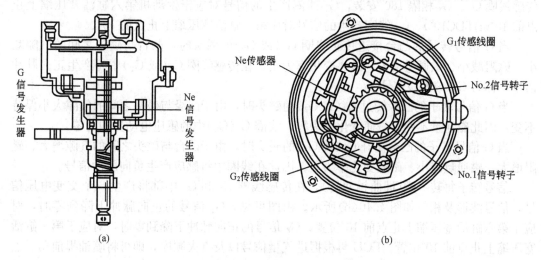

图 4.38　磁感应式曲轴/凸轮轴位置传感器结构

曲轴转速与转角信号(Ne 信号)的产生原理：Ne 信号发生器安装在传感器壳体下部，结构如图 4.39(a)所示，主要由 No.2 信号转子、Ne 传感线圈和磁头组成。信号转子固定在传感器轴上，传感器轴由配气凸轮轴驱动旋转，传感器轴的顶端套装有分火头。信号转子外缘设置有 24 个凸齿，传感线圈及磁头固定在传感器壳体(分电器壳)内。

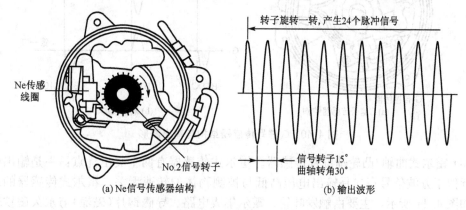

图 4.39　Ne 信号传感器结构与输出波形

当曲轴旋转时，配气凸轮轴便驱动传感器信号转子旋转，在传感线圈中就会感应产生交变电动势,信号电压的波形如图4.39(b)所示。信号转子每旋转一圈,传感线圈产生24个交变信号。传感器轴每转一圈(360°)相当于曲轴旋转两圈(720°),所以一个交变信号(即一个信号周期)相当于曲轴旋转30°。ECU每接收Ne信号发生器24个信号,即可知道曲轴旋转了两圈、信号转子旋转了一圈。ECU内部程序根据每个Ne信号周期所占时间,即可计算确定发动机曲轴转速。另外分频电路将每个Ne信号(曲轴转角30°)等分成30份,精确到$1°(30°\div30=1°)$曲轴转角,以便实现更精确的控制。

汽缸识别信号(G信号)的产生原理:G信号发生器由No.1信号转子、传感线圈$G_1$、$G_2$和磁头等组成,结构如图4.40(a)所示。信号转子固定在传感器轴上,其径向尺寸设计成两个半径不同、弧度各占180°的圆弧,从而形成两个凸台和一个弧度为180°的凸缘。传感线圈$G_1$、$G_2$相隔180°安装,$G_1$线圈产生的信号对应于发动机第六缸活塞压缩上止点前10°(BTDC10°)、$G_2$线圈产生的信号对应第一缸活塞压缩上止点前10°。

当G信号转子的凸台接近传感线圈$G_1$(或$G_2$)的磁头时,凸台与磁头之间的气隙减小、磁阻减小、磁通量增大、磁通变化率为正,在传感线圈$G_1$(或$G_2$)中将产生正向脉冲信号,称为$G_1$(或$G_2$)信号。

当G信号转子的凸缘转过$G_1$(或$G_2$)的磁头时,由于凸缘与磁头之间的气隙大小保持不变,因此磁通量不变、磁通变化率为零,线圈$G_1(G_2)$中的感应电动势均为零。

当G信号转子的凸台离开$G_1$(或$G_2$)的磁头时,由于凸台与磁头之间的气隙增大、磁阻增大、磁通量减小、磁通变化率为负,因此在线圈中将感应产生负向脉冲信号。

信号转子每转一圈(即曲轴两转),在传感线圈$G_1$和$G_2$中都将产生一个交变电压信号,信号波形及相位如图4.40(b)所示。由图可见,$G_1$信号的正向脉冲下降到零时,对应于第六缸活塞压缩上止点前10°位置,$G_2$信号的正向脉冲下降到零时,对应于第一缸活塞压缩上止点前10°位置。ECU再根据进气量信号以及点火顺序,即可将喷油提前角、点火提前角、点火导通角精确地计算出来。

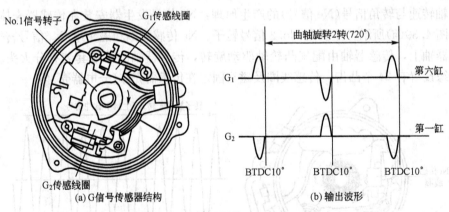

(a)G信号传感器结构  (b)输出波形

图4.40 G信号传感器结构与输出波形

(3)霍尔式曲轴/凸轮轴位置传感器。霍尔式传感器有两个突出优点:一是输出电压信号近似为方波信号;二是输出电压高低与被测物体的转速无关。霍尔式传感器的结构原理如图4.41所示,主要由触发叶轮、霍尔集成电路、导磁钢片(磁轭)与永久磁铁等组成。触发叶轮安装在转子轴上,叶轮上制有叶片。霍尔集成电路由霍尔元件、放大电路、稳压电路、温度补偿电路、信号变换电路和输出电路等组成。

当传感器轴转动时，触发叶轮的叶片便从霍尔集成电路与永久磁铁之间的气隙中转过。当叶片进入气隙时，霍尔集成电路中的磁场被叶片旁路，如图 4.41(a)所示，霍尔元件产生的电压 $U_H$ 为零，集成电路输出级的晶体管截止，传感器输出的信号电压 $U_O$ 为高电平(实测表明：当电源电压 $U_{CC}=14.4V$ 时，信号电压 $U_O=9.8V$；当 $U_{CC}=5V$ 时，$U_O=4.8V$)。

　　当叶片离开气隙时，永久磁铁的磁通便经霍尔集成电路和导磁钢片构成回路，如图 4.41(b)所示，此时霍尔元件产生电压($U_H=1.9\sim2.0V$)，霍尔集成电路输出级的晶体管导通，传感器输出的信号电压 $U_O$ 为低电平(实测表明：当电源电压 $U_{CC}=14.4V$ 或 5V 时，信号电压 $U_O=0.1\sim0.3V$)。

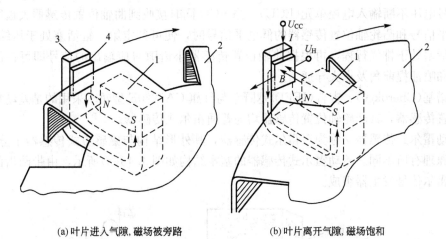

(a) 叶片进入气隙, 磁场被旁路　　　　　　　(b) 叶片离开气隙, 磁场饱和

**图 4.41　霍尔传感器的结构及原理**

1—永久磁铁；2—触发叶轮；3—磁轭；4—霍尔集成电路

　　大众、奥迪车系的霍尔式凸轮轴位置传感器又称霍尔传感器或相位传感器，一般安装在发动机配气凸轮轴的一端，结构与连接电路如图 4.42 所示，主要由霍尔信号发生器

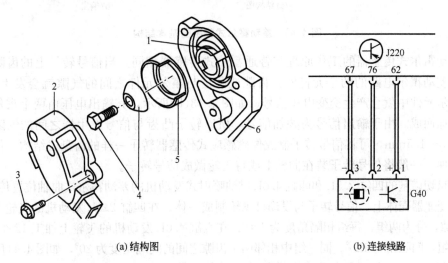

(a) 结构图　　　　　　　　　　　(b) 连接线路

**图 4.42　大众、奥迪车系的霍尔式凸轮轴位置传感器**

1—凸轮轴套；2—霍尔信号发生器；3—固定螺钉；4—定位螺栓与座圈；

5—信号转子；6—汽缸盖

和信号转子组成。信号转子又称为触发叶轮,安装在配气凸轮轴的一端,用定位螺栓和座圈定位固定。信号转子的隔板又称为叶片,在隔板上制有一个窗口。霍尔集成电路与永久磁铁之间留有0.2~0.4mm的气隙。当信号转子随配气凸轮轴一同转动时,隔板和窗口便从霍尔集成电路与永久磁铁之间的气隙中转过。

由霍尔式传感器工作原理可知,当隔板(叶片)进入气隙时,霍尔元件不产生电压,传感器输出高电平(5V)信号;当隔板离开气隙时,霍尔元件产生电压,传感器输出低电平信号(0.1V)。霍尔传感器信号转子每转一圈(360°),对应产生一个低电平信号和一个高电平信号,其中低电平信号对应于第一缸压缩上止点前一定角度。

发动机工作时,磁感应式曲轴位置传感器(CPS)和霍尔式凸轮轴位置传感器(CIS)产生的信号电压不断输入电控单元(ECU)。当ECU同时接收到曲轴位置传感器大齿隙对应的低电平信号和凸轮轴位置传感器的低电平信号时,便可判定第一缸活塞处于压缩行程、第四缸活塞处于排气行程,再根据曲轴位置传感器小齿隙对应输出的信号即可控制点火提前角和喷油提前角及点火导通角。

切诺基(Cherokee)、吉普(JEEP)越野车与红旗CA7220E型轿车采用的是差动霍尔式曲轴位置传感器,其凸轮轴位置传感器均为普通霍尔式传感器。

差动霍尔式传感器又称为双霍尔式传感器,其外形结构与磁感应式传感器十分相似,但工作原理有所不同。差动霍尔式传感器的基本结构如图4.43(a)所示,由带凸齿的信号转子和霍尔信号发生器组成。

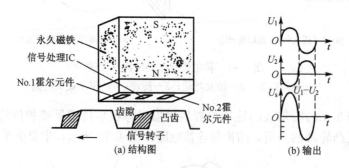

图4.43　差动霍尔式传感器基本结构

差动霍尔式传感器的工作原理与普通霍尔式传感器相同。当信号转子上的齿隙与凸齿转过差动霍尔电路的两个元件时,齿隙或凸齿与霍尔元件之间的气隙就会发生变化,因此霍尔元件中就会产生交变电压信号,如图4.43(b)所示,其输出电压由两个霍尔信号电压叠加而成。由于输出信号为叠加信号,所以转子凸齿与信号发生器之间的气隙可增大到0.5~1.5mm,可将信号转子制成像磁感应式传感器转子一样的齿盘式结构,传感器安装方便。一般将信号转子装在曲轴上或将飞轮做成信号转子。

北京切诺基的四缸2.5L和四缸4.0L燃油喷射式发动机的差动霍尔式曲轴位置传感器,安装在变速器壳体上,信号转子与发动机飞轮制成一体。在四缸2.5L发动机的飞轮上加工8个齿隙,分为两组,每组相隔角度为180°;在六缸4.0L发动机的飞轮上加工12个齿隙,分为三组,间隔角为120°。同一组中相邻两个齿隙之间的间隔角度为20°,如图4.44所示。

当每一组齿隙转过霍尔信号发生器时,传感器就会产生一组共4个脉冲信号。四缸发动机每转一圈产生两组共8个脉冲信号;六缸发动机每转一圈产生三组共12个脉冲信号。

对于四缸发动机，ECU 每接收到 8 个信号，说明曲轴转过一转，根据接收到 8 个信号所占用的时间，就可计算出曲轴转速。由于第 4 个齿隙产生的脉冲下降沿对应于压缩上止点前 4°(BTDC4°)，所以第一个齿隙产生的信号下降沿对应于压缩上止点前 64°。由此可知，每一组脉冲信号输入 ECU 时，ECU 知道有两个汽缸活塞即将达到上止点，但具体究竟是哪一个，必须结合凸轮轴位置传感器信号才能判断。

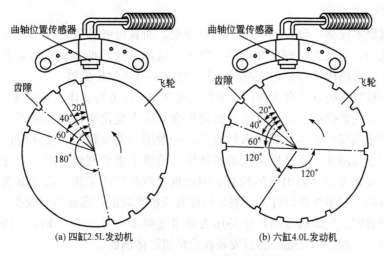

图 4.44　切诺基曲轴位置传感器结构

切诺基的霍尔式凸轮轴位置传感器又称为同步信号传感器，提供汽缸识别信号，与配电器安装在一起，如图 4.45 所示，主要由脉冲环(信号转子)、霍尔信号发生器组成。

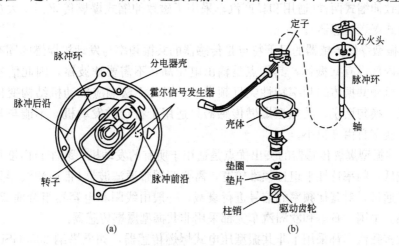

图 4.45　同步信号发生器结构图

脉冲环上制作一块凸起的叶片和一个窗口，叶片和窗口所占的弧度均为 180°。脉冲环安装在分电器轴上，由配气凸轮轴驱动旋转。霍尔信号发生器安装在传感器底板上。当脉冲环上的叶片进入信号发生器气隙时，传感器输出高电平(5V)；当脉冲环上的叶片离开信号发生器时，传感器输出低电平(0V)。分电器轴每转一圈，高、低电平各占 180°(曲轴转角为 360°)。

当脉冲环的叶片前沿进入信号发生器气隙时，对四缸发动机而言，表示一缸和四缸活塞即将到达上止点，并且一缸位于压缩行程，四缸位于排气行程；对六缸发动机而言，表示三缸和四缸活塞即将到达上止点，其中四缸活塞位于压缩行程，三缸活塞位于排气行程。

发动机工作时，ECU利用凸轮轴位置传感器信号判别出哪一个汽缸即将到达压缩(排气)上止点后，再根据曲轴位置传感器信号，即可按照点火顺序，对各个汽缸进行提前喷油与提前点火等控制。

3) 爆燃传感器

发动机爆燃不仅会导致发动机输出功率降低，而且可能导致发动机损坏。在发动机电子控制系统中，当点火时刻采用闭环控制时，就能有效地抑制发动机爆燃，并能提高动力性。因此，爆燃传感器是闭环控制点火系统必不可少的传感器。

检测发动机爆燃的方法有3种：检测发动机燃烧室压力的变化、检测发动机缸体振动频率、检测混合气燃烧噪声。通过直接检测燃烧室压力变化来检测发动机振动的测量精度较高，但传感器安装困难，且耐久性较差，一般用于测量仪器，实际应用的压力检测传感器均为间接检测式。通过检测发动机缸体振动频率来检测爆燃的主要优点是测量精度高、传感器安装方便且输出电压较高，因此现代汽车广泛采用。检测混合气燃烧噪声为非接触式检测，其耐久性较好，但测量精度和灵敏度较低，实际应用较少。

试验分析表明：发动机爆燃产生的压力冲击波频率一般为 $6\sim9kHz$。因此在检测缸体振动频率时，一般都将爆燃传感器安装在发动机缸体侧面。

爆燃传感器的功用是将发动机爆燃信号转换为电信号输入发动机ECU，以便ECU修正点火提前角，防止发动机产生爆燃。

爆燃传感器按检测方式不同，可分为共振型与非共振型两种；按结构不同，可分为压电式和磁致伸缩式两种(通用和日产汽车采用了磁致伸缩式爆燃传感器，大众车型基本都采用压电式爆燃传感器)。

(1) 共振型爆燃传感器的显著特点是传感器的共振频率与发动机爆燃的固有频率相匹配，因此其内部设有共振体，其优点是输出电压高，不需要滤波器，因此信号处理比较方便。由于机械共振体的频率特性尖且频带窄，因此无法响应发动机结构变化引起的爆燃频率变化。换句话说，共振型爆燃传感器只适用于特定的发动机，不能与其他发动机互换使用，装车自由度很小。

(2) 非共振型爆燃传感器的突出优点是适用于所有的发动机，装车自由度很大。但其输出电压较低，频率特性平坦且频带较宽，需要配用带通滤波器(带通滤波器只允许特定频带的信号通过，对其他频率的信号进行衰减，一般由线圈和电容器组合而成)，信号处理比较复杂。中国、日本和欧洲汽车大都采用非共振型爆燃传感器。

目前大多数汽车都采用了非共振型压电式爆燃传感器，如桑塔纳2000GSi、捷达AT等轿车，压电式爆燃传感器的结构如图4.46所示，主要由套筒、压电元件、惯性配重、塑料壳体和接线插座等组成。有些车型安装一只爆燃传感器，安装在缸体右侧(车前视)二缸、三缸之间；大多数车型如桑塔纳2000GSi等大众、奥迪车辆均安装两只爆燃传感器，安装在发动机进气道一侧，一只测一缸、二缸爆燃信号，另一只检测三缸、四缸爆燃信号。压电元件是爆燃传感器的主要部件，制作成垫圈状，在两个侧面上安放金属垫圈作为电极，并用导线引到接线插座上。惯性配重与压电元件以及压电元件与传感器套筒之间有绝缘垫圈，套筒中心制作有螺孔，传感器用螺栓安装在缸体上，调整螺栓的拧紧力矩便可调整传感器输出的信号电压，传感器的输出特性出厂时已经调好，使用中拧紧力矩不得随意调整，一般为 $(25\pm5)$N·m。惯性配重用来传递发动机振动产生的惯性力，惯性配重与塑料壳体之间安装有盘形弹簧，借弹簧张力将惯性配重、压电元件和垫圈等部件压紧在一起。传感器插座上有 3 根引线，其中两根为信号线，一根为屏蔽线。

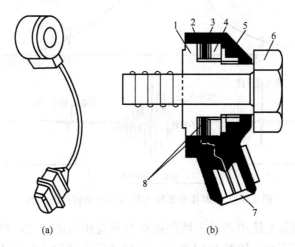

(a)　　　　　　　　　(b)

**图 4.46　压电式爆燃传感器结构**

1—套筒底座；2—绝缘垫圈；3—压电元件；4—惯性配重；<br>5—塑料壳体；6—固定螺栓；7—接线插座；8—电极

压电式爆燃传感器利用压电效应制成，所谓的压电效应是指某些晶体的薄片受到压力或机械振动之后产生电荷的现象，当晶体受到外力作用时，在晶体的某两个表面上就会产生电荷（输出电压），当外力去掉时，晶体又恢复到不带电状态；晶体受力产生的电荷量与外力大小成正比。

当发动机缸体产生振动时，传感器套筒底座及惯性配重随之产生振动，套筒底座和惯性配重的振动作用在压电元件上，由压电效应可知，压电元件的信号输出端就会输出与振动频率和振动强度有关的交变电压信号。发动机爆燃频率为 $6\sim9$kHz 时振动强度较大，所以信号电压较高。发动机转速越高，信号电压幅值越大。

因为发动机爆燃是在活塞运行到压缩上止点前后产生的，此时缸体振动强度最大，所以爆燃传感器在活塞运行到压缩上止点前后产生的输出电压较高。爆燃传感器输出信号与曲轴转角的对应关系如图 4.47 所示。

磁致伸缩式爆燃传感器为共振型爆燃传感器，结构如图 4.48 所示，主要由感应线圈、伸缩杆、永久磁铁和壳体组成，其外形结构与润滑油压力传感器相似，不同的是其旋入发动机缸体部分为实心结构。伸缩杆用高镍合金制成，在其一端设置有永久磁铁，另一端安放在弹性元件上。感应线圈绕制在伸缩杆的周围，线圈两端引出电极与控制线路连接。

当发动机缸体产生振动时，传感器的伸缩杆随之产生振动，感应线圈中的磁通量就会发生变化。由电磁感应原理可知，线圈中会感应产生交变电动势，即传感器就有信号电压输出，输出电压高低取决于发动机的振动强度和振动频率。当发动机缸体振动频率达到 $6\sim9$kHz 时，传感器产生共振，振动强度最大，线圈中产生的电压最高。

通过直接检测燃烧压力来检测发动机爆燃是精度最高的测量方法，但传感器安装困

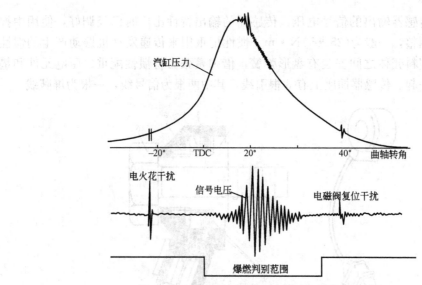

**图 4.47　爆燃传感器输出信号与曲轴转角的关系**

难且耐久性较差。汽车上使用的是一种间接检测燃烧压力的方法，检测燃烧压力的传感器安装在火花塞垫圈下面，如图 4.49 所示，这种传感器又称为垫圈式爆燃传感器或压力检测式爆燃传感器，部分奥迪轿车采用了这种传感器。

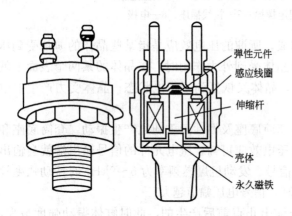

**图 4.48　爆燃传感器输出信号与曲轴转角的关系**

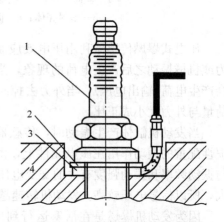

**图 4.49　垫圈式爆燃传感器结构**
1—火花塞；2—垫圈；3—爆燃
传感器；4—汽缸盖

　　垫圈式爆燃传感器是一种非共振型压电效应式传感器，安装在火花塞垫圈与发动机汽缸盖之间，燃烧压力作用到火花塞上，经过火花塞垫圈再传递给传感器。作用力变化时，传感器信号电压随之变化，即可间接地测量燃烧压力。

　　垫圈式爆燃传感器的额定工作温度为 180℃，允许短时不超过 200℃ 的高温；拧紧力矩为 (25±5)N·m，最大拧紧力矩为 40N·m。

　　4) 电子控制单元(ECU)

　　电子控制单元(ECU)的主要功能是根据发动机运转状况和车辆运行状态确定燃油最佳喷射量，以此控制发动机的最佳空燃比。ECU 首先根据进气歧管压力传感器（D 型）或空气流量计(L型)的进气量信号及发动机的转速信号,计算基本喷油时间,然后再根据发动机的冷却液温度、节气门开度等工作参数信号对其进行修正,确定出当前工况下的最佳喷油持续时间,从而控制发动机的空燃比。

此外,根据发动机的要求,ECU还具有点火提前角的控制、怠速控制、排放控制、进气控制、增压控制、故障自诊断及备用控制系统等多项控制功能。

电子控制单元(ECU)的基本结构如图4.50所示,主要由输入回路、A/D转换器、微机和输出回路组成。

电子控制单元(ECU)具备以下基本功能。

(1)接收传感器或其他装置输入的信息,给传感器提供2、5、9、12V(个别为8V)的参考(基准)电压,将输入的信息转变为计算机所能接受的信号。

(2)存储、计数、分析处理信息;存储处理程序;存储该车型的特性参数;存储运算中的数据(随存随取)及故障信息。

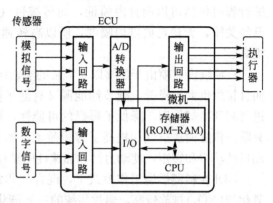

图4.50 电子控制单元基本结构

(3)运算分析。根据信息参数求出执行命令数值,将输出的信号与标准值对比并查出故障。

(4)输出执行命令。把弱信号变为强的执行命令,输出故障信息。

(5)自我修正功能(自适应功能)。

(6)发动机工作时,ECU运行速度相当快,如点火时每秒钟可以修正上百次,因此其控制精度相当高。

电子控制单元(ECU)的工作过程简介如下。

发动机起动时,ECU进入工作状态,某些程序或步骤从ROM中取出进入CPU。这些程序可以用来控制点火时刻、燃油喷射、怠速等。通过CPU的控制,指令逐个地进行循环执行。执行程序过程中所需的发动机信息来自于各个传感器,从传感器来的信号首先进入输入回路进行处理,如果是数字信号,根据CPU的安排,经I/O接口直接进入微机;如果是模拟信号,还要经过A/D转换器,将其转换成数字信号后,才能经I/O接口进入微机。大多数信息暂时存储在RAM内,根据指令再从RAM送至CPU。有时需将存储在ROM中的参考数据引入CPU,将输入的传感器信号与之进行比较,对来自有关传感器的每一个信号依次取样,并与参考数据进行比较。CPU对这些数据进行比较运算,并进行处理,最后经输出回路去控制执行器动作。

# 4.3 汽油缸内直喷系统

## 4.3.1 汽油缸内直喷的特点

汽油缸内直喷(Gasoline Direct Injection,GDI)系统把喷油器移进了燃烧室,通过活塞式高压油泵把燃油以10MPa的压力供给电磁喷油器,喷油器根据ECU命令的喷射压力、时间和喷油量精确地把燃油喷入汽缸。缸内直喷可以使发动机在低转速时消耗很少的燃油却能达到良好的低扭特性，在活塞接近上止点前一刻喷油，只会使火花塞附近的混合气充分燃烧，有效抑制了 HC 的生成，这样少的喷油量在传统进气道喷射的发动机上由于空燃比太低都不能有效燃烧做功。当发动机处于高转速高负荷工况时进气量增加，进气时间缩短，喷油时间也缩短，但要求喷油量加大，缸内直喷发动机在处于压缩行程时依然可以向缸内喷油，而传统进气道喷射的发动机处于压缩行程时进气门就已经关闭，无法再向缸内喷油，所以高转速的动力性自然就会比传统进气道喷射发动机高。

汽油缸内直喷由于能够以非常稀的空燃比运转，发动机的燃油经济性提高了近 30%，而且排放也大为降低，既节约能源又有助于保护环境；燃油直接喷入燃烧室，汽化时对进气起到冷却作用，降低了爆燃的可能性，可适当提高压缩比；因为进气歧管和进气口只需向汽缸输送空气，提高了容积效率，加上采用较高的压缩比，因此可以有效提高发动机的功率和转矩，使动力性和加速性明显提高。

GDI 在稀薄燃烧工作模式下，混合气非常稀，压缩比又很高，燃烧温度也很高，氮氧化物($NO_x$)排放较高，通过传统的三元催化反应器 $NO_x$ 的转化不够充分，需要采用新的催化转换器和废气再循环系统(EGR)，才可以有效降低 $NO_x$ 的排放量。

### 4.3.2　汽油缸内直喷的分层燃烧技术

大众公司研发的燃油缸内直喷(Fuel Stratified Injection，FSI)技术采用的是燃油分层喷射技术，也是发动机稀燃技术的一种。所谓的稀燃是指发动机混合气中的汽油含量低，空气与汽油之比可达 25：1 以上。

FSI 发动机按照发动机负荷工况，基本上可以自动选择 3 种运行模式：在低负荷时为分层稀薄燃烧模式，在高负荷时则为均质燃烧模式，在低负荷与高负荷之间为均质稀薄燃烧模式。汽油缸内直喷运行模式如图 4.51 所示。

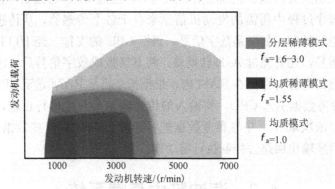

**图 4.51　汽油缸内直喷运行模式**

在低负荷时(分层稀薄燃烧)，燃油系统在发动机压缩行程喷注燃油，特别的活塞顶设计使吸入的空气和喷入的燃油形成涡流，仅在火花塞周围形成达到理论空燃比、足以燃烧的混合气，来引燃整个燃烧室内的混合气；而在燃烧室的其他地方则为富含空气的高空燃比混合气，形成稀薄燃烧。

进气时，节气门尽量张开，以减小节流损失，进气歧管翻板完全关闭下部进气通道，被吸进来的空气以涡流形式通过上部的进气通道加速进入汽缸，活塞顶部的特殊形状加剧了气流的涡流效果，如图4.52所示。

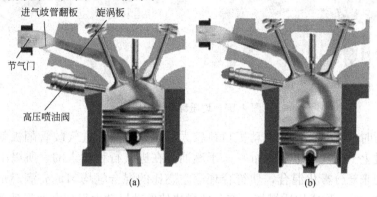

进气歧管翻板　旋涡板

节气门

高压喷油阀

(a)　　　　　(b)

**图4.52　分层稀薄燃烧模式进气状态**

喷油开始于上止点前约60°，结束于上止点前约45°，燃油被喷射到火花塞附近，喷油时刻对混合气的形成有很大影响，在到达点火时间之前的很短时间里，以5～10MPa的压力向火花塞附近喷射燃油，燃油喷射角非常小（平），燃油雾气不与活塞顶部接触，如图4.53(a)所示。

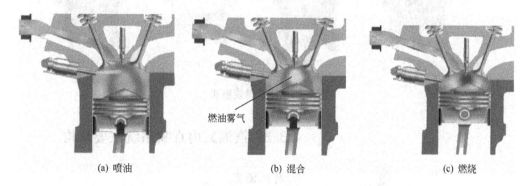

燃油雾气

(a) 喷油　　　　　(b) 混合　　　　　(c) 燃烧

**图4.53　分层稀薄燃烧模式喷油、混合、燃烧状态**

混合气形成只发生在40°～50°曲轴转角之间，如果曲轴转角小于这个范围则无法点燃混合气，如果曲轴转角大于这个范围则混合气就变成均质稀薄模式，这时的过量空气系数为$\Phi_a=1.6\sim3$，如图4.53(b)所示。

在火花塞周围点燃混合气，燃烧的混合气和缸壁之间会形成一个气体分层，能够降低通过汽缸体散发的热量，改善缸体散热损失，提高热效率，如图4.53(c)所示。在分层稀薄燃烧模式下，节气门不能完全打开，因为必须保持一定的真空度（用于活性炭罐装置和废气再循环装置），发动机产生的转矩可以通过喷油量来调节，进气量和点火角度对于转矩影响很小。

在低负荷与高负荷之间，作为第三运行模式而设定均质稀薄燃烧，在这种运行模式中，燃油在进气行程喷射（约在点火上止点前300°时喷入），并且由于产生加速稀薄混合气燃烧的纵涡流，进气歧管翻板被关闭，过量空气系数约为$\Phi_a=1.55$。这时，阻碍燃烧的废气再循环(EGR)暂不进行，如图 4.54 所示。

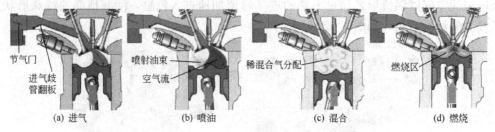

节气门 进气歧管翻板     喷射油束 空气流     稀混合气分配     燃烧区

(a) 进气      (b) 喷油      (c) 混合      (d) 燃烧

**图 4.54　均质稀薄燃烧模式**

在全负荷时(均质燃烧)，发动机负荷较大且转速较高，进气歧管翻板就会打开，吸入的空气经过上下通气道进入汽缸，由于燃油是在进气行程喷入的，所以空气与燃油就有更多的时间来充分雾化混合，使符合理论空燃比的混合气均匀地充满燃烧室，此时过量空气系数 $\Phi_a=1$，形成均质燃烧，充分的燃烧使发动机动力得到淋漓尽致的发挥，而燃油的蒸发又使混合气降温去除了爆燃的产生。也就是说在均匀燃烧情况下，在获得高动力输出和转矩的同时付出了较低的燃油消耗，如图 4.55 所示。

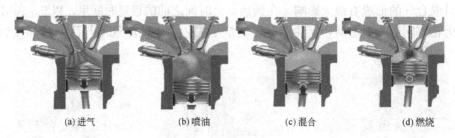

(a)进气      (b)喷油      (c)混合      (d)燃烧

**图 4.55　均质燃烧模式**

### 4.3.3　汽油缸内直喷系统主要结构

**1. 特殊活塞**

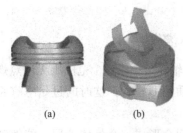

(a)      (b)

**图 4.56　特殊活塞的构造**

大众公司 FSI 活塞采用铝合金制成，结构轻巧，裙部平滑(无开槽)，由于活塞裙部只有一部分在汽缸壁上运行，因此活塞摆动质量小且摩擦因数小。活塞顶部开有凹腔，该腔在分层稀薄燃烧状态下可将空气流导向火花塞方向，活塞顶部的几何结构可以使空气流呈旋涡状运动，如图 4.56 所示。

**2. 进气歧管翻板**

进气歧管下部各有一个进气歧管翻板，由伺服电动机通过一根共同的轴来驱动，伺服电动机内集成有电位计，用于将翻板位置信息反馈给发动机控制单元，如图 4.57 所示。

进气歧管翻板会影响混合气形成，从而影响排放值。在分层稀薄燃烧模式及均质稀薄燃烧模式下，进气歧管翻板自动关闭，如图 4.58(a)所示，在均质燃烧模式下进气歧管翻板自动打开，如图 4.58(b)所示。

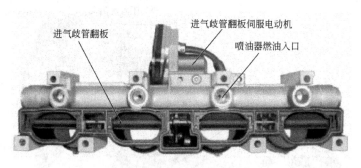

图 4.57 进气歧管翻板

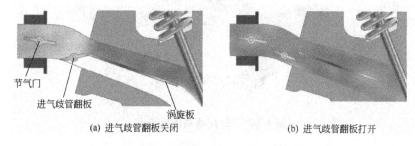

(a) 进气歧管翻板关闭

(b) 进气歧管翻板打开

图 4.58 进气歧管翻板控制进气方式

3. 燃油系统

大众 FSI 发动机燃油系统由低压系统和高压系统两部分组成。

在低压系统中，电动燃油泵将约 0.6MPa 的燃油经滤清器供应给高压泵，如图 4.59 所示。低压系统由油泵控制单元、低压油泵、带有限压阀的燃油滤清器、油箱构成。低压燃油压力传感器安装在高压油泵的低压燃油管路入口处。

高压系统中，高压泵将约 4~11MPa(取决于负荷与转速)的燃油送入燃油分配管(共轨)，分配管再将燃油分配给电磁控制的高压喷油器，压力限制阀保护系统防止压力超过最高值(12MPa)，燃油压力传感器用来检测和反馈共轨油压，燃油压力调节阀用来调整共轨油压。FSI 燃油高压系统如图 4.60 所示。

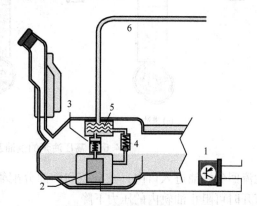

图 4.59 FSI 燃油低压系统

1—油泵控制单元；2—低压油泵；3—限压阀；
4—旁通阀；5—燃油滤清器；6—低压管路

高压油泵的供油及燃油压力调节阀的调整作用如图 4.61 所示。当活塞向下运动时，压力约为 0.6MPa 的燃油从低压系统中经进油阀进入高压泵腔内，如图 4.61(a)所示。

当活塞向上运动时，燃油就被压缩了，在压力超过油轨内压力时，燃油就被送入燃油分配管。燃油压力调节阀位于泵腔和燃油入口之间。

如果燃油压力调节阀在供油行程结束前打开了，那么泵腔内的压力就会卸掉，燃油

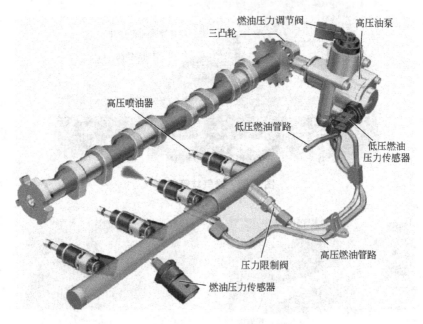

图 4.60 FSI 燃油高压系统

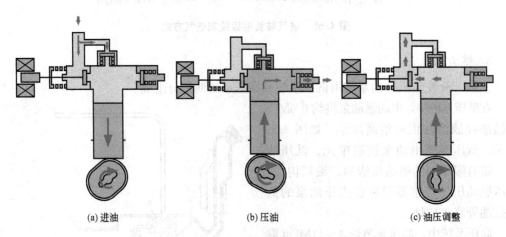

(a) 进油　　　　　　　　(b) 压油　　　　　　　　(c) 油压调整

图 4.61 高压油泵的供油及燃油压力调节阀的调整

就流回到燃油进入口内。在泵腔和燃油分配管之间有一个单向阀,它在燃油压力调节阀打开时可阻止油轨内的压力下降。

为了调节供油量,燃油压力调节阀从油泵凸轮的下止点到某一行程之间是关闭的。当达到所需要的轨内压力时,燃油压力调节阀打开,这样就可防止轨内压力继续升高。

 思 考 题

1. 汽车发动机运行工况对混合气成分有什么要求?

2. 简述可燃混合气成分的表示方法。

3. 电控燃油喷射系统是如何分类的?D 型和 L 型汽油机电控燃油喷射系统有何特点?

4. 电动汽油泵有几种？分别介绍其结构与工作原理。

5. 燃油压力调节器有何作用？介绍其结构与工作原理。

6. 喷油器与冷起动喷油器有何作用？介绍其类型、结构与工作原理。

7. 空气流量计有哪几种？分别介绍其结构与工作原理。

8. 节气门位置传感器的结构和工作原理是什么？

9. 冷却液温度传感器和进气温度传感器的结构与工作原理是怎样的？

10. 曲轴转角和位置传感器有何作用？有几种类型？其结构与工作原理怎样？

11. 汽油缸内直喷与汽油缸外喷射技术相比较有何特点？

12. 简述大众公司 FSI 的分层燃烧技术的工作过程。

# 第 5 章

# 柴油机燃油系统

 教学提示

柴油机在压缩行程接近终了时把柴油喷入汽缸，与空气混合形成可燃混合气，经压燃燃烧。柴油机燃油系统要与燃烧室配合，在一定高压下定时定量并按一定喷射规律喷油，供油量调节由喷油泵和调速器共同完成。电控柴油喷射系统经历了凸轮压油—位置控制、凸轮压油—时间控制、共轨蓄压—时间控制 3 个阶段的发展。

教学目标

掌握柴油机燃烧室的主要类型及结构；理解机械式燃油系统的功用与组成；重点掌握直列柱塞式喷油泵和轴向压缩式分配泵的结构原理；理解两极式调速器和全程式调速器的结构原理；了解电控柴油喷射系统的发展及分类；了解电控直列泵系统组成及喷油控制过程；掌握电控分配泵系统组成及喷油控制过程；理解电控泵喷油器系统组成及喷油控制过程；重点掌握电控共轨系统组成及喷油控制过程。

| 知 识 点 | 技 能 点 |
| --- | --- |
| 1. 电控共轨系统组成及控制过程 | 1. 具备在原车上识别柴油机机械燃油系统的基本技能 |
| 2. 电控泵喷嘴系统组成及控制过程 | |
| 3. 电控分配泵系统组成及控制过程 | 2. 具备在原车上识别柴油机电控燃油系统的基本技能 |
| 4. 输油泵类型与结构原理 | |
| 5. 喷油器的类型与结构原理 | 3. 能正确拆装柱塞泵 |
| 6. 全程式调速器结构原理 | 4. 能正确拆装 VE 泵 |
| 7. 两极式调速器结构原理 | 5. 能正确拆装喷油器 |
| 8. VE 泵的结构原理 | 6. 能正确调整喷油器喷射压力 |
| 9. A 型泵的结构原理 | 7. 能正确识别柴油机电控元件在原车位置及功用 |

# 5.1 概 述

柴油机具有热效率高、可靠性好、排气污染少和较大功率范围内的适应性好等优点，因而在汽车上应用广泛。与汽油机相比，柴油机所用燃料的理化特性决定了柴油供给、着火与燃烧方式的不同。柴油与汽油相比，黏度大、蒸发性差、自燃点低，故柴油机采用高压喷射的方法，在压缩行程接近终了时把柴油喷入汽缸，直接在汽缸内与空气混合形成可燃混合气，并利用空气压缩形成的高温自行点火燃烧。

## 5.1.1 柴油机可燃混合气的形成

与汽油机相比，柴油机可燃混合气形成的时间很短，只占 $15°\sim35°$ 曲轴转角，加上柴油的蒸发性和流动性都比汽油差，难以在燃烧前彻底雾化并与空气均匀混合，所以为了保证燃烧尽可能完全，柴油机尽可能采用较大的过量空气系数（$\Phi_a>1$），但是燃烧室各处的混合气成分仍很不均匀，在燃烧室内仍然有局部混合气过浓和过稀的现象。

为了改善柴油机的混合气形成与燃烧，燃油系统、燃烧室以及它们之间的相互匹配起着重要的作用。不同形式的燃烧室对喷油始点、喷油持续角、喷油压力、喷油规律、喷油雾化质量及其在燃烧室内的分布等都有不同的要求，对喷油系统要求的区别也比较大。这些喷油参数的变化对柴油机的经济性、动力性、排放性和噪声水平都有直接的影响。

图 5.1 所示为在柴油机压缩和做功过程中，汽缸内压力 $p$ 随曲轴转角 $\theta$ 变化的关系曲线。当曲轴转到相应于上止点前的 $M$ 点的位置时，喷油泵开始供油，供油压力急剧升高，当转到 $A$ 点的位置时，喷油器开始喷油。$M$ 点与上止点之间的曲轴转角称为供油提前角，$A$ 点与上止点之间的曲轴转角称为喷油提前角。喷入汽缸内的柴油要在曲轴已转到相应于 $B$ 点的位置时，才开始点火燃烧。

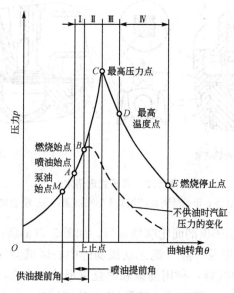

5.1 柴油机燃烧时汽缸压力与曲轴转角的关系

根据柴油机燃烧过程中汽缸压力和温度变化的特点,将可燃混合气的形成与燃烧按照曲轴转角划分为 4 个阶段。

备燃期 Ⅰ:指喷油始点 A 与燃烧始点 B 之间的时间间隔。在此期间,喷入汽缸的雾状柴油从汽缸内的高温空气吸热、蒸发、扩散,与空气混合。

速燃期 Ⅱ:指 B、C 两点间的时间间隔。自 B 点起,火焰自火源向四周迅速传播,燃烧速度迅速增加,急剧放热,使燃烧室内的温度和压力迅速上升,直至压力达到 C 点所表示的最高值为止。

缓燃期 Ⅲ:指从最高压力点 C 起到最高温度点 D 止的时间间隔。在此阶段,燃气温度继续升高,燃烧速度越来越慢。喷油过程一般在缓燃期内结束。

后燃期 Ⅳ:指从 D 点起直至燃烧停止时的 E 点的时间间隔。在此期间,压力和温度均降低。

为了改善可燃混合气的燃烧和形成条件,柴油机选用较高的压缩比 15~20,以提高汽缸内空气的温度,促进柴油蒸发及更好地燃烧。

### 5.1.2 柴油机燃烧室

柴油机的燃烧室按其结构形式可分为直喷式燃烧室和分隔式燃烧室两大类。

#### 1. 直喷式燃烧室

直喷式燃烧室是由凹形活塞顶与汽缸盖底面所围成的一个内腔,其大部分容积集中于活塞顶上的燃烧室凹坑内。燃烧室凹坑的形状多种多样,极具创造性,有的为回转体,有的为非回转体。采用直喷式燃烧室的发动机,燃油自喷油器直接喷射到燃烧室中,借喷出油柱的形状和燃烧室形状的匹配,以及室内的空气涡流运动,迅速形成混合气。

回转体燃烧室的结构形式如图 5.2 所示,常见的有 ω 形燃烧室和球形燃烧室。

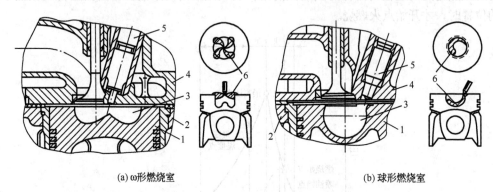

(a) ω 形燃烧室　　　　　　　　　　　　　　　　(b) 球形燃烧室

**图 5.2　直喷式燃烧室**

1—活塞;2—汽缸体;3—燃烧室凹坑;4—汽缸盖;5—喷油器;6—燃油喷注

(1) ω 形燃烧室的活塞凹顶剖面轮廓呈 ω 形,如图 5.2(a)所示,其中 ω 形凹坑的中心凸起是为了帮助形成涡流以及排除气流运动很弱的中心区域空气而设计的。这种燃烧室主要是依靠多孔(4~6 个)喷雾,利用油束和燃烧室形状的吻合,在空间形成混合气,喷孔直径较小(0.25~0.4mm),喷油压力较高(20MPa 左右)。ω 形燃烧室结构紧凑、热损失小，故热效率高，经济性好，起动性好；但多孔喷油器的喷孔直径小，易于堵塞；备燃期内形成的混合气较多，导致发动机工作比较粗暴。

（2）球形燃烧室的活塞凹顶剖面轮廓呈球形，如图 5.2(b)所示。它采用单孔或双孔喷油器，利用螺旋进气道组织强烈的空气涡流，将燃油在高压下顺气流和接近燃烧室的切线方向喷入，绝大部分燃油分布于燃烧室壁上形成均匀油膜，极少量燃油喷散在室内空间。混合气形成速度比较缓慢，喷散在室内空间的少量雾状燃油首先与空气混合而点火，成为火源起引燃作用，故燃烧初期压力升高平缓，发动机工作比较柔和；随着燃烧的进展，均布的油膜从燃烧室壁上吸热逐层蒸发，强烈的空气涡流加速了油膜的蒸发且使混合气更为均匀，使燃烧过程得以及时进行，保证了柴油机较高的动力性和经济性。其缺点是柴油机起动较困难。

非回转体燃烧室的结构形式如图 5.3 所示，有四角形、四角圆弧形和花瓣形等。

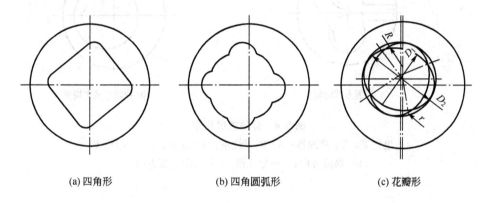

(a) 四角形　　　　　　　(b) 四角圆弧形　　　　　　　(c) 花瓣形

图 5.3　非回转体直喷式燃烧室凹坑

**2. 分隔式燃烧室**

分隔式燃烧室由两部分组成：一部分由活塞顶与缸盖底面围成，称为主燃烧室；另一部分在汽缸盖中，称为副燃烧室。主、副燃烧室之间由一个或几个孔道相连通。分隔式燃烧室的常见形式有涡流室式燃烧室和预燃室式燃烧室。

（1）涡流室式燃烧室的副燃烧室是球形或圆柱形的涡流室，如图 5.4(a)所示，借与其内壁相切的孔道与主燃烧室连通，因而在压缩行程中，空气从汽缸被挤入涡流室时形成强烈的有规则的涡流。喷入涡流室的燃油靠这种强烈的涡流与空气迅速地完成混合。大部分燃油在涡流室内燃烧，未燃部分在做功行程初期与高压燃气一起通过切向孔道喷入主燃烧室，进一步与空气混合燃烧。

（2）预燃室式燃烧室连通预燃室与主燃烧室的孔道直径较小，如图 5.4(b)所示，在压缩行程中空气从汽缸进入预燃室时产生无规则的紊流运动。喷入的燃油依靠空气紊流的扰动与空气初步混合，并有小部分燃油在预燃室内开始燃烧，使预燃室内气压急剧升高，未燃烧的大部分燃油连同燃气高速喷入主燃烧室。此时由于窄小孔道的节流作用，在燃烧室中产生涡流，使燃油进一步雾化并与空气混合实现完全燃烧。

分隔式燃烧室的特点是混合气的形成主要靠强烈的空气运动，对喷油系统要求不高，可采用喷油压力较低(12~14MPa)的轴针式喷油器，在使用中故障较少。

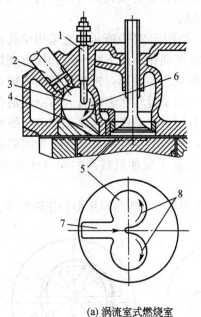

(a) 涡流室式燃烧室　　　　　　　(b) 预燃室式燃烧室

**图5.4　分隔式燃烧室**

1—电热塞；2—喷油器；3—副燃烧室；4—通道；5—主燃烧室；
6—涡流方向；7—导流槽；8—二次涡流方向

# 5.2　机械式燃油系统

## 5.2.1　燃油系统功用与组成

### 1. 燃油系统的功用

燃油系统的功用是完成燃油的储存、滤清和输送工作，按照柴油机各种不同工况的要求，定时、定量并按一定规律向柴油机各缸供给高压燃油。喷油压力、喷注雾化质量及其在燃烧室的分布与燃烧室类型相适应；在每一个工作循环内，柴油机各汽缸均喷油一次，喷油次序与汽缸工作顺序一致；根据柴油机负荷的变化自动调节循环供油量，以保证柴油机稳定运转，尤其要稳定怠速，限制超速。

### 2. 燃油系统的组成

柴油机燃油系统包括喷油泵、调速器、喷油提前器、喷油器和辅助装置(柴油箱、输油泵、油水分离器、柴油滤清器和高、低压油管等)。常见的有直列柱塞式喷油泵燃油系统和分配式喷油泵燃油系统两种类型。

(1) 直列柱塞式喷油泵燃油系统的组成如图5.5所示。当柴油机工作时，输油泵5从油箱8吸出柴油，经油水分离器7除去柴油中的水分，再经柴油滤清器2滤除柴油中的杂质，然后送入直列柱塞式喷油泵3，称为低压油路；直列柱塞式喷油泵对柴油进行加压和计量后，经高压油管 9 供入喷油器，最后通过喷油器将柴油喷入燃烧室，称为高压油路；输油泵供给的多余柴油及喷油器顶部的回油均经回油管 10 返回油箱。

活塞式输油泵固定在喷油泵体上，由喷油泵凸轮轴驱动，柱塞式喷油泵由柴油机曲轴的定时齿轮驱动，喷油泵前端装有喷油提前器 4，后端与调速器组成一体。

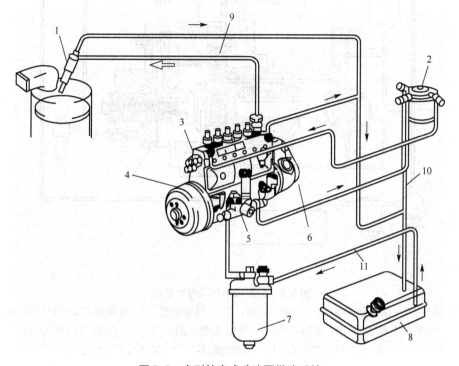

**图 5.5　直列柱塞式喷油泵燃油系统**

1—喷油器；2—柴油滤清器；3—直列柱塞式喷油泵；4—喷油提前器；5—输油泵；
6—调速器；7—油水分离器；8—油箱；9—高压油管；10—回油管；11—低压油管

（2）分配式喷油泵燃油系统的组成如图 5.6 所示。当柴油机工作时，一级输油泵 3 从油箱 1 吸出柴油，经油水分离器 2 及柴油滤清器 5 后送入二级输油泵 4，柴油在二级输油泵中加压后充入密闭的分配式喷油泵体 9 内，再经分配式喷油泵 12 增压计量后进入喷油器 10。

一级输油泵为膜片式泵，由配气机构的凸轮轴驱动；二级输油泵为滑片式泵，装在分配式喷油泵体内，由喷油泵传动轴 7 驱动，调压阀 6 可以稳定二级输油泵出口油压；在分配式喷油泵上还装有调速器和喷油提前器 13。

### 5.2.2　柱塞式喷油泵

喷油泵的功用是按照柴油机的运行工况和汽缸工作顺序，以一定的规律，定时定量地向喷油器输送高压燃油。喷油泵种类很多，在车用柴油机上得到广泛应用的有直列柱塞式喷油泵、转子分配式喷油泵和泵—喷油器式喷油泵等。本节重点介绍直列柱塞式和转子分配式喷油泵的结构与工作原理，泵—喷油器式喷油泵结构原理参见下节中的电控泵喷油器系统。

柱塞式喷油泵应用的历史比较久远，性能良好，工作可靠，为大多数车用柴油机所

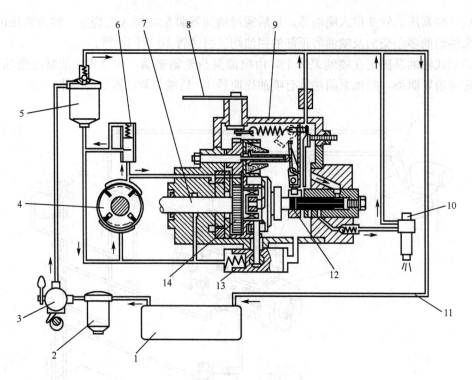

**图5.6  分配式喷油泵燃油系统**

1—油箱；2—油水分离器；3——级输油泵；4—二级输油泵；5—柴油滤清器；6—调压阀；
7—喷油泵传动轴；8—调速手柄；9—分配式喷油泵体；10—喷油器；11—回油管；
12—分配式喷油泵；13—喷油提前器；14—调速器传动齿轮

采用。我国生产的几种车用柱塞式喷油泵为Ⅰ、Ⅱ、Ⅲ系列和A、B、P、Z等系列。

**1. A型喷油泵结构原理**

柱塞式喷油泵由泵油机构、供油量调节机构、驱动机构和喷油泵体等组成。喷油泵体将泵油机构、供油量调节机构、驱动机构等部件组合在一起，共用一根凸轮轴驱动，并对其供油量进行统一调节，保证了各部件之间的相对位置和正确配合。A型喷油泵结构如图5.7所示。

**1）A型喷油泵结构**

（1）泵油机构。泵油机构包括柱塞偶件7和10、柱塞弹簧14、上、下柱塞弹簧座13和15、出油阀偶件5和6、出油阀弹簧4和出油阀紧座3等组成。

柱塞偶件是由柱塞10和柱塞套7构成的喷油泵中最精密的偶件，在使用中不能互换，如图5.8(a)所示。柱塞套装在喷油泵体22的座孔中，柱塞套上油孔与喷体内的低压油腔8相通，定位螺钉9用来固定柱塞套，防止其转动。柱塞由凸轮轴凸轮驱动，在柱塞套内上下往复运动，此外它还可以绕本身轴线在一定角度内转动，以达到泵油和调节供油量的目的。图5.8(a)所示柱塞头部铣有斜槽和直槽（称为控油槽），直槽使斜槽与柱塞上方高压油腔相通。控油槽的形状有多种形式，图5.8(b)所示是柱塞头部控油槽常见的两种基本形式，分别是直槽和螺旋形斜槽、中心孔和直线形斜槽，而且还分为右旋和左旋控油槽。

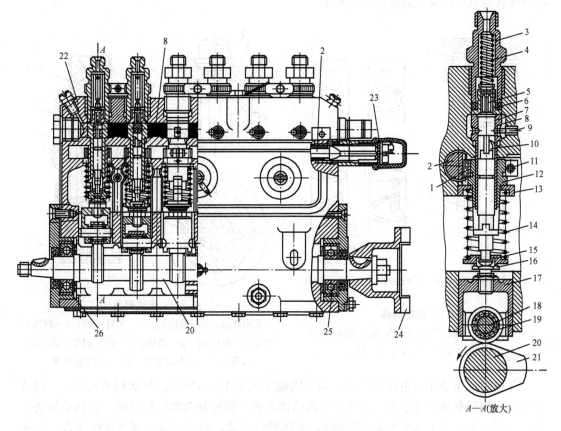

**图 5.7 A 型喷油泵结构**

1—齿圈；2—供油调节齿杆；3—出油阀紧座；4—出油阀弹簧；5—出油阀；6—出油阀座；7—柱塞套；8—低压油腔；9—定位螺钉；10—柱塞；11—齿圈夹紧螺钉；12—油量调节套筒；13、15—上、下柱塞弹簧座；14—柱塞弹簧；16—供油定时调节螺钉；17—挺柱；18—滚轮销；19—滚轮；20—喷油泵凸轮轴；21—凸轮；22—喷油泵体；23—供油量调节机构齿杆护帽；24—万向节从动盘；25、26—轴承

　　柱塞弹簧 14 的上端通过上柱塞弹簧座 13 支承在喷油泵体上，下端则通过下柱塞弹簧座 15 支承于柱塞尾端。借助柱塞弹簧的预紧力使柱塞始终压紧在挺柱 17 上的供油定时调节螺钉 16 上，同时使挺柱的滚轮 19 与喷油泵凸轮轴 21 保持接触。

　　出油阀偶件是由出油阀 5 和出油阀座 6 构成的喷油泵中另一对精密偶件。出油阀偶件位于柱塞偶件的上方，出油阀座的下端面与柱塞套的上端面接触，通过拧紧出油阀紧座 3，保持两者接触面密合。同时出油阀弹簧 4 将出油阀压紧在出油阀座 6 上。

　　出油阀偶件结构如图 5.9 所示，出油阀的密封锥面与出油阀座的接触表面经过精细研磨。出油阀减压环带与出油阀座孔精密配合，是出油阀的径向滑动密封面。出油阀的尾部是其在出油阀座孔内往复运动的导向面，为了留出油流通道，导向面的横截面积为十字形。有些出油阀紧座中设有减容器，以减小高压管路系统的容积，有利于改善喷油过程，同时起限制出油阀最大升程的作用。

　　（2）供油量调节机构。根据柴油机负荷和转速的变化，供油量调节机构相应地转动柱塞来改变供油有效行程，从而调节供油量，并保证各缸供油量均匀一致。供油量调节机构由驾驶员直接操纵或调速器自动控制。

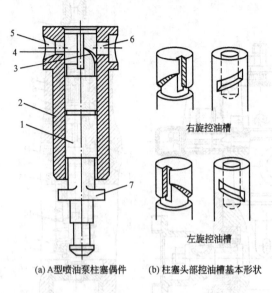

(a) A 型喷油泵柱塞偶件　(b) 柱塞头部控油槽基本形状

右旋控油槽

左旋控油槽

图 5.8　柱塞偶件

1—柱塞；2—柱塞套；3—斜槽(螺旋槽)；

4—直槽；5、6—油孔；7—榫舌

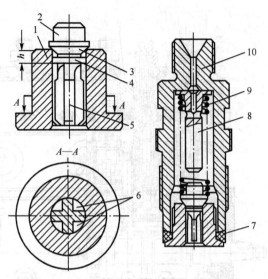

图 5.9　出油阀偶件

1—出油阀座；2—出油阀；3—密封锥面；4—减压环带；5—导向面；6—切槽；7—密封衬垫；8—减容器；9—出油阀弹簧；10—出油阀紧座

　　A 型喷油泵采用的齿杆式供油量调节机构如图 5.10(a)所示，包括调节齿杆 1、调节齿圈 2 和控制套筒 3 等零件。柱塞 4 下端的榫舌嵌入到控制套筒的豁口中，控制套筒松套在柱塞套 5 上，其上端装有调节齿圈 2，并用螺钉夹紧，调节齿圈与调节齿杆啮合。当驾驶员或调速器拉动齿杆时，调节齿圈连同控制套筒带动柱塞相对柱塞套转动，以达到调节供油量的目的。

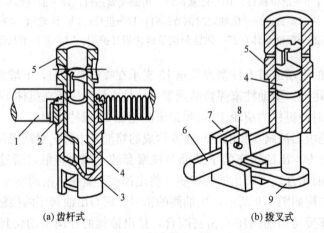

(a) 齿杆式　　　　　　　　　(b) 拨叉式

图 5.10　供油量调节机构

1—调节齿杆；2—调节齿圈；3—控制套筒；4—柱塞；5—柱塞套；

6—调节拉杆；7—调节叉；8—固定螺钉；9—调节臂

有些柱塞式喷油泵采用拨叉式油量调节机构，如图 5.10(b)所示。调节臂 9 固装在柱塞 4 的下端，并插在调节叉 7 的凹槽内，调节叉用螺钉固定在供油量调节拉杆上。当拉杆移动时通过调节叉带动调节臂，使柱塞相对于柱塞套转动。

（3）驱动机构。驱动机构包括凸轮轴和滚轮挺柱等零部件，其作用是推动柱塞往复运动，完成进油、压油和回油过程，并保证供油正时。凸轮轴一般由曲轴正时齿轮驱动，四冲程柴油机喷油泵凸轮轴的转速是曲轴转速的一半，在一个工作循环之内，凸轮轴转一圈，向各汽缸轮流供油一次。

滚轮挺柱安装在喷油泵体上的挺柱孔内，滚轮挺柱作为中间传动件将凸轮的旋转运动转变为柱塞的往复运动。常用的滚轮挺柱根据调整挺柱有效高度的方式不同，分为调整螺钉式和调整垫块式，如图 5.11(a)、(b)所示，A 型喷油泵采用的是调整螺钉式。当调整螺钉拧出或增加调整垫块的厚度使挺柱有效高度增加时，柱塞套筒上的进油孔提前关闭，从而加大了供油提前角；反之，则减小了供油提前角。喷油泵各缸供油提前角和间隔角应调整一致，这种调整需在喷油泵试验台上进行。

（4）喷油泵体。喷油泵体是喷油泵的基础零件，在工作中承受较大作用力，应该有足够的强度、刚度和良好的密封性。喷油泵体有整体式和分开式两种结构，A 型喷油泵泵体为整体式结构，如图 5.12 所示，泵体侧面开有窗口，底部用盖板封闭，侧盖和底盖均用螺栓固定，使喷油泵的拆装、调整和维修极为方便。

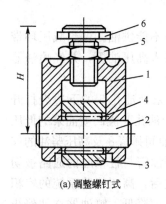
(a) 调整螺钉式 (b) 调整垫块式

**图 5.11　滚轮挺柱**

1—挺柱体；2—滚轮销；3—滚轮；4—滚针轴承；
5—锁紧螺母；6—调节螺钉；7—调节垫片；8—衬套

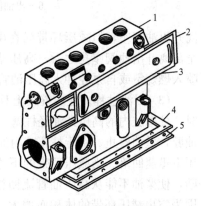

**图 5.12　A 型喷油泵泵体**

1—喷油泵体；2、4—衬垫；
3—侧盖；5—底盖

2）A 型喷油泵工作过程

A 型喷油泵的工作过程如图 5.13 所示。柱塞由凸轮轴、挺柱驱动，按柴油机喷油次序，依次在各自的柱塞套内做往复运动。泵油工作过程分为进油、压油和回油过程。

（1）进油过程。柱塞自上止点下移，当柱塞顶面下移至柱塞套油孔 5 以下以及柱塞停驻在下止点位置时，柱塞顶部空腔（柱塞腔）因容积增大而产生真空，柴油自低压油腔经柱塞套油孔 5 充入柱塞腔，如图 5.13(a)所示。

（2）压油过程。柱塞自下止点上移，起初有部分燃油从柱塞腔被挤回低压油腔，直到柱塞顶面将油孔的上边缘封闭为止，如图 5.13(b)所示。此后柱塞继续上移，柱塞腔内的柴油压力骤然升高，克服出油阀弹簧 8 的预紧力后将出油阀顶起。当出油阀密封锥面已经

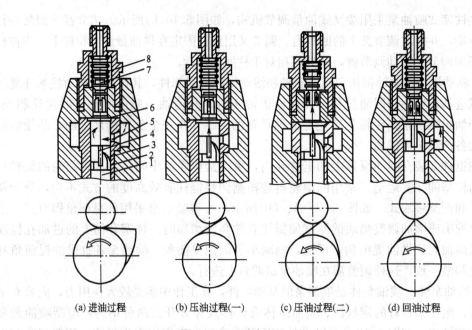

(a) 进油过程　　(b) 压油过程(一)　　(c) 压油过程(二)　　(d) 回油过程

图 5.13　A 型喷油泵工作过程

1—柱塞；2—柱塞套；3—螺旋槽；4—直槽；5—柱塞套油孔；
6—出油阀座；7—出油阀；8—出油阀弹簧

离开出油阀座，但减压环带尚在出油阀座孔内时，喷油泵仍然不能供油。仅当减压环带全部离开出油阀座孔之后，高压柴油才能经出油阀上的切槽供入高压油管，并经喷油器喷入燃烧室或自泵腔冲入高压油管，如图 5.13(c)所示。

(3) 回油过程。柱塞继续上移，当柱塞上的螺旋槽 3 将柱塞套油孔 5 的下边缘打开时，柱塞腔内的高压柴油经柱塞上的直槽 4、螺旋槽 3 和柱塞套油孔 5 流回喷油泵的低压油腔，供油停止。由于柱塞腔内油压急剧下降，出油阀 7 在出油阀弹簧 8 及高压柴油的作用下迅速回落。当减压环带的下边缘进入出油阀座孔时，高压油管与柱塞腔的通路被切断，使柴油不能从高压油管流回柱塞腔。当出油阀完全落座之后，高压管路系统的容积因为空出减压环带的体积而增大，致使高压管路系统的油压迅速降低，喷油器立即停止喷油，从而可以避免喷油器滴漏和其他不正常喷射现象的发生，如图 5.13(d)所示。

柱塞由下止点移到上止点所经过的距离称作柱塞行程，也就是喷油泵凸轮的最大升程。在柱塞上移的整个柱塞行程内，喷油泵并不始终供油，只是在柱塞顶面封闭柱塞套油孔到柱塞螺旋槽打开柱塞套油孔这段柱塞行程内供油，这段柱塞行程称为柱塞有效行程。柱塞有效行程越大，供油的持续时间越长，喷油泵每一次的喷油量就越多。只要通过供油量调节机构转动柱塞，改变柱塞螺旋槽与柱塞套油孔的相对位置，即可改变柱塞有效行程。当转动柱塞至柱塞直槽与柱塞套油孔对准时，柱塞有效行程为零，喷油泵停止供油，使柴油机熄火。

3) A 型喷油泵供油量调节

在专门的喷油泵试验台上，通过供油量调节机构可以将多缸喷油泵的各缸供油量调匀，如图 5.14 所示。保持调节齿杆不动，拧松调节齿圈紧固螺钉 12，适当地转动控制套筒 10，使其带动柱塞在柱塞套内转动，改变柱塞的有效行程，便可增加或减少供油量。当柱塞上的直槽对正柱塞套油孔时，喷油泵不供油，如图 5.14(a)所示；按图示方向拉动调节齿杆 6，调节齿圈 11 按箭头方向转动，柱塞有效行程增加，喷油泵循环供油量增多，如图 5.14(b)、(c)所示；如果朝相反方向拉动调节齿杆，柱塞有效行程减少，循环供油量减少。调节完柱塞的有效行程后一定要拧紧调节齿圈紧固螺钉。

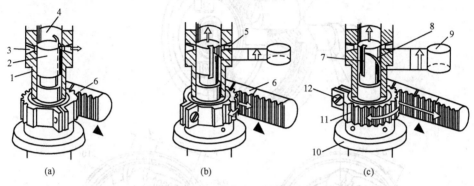

**图 5.14　A 型喷油泵供油量调节**

1—柱塞套；2—柱塞；3、5—柱塞套油孔；4—柱塞腔；6—调节齿杆；7—直槽；8—螺旋槽；
9—循环供油量容积；10—控制套筒；11—调节齿圈；12—调节齿圈紧固螺钉

4）A 型喷油泵供油定时调节

供油定时是指喷油泵对柴油机有正确的供油时刻，而供油时刻用供油提前角表示。供油提前角是指从柱塞顶面封闭柱塞套油孔起到活塞上止点为止，曲轴所转过的角度。多缸柴油机喷油泵各缸供油提前角或供油间隔角应该相同，可以通过改变供油定时调节螺钉伸出挺柱体外的高度来调节，如图 5.11(a)所示。旋出调节螺钉，挺柱体高度 $H$ 增加，柱塞位置升高，柱塞套油孔提前被柱塞顶面封闭，供油提前，则供油提前角增大；拧入调节螺钉，供油滞后，则供油提前角减小。

**2. 机械式喷油提前器**

机械式喷油提前器实际上是喷油泵供油提前角自动调节装置。供油提前角对柴油机燃烧过程影响很大，供油提前角过大或过小均使柴油机的动力性和经济性恶化。当转速和供油量一定时，能获得最大功率和最小燃油消耗率的供油时刻称为最佳供油提前角。最佳供油提前角随柴油机转速和负荷而变化，转速越高，负荷越大，最佳供油提前角也越大。车用柴油机的转速和负荷都在很大范围内变化，所以现代汽车柴油机都装有喷油提前器。

目前在柱塞式喷油泵上大多应用机械离心式供油提前角自动调节器，能响应柴油机转速的变化进行供油提前角的自动调节，其结构形式有多种，但工作原理却基本相同，图 5.15 所示为其中的一种。整个装置由防护罩 9 密封，其内部包括主动盘 6 和从动盘 1、主动盘凸缘 5 及其外侧的两个传动爪 B，它们与喷油泵的驱动轴刚性连接。主动盘凸缘的内侧固定有两个传动销 4 和 7。在传动销的圆柱面上加工有平凹坑，作为提前器弹簧 8 的支座。从动盘 1 与喷油泵凸轮轴刚性连接，其上固定有两个飞锤销 2，在飞锤销的圆柱面上也加工有平凹坑，作为提前器弹簧 8 的另一端支座。飞锤 3 上的销孔套在飞锤销上。提前器弹簧8支承在传动销与飞锤销之间,并使飞锤的圆弧面压紧在传动销上。可见,主动盘与从动盘之间为弹性连接,并能相互转动一定的角度。

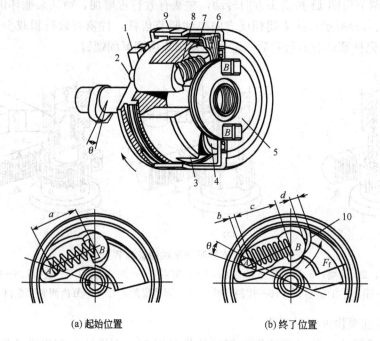

(a) 起始位置　　　　　　　　(b) 终了位置

**图 5.15　机械式自动喷油提前器**

1—从动盘;2—飞锤销;3—飞锤;4、7—传动销;5—主动盘凸缘;6—主动盘;
8—提前器弹簧;9—防护罩;10—飞锤圆弧面;$a$—起始弹簧长度;
$b$—终了飞锤销移动距离;$c$—终了弹簧长度;$d$—终了飞锤移动距离;
$\theta$—提前角调节范围;$F_f$—飞锤离心力;$B$—传动爪

当柴油机恒速运行时,喷油泵驱动轴通过主动盘凸缘5、传动销4和7、飞锤圆弧面10、飞锤销2和从动盘1来驱动喷油泵凸轮轴。若转速升高,则飞锤的离心力$F_f$克服弹簧力使飞锤向外张开。当飞锤的圆弧面沿传动销由内向外滑动时,便带动从动盘或喷油泵凸轮轴相对于主动盘或喷油泵驱动轴顺喷油泵旋转方向转过一定角度,从而使供油提前。喷油提前器的调节范围为0°~10°。

### 5.2.3　分配式喷油泵

分配式喷油泵简称分配泵,有转子式和单柱塞式两大类。转子式分配泵也称径向压缩式分配泵;单柱塞式分配泵又称轴向压缩式,如德国 Bosch 公司的 VE 型分配泵。分配泵与柱塞式喷油泵相比,具有以下特点:①分配泵结构简单、零件少、体积小、质量轻、使用中故障少、容易维修;②分配泵精密偶件加工精度高,供油均匀性好,不需要进行各缸供油量和供油定时的调节;③分配泵的运动件靠喷油泵体内的柴油进行润滑和冷却,对柴油的清洁度要求很高;④分配泵凸轮的升程小,有利于提高柴油机转速。下面主要介绍 VE 型分配泵(轴向压缩式)的结构与工作原理,径向压缩式分配泵结构原理参见下节中的电控分配泵系统相关内容。

1. VE 型分配泵结构原理

1）VE 型分配泵结构

VE 型分配泵由驱动机构、二级滑片式输油泵、高压分配泵头和电磁式断油阀等部分组成。此外，机械式调速器和液压式喷油提前器也安装在分配泵体内，如图 5.16 所示。

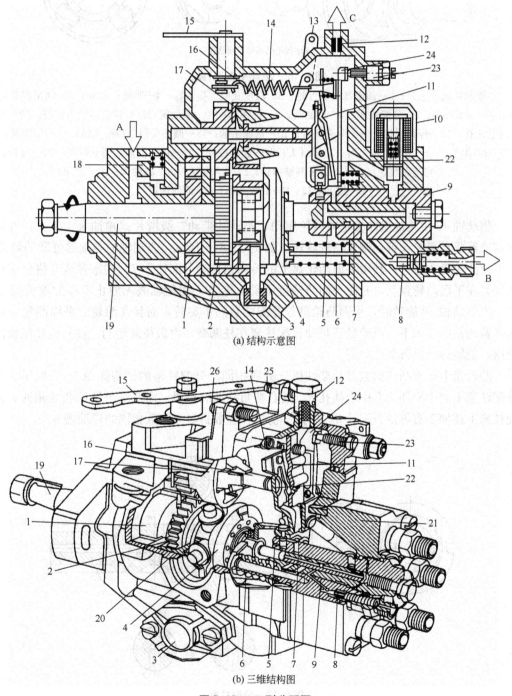

(a) 结构示意图

(b) 三维结构图

图 5.16　VE 型分配泵

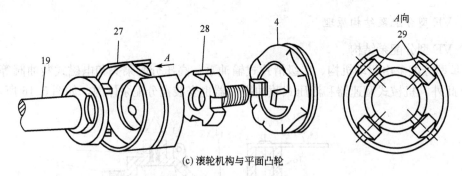

(c)滚轮机构与平面凸轮

图 5.16　VE 型分配泵(续)

1—二级滑片式输油泵；2—调速器驱动齿轮；3—液压式喷油提前器；4—平面凸轮盘；5—油量调节套
筒；6—柱塞弹簧；7—分配柱塞；8—出油阀；9—柱塞套；10—断油阀；11—调速器张力杠杆；12—溢
流节流孔；13—停车手柄；14—调速弹簧；15—调速手柄；16—调速套筒；17—飞锤；18—调压阀；
19—驱动轴；20—滚轮机构；21—高压泵头；22—起动杠杆；23—最大供油量调节螺钉；24—导杆；
25—怠速调整螺钉；26—高速调整螺钉；27—滚轮架；28—联轴器；29—滚轮；
A—燃油入口；B—到喷油器；C—流回油箱

　　驱动轴 19 由柴油机曲轴定时齿轮驱动，驱动轴带动二级滑片式输油泵 1 工作，并通
过调速器驱动齿轮 2 带动调速器轴旋转。如图 5.16(c)所示，驱动轴的右端通过联轴器 28
与平面凸轮盘 4 连接，利用平面凸轮盘上的传动销带动分配柱塞 7，柱塞弹簧 6 将分配柱
塞压紧在平面凸轮盘上，并使平面凸轮盘压紧滚轮 29，滚轮轴嵌入静止不动的滚轮架 27
上。当驱动轴 19 旋转时，平面凸轮盘与分配柱塞同步旋转，而且在滚轮、平面凸轮和柱
塞弹簧的共同作用下，凸轮盘还带动分配柱塞在柱塞套 9 内做往复运动。往复运动使柴油
增压，旋转运动进行柴油分配。

　　凸轮盘上平面凸轮的数目与柴油机汽缸数相同。分配柱塞的结构如图 5.17 所示。在
分配柱塞 1 的中心加工有中心油孔 3，其右端与柱塞腔相通，而左端与泄油孔 2 相通。分
配柱塞上还加工有燃油分配孔 5、压力平衡槽 4 和数目与汽缸数相同的进油槽 6。

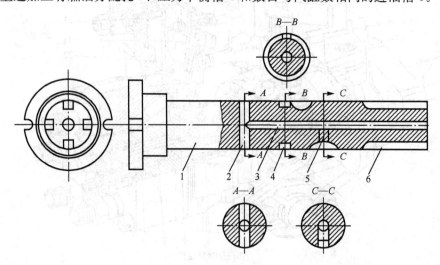

图 5.17　分配柱塞

1—分配柱塞；2—泄油孔；3—中心油孔；4—压力平衡槽；5—燃油分配孔；6—进油槽

如图 5.16 所示，柱塞套 9 上有一个进油孔和数目与汽缸数相同的分配油道，每个分配油道都连接一个出油阀 8 和一个喷油器。

2）VE 型分配泵工作过程

VE 型分配泵的工作过程如图 5.18 所示。

（1）进油过程。当平面凸轮盘 12 的凹下部分转至与滚轮 13 接触时，柱塞弹簧将分配柱塞 14 由右向左推移至柱塞下止点位置，这时分配柱塞上的进油槽 3 与柱塞套 20 上的进油孔 2 连通，柴油自喷油泵体 19 的内腔经进油道 10 进入柱塞腔 4 和中心油孔 10 内，如图 5.18(a) 所示。

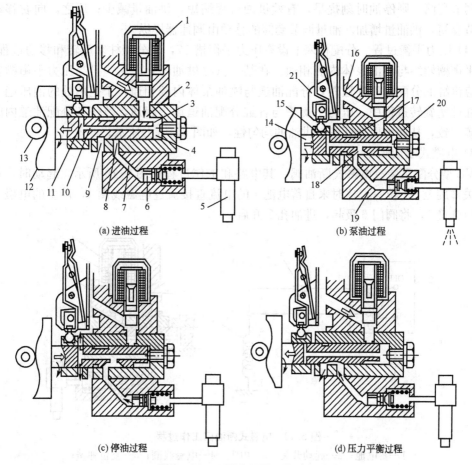

**图 5.18 VE 型分配泵工作过程**

1—断油阀；2—进油孔；3—进油槽；4—柱塞腔；5—喷油器；6—出油阀；7—分配油道；8—出油孔；9—压力平衡孔；10—中心油孔；11—泄油孔；12—平面凸轮盘；13—滚轮；14—分配柱塞；15—油量调节套筒；16—进油道；17—压力平衡槽；18—燃油分配孔；19—分配泵体；20—柱塞套；21—调速器

（2）泵油过程。当平面凸轮盘由凹下部分转至凸起部分与滚轮接触时，分配柱塞在凸轮盘的推动下由左向右移动。在进油槽转过进油孔的同时，分配柱塞将进油孔封闭，这时柱塞腔 4 内的柴油开始增压。与此同时，分配柱塞上的燃油分配孔 18 转至与柱塞套上的一个出油孔 8 相通，高压柴油从柱塞腔经中心油孔、燃油分配孔、出油孔进入分配油道 7，再经出油阀 6 和喷油器 5 喷入燃烧室，如图 5.18(b) 所示。

平面凸轮盘每转一周,分配柱塞上的燃油分配孔依次与各缸分配油道接通一次,即向柴油机各缸喷油器供油一次。

(3)停油过程。分配柱塞在平面凸轮盘的推动下继续右移,当柱塞上的泄油孔11移出油量调节套筒15并与喷油泵体内腔相通时,高压柴油从柱塞腔经中心油孔和泄油孔流进喷油泵体内腔,柴油压力立即下降,供油停止,如图5.18(c)所示。

从柱塞上的燃油分配孔18与柱塞套上的出油孔8相通的时刻起,至泄油孔11移出油量调节套筒15的时刻止,这期间分配柱塞所移动的距离为柱塞有效供油行程。显然,有效供油行程越大,供油量越多。通过移动油量调节套筒可改变有效供油行程,向左移动油量调节套筒,则停油时刻提早,有效供油行程缩短,供油量减少;反之,向右移动油量调节套筒,供油量增加。油量调节套筒的移动由调速器操纵。

(4)压力平衡过程。分配柱塞上设有压力平衡槽17,在分配柱塞旋转和移动过程中,压力平衡槽始终与喷油泵体内腔相通。在某一汽缸供油停止之后,且当压力平衡槽转至与相应汽缸的分配油道连通时,分配油道与喷油泵体内腔相通,于是两处的油压趋于平衡。在柱塞旋转过程中,压力平衡槽与各缸分配油道逐个相通,致使各分配油道内的压力均衡一致,从而可以保证各缸供油的均匀性,如图5.18(d)所示。

3) 电磁式断油阀

VE型分配泵装有电磁式断油阀,其电路和工作过程如图5.19所示。起动时,将起动开关2旋至ST位置,这时来自蓄电池1的电流直接流过电磁线圈4,产生的电磁力压缩复位弹簧5,将阀门6吸起,进油孔7开启。

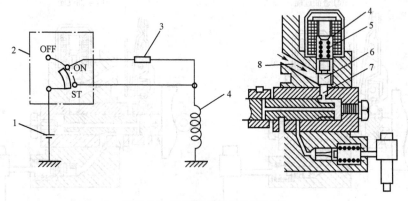

**图5.19 电磁式断油阀工作过程**

1—蓄电池;2—起动开关;3—电阻;4—电磁线圈;5—复位弹簧;
6—阀门;7—进油孔;8—进油道

柴油机起动之后,将起动开关旋至ON位置,这时电流经电阻3流过电磁线圈4,电流减小,但由于有油压的作用,阀门仍然保持开启。

当柴油机停机时,将起动开关旋至OFF位置,这时电路断开,阀门在复位弹簧5的作用下关闭,从而切断油路,停止供油。

**2. 液压式喷油提前器**

在VE型分配式喷油泵体的下部安装有液压式喷油提前器,其结构如图5.20所示。喷油提前器壳体1内装有活塞2,活塞左端与二级滑片式输油泵的入口相通,并由

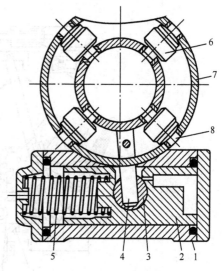

弹簧 5 压在活塞上。活塞右端与喷油泵体内腔相通，其压力等于二级滑片式输油泵的出口压力。当柴油机在某一转速下稳定运转时，作用在活塞左右端的力相等，活塞处于某一平衡位置。若柴油机转速升高，二级滑片式输油泵的出口压力增大，作用于活塞右端的力随之增加，推动活塞向左移动，并通过连接销 3 和传力销 4 带动滚轮架 7 绕其轴线转动一定的角度，直至活塞两端的力重新达到平衡为止。滚轮架的转动方向与平面凸轮盘的旋转方向正好相反，使平面凸轮提前一定角度与滚轮接触，供油相应提前，即供油提前角增大。反之，若柴油机转速降低，则二级滑片式输油泵的出口压力也随之降低，作用于活塞右端的力减小，活塞向右移动，并带动滚轮架向着平面凸轮盘旋转的同一方向转过一定的角度，使供油提前角减小。

图 5.20　液压式喷油提前器

1—壳体；2—活塞；3—连接销；4—传力销；
5—弹簧；6—滚轮；7—滚轮架；8—滚轮轴

### 5.2.4　调速器

调速器是一种自动调节装置，根据柴油机负荷的变化自动增减喷油泵的供油量，使柴油机能够以稳定的转速运行。

汽车柴油机调速器按其工作原理的不同，可分为机械式、气动式、液压式、机械气动复合式、机械液压复合式和电子式等多种形式。但目前应用最广的为机械式调速器，其结构简单、工作可靠、性能良好。

按调速器起作用的转速范围不同，又可分为两极式调速器和全程式调速器。中、小型汽车柴油机多数采用两极式调速器，以起到防止超速和稳定怠速的作用。在重型汽车上则多采用全程式调速器，这种调速器除具有两极式调速器的功能外，还能对柴油机工作转速范围内的任何转速起调节作用，使柴油机在各种转速下都能稳定运转。

#### 1. 两极式调速器

两极式调速器只在柴油机的最高转速和怠速时起自动调节作用，而在最高转速和怠速之间的其他任何转速，调速器不起调节作用。在此转速范围内，由驾驶员直接控制供油量和柴油机转速的变化。

德国 Bosch 公司生产的 RQ 型调速器是典型的两极式调速器，与 A、B、P 型等柱塞式喷油泵配套。型号中的 R 表示机械离心式，Q 表示可变杠杆比。

1）RQ 型调速器结构

通常调速器由感应元件、传动元件和附加装置 3 部分组成。RQ 型调速器的结构如图 5.21 所示。感应元件包括飞锤等零件，用来感知柴油机转速的变化，并发出相应的信号；传动元件是由角形杠杆、调速套筒和调速杠杆等组成的杠杆系统，可以根据感应元件信号进行供油量调节。

调速器壳体 32 用螺栓固定在喷油泵泵体的后端面上。喷油泵凸轮轴通过半圆键连接

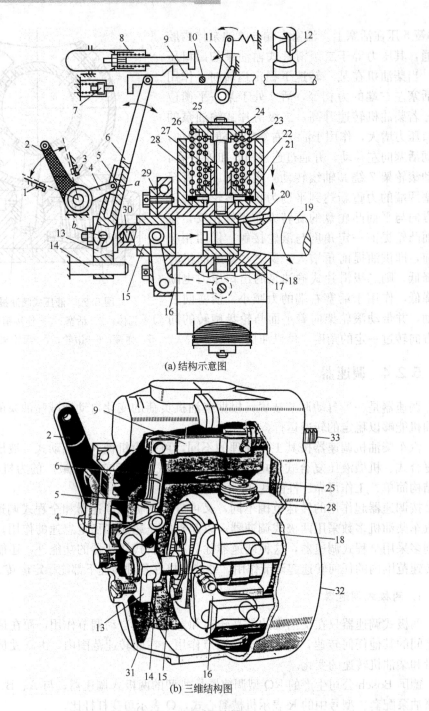

(a) 结构示意图

(b) 三维结构图

**图 5.21  RQ 型调速器**

1—停车挡块；2—调速手柄；3—最高速挡块；4—摇杆；5—滑块；6—调速杠杆；7—怠速稳定弹簧；8—防冒烟限位器；9—连接杆；10—停油销；11—停油臂；12—喷油泵柱塞；13—导向块；14—导向销；15—调速套筒(滑动销)；16—角形杠杆；17—固定螺母；18—飞锤；19—喷油泵凸轮轴；20—轴套；21—怠速弹簧调整垫片；22—内弹簧座；23—高速弹簧；24—外弹簧座；25—调整螺母；26—支承杆；27—限位螺母；28—怠速弹簧；29—盖套；30—转矩平稳装置；31—调速器盖；32—调速器壳体；33—油量调节齿杆

一个轴套 20，轴套上固定两个双头螺柱，在每个螺柱上套装一个飞锤 18。飞锤通过角形杠杆 16、调速套筒 15、调速杠杆 6 和连接杆 9 与喷油泵的油量调节齿杆 33 连接。飞锤内装有内、中、外 3 个弹簧，其外端均支承在外弹簧座 24 上。外弹簧的内端支承在飞锤的内端面上，称为怠速弹簧 28；中间弹簧和内弹簧的内端支承在内弹簧座 22 上，称为高速弹簧 23。当把它们安装在弹簧座上时有一定的预紧力，预紧力的大小可由调整螺母 25 调节。摇杆 4 的一端与调速手柄 2 连接，另一端与圆柱形的滑块 5 铰接，滑块在调速杠杆 6 的长孔中滑动。为了保证导向块 13 能灵活地移动，设有导向销 14 为其导向。

在调速器壳体的侧面装有停油臂 11，转动停油臂，拨动停油销 10，使其向左拉动油量调节齿杆直至停油。

此外，RQ 型调速器在调速器盖上装有怠速稳定弹簧 7，在滑动销 15 内装有转矩平稳装置 30，还可根据需要在飞锤内安装转矩校正装置等。

感应部件由飞锤 18 等组成，而传动部件则由角形杠杆 16、调速套筒 15、调速杠杆 6 和连接杆 9 等杠杆系统组成。

2）RQ 型调速器工作过程

RQ 型调速器的机构简图如图 5.22(a)所示。飞锤 18 在喷油泵凸轮轴 19 的驱动下旋转，当转速增加时，飞锤即在离心力作用下克服调速弹簧（高速弹簧 23 或怠速弹簧 28）的预紧力向外张开，此运动通过角形杠杆 16 转变为调速套筒 15 的轴向移动，从而使调速杠杆 6 绕滑块 5 上的支点 a 旋转，调速杠杆将喷油泵油量调节齿杆 33 向减少油量方向拉动；反之，若转速降低，则将油量调节齿杆向增加油量方向推动。同时，若驾驶员通过加速踏板使调速手柄 2 在停车挡块 1 与最高速挡块 3 之间转动，调速杠杆 6 则改以下部导向块 13 上的铰接点 b 为支点摆动，从而拉动油量调节齿杆，达到增加或减少供油量的目的。

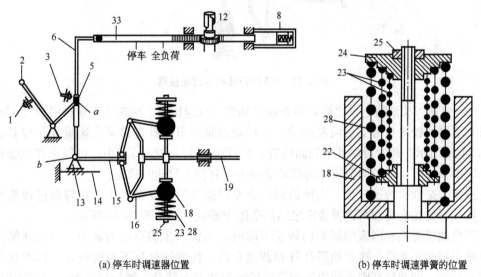

(a) 停车时调速器位置　　　　　　　　　　(b) 停车时调速弹簧的位置

**图 5.22　RQ 型调速器的机构简图**

1—停车挡块；2—调速手柄；3—最高速挡块；5—滑块；6—调速杠杆；8—防冒烟限位器；12—喷油泵柱塞；13—导向块；14—导向销；15—调速套筒（滑动销）；16—角形杠杆；18—飞锤；19—喷油泵凸轮轴；22—内弹簧座；23—高速弹簧；24—外弹簧座；25—调整螺母；28—怠速弹簧；33—油量调节齿杆；

a—支点；b—铰接点

图 5.22(b)所示为停车时调速弹簧的位置。将调速手柄置于停车挡块 1 上，调速杠杆以其下端的铰接点为支点向左摆动，并带动供油量调节齿杆向左移到停油位置，柴油机停车，调速器飞锤在调速弹簧的作用下抵靠在安装飞锤的轴套上。

RQ 型调速器的工作过程如下。

(1) 起动。冷车起动时应将加速踏板踏到底，调速手柄从停车挡块移至最高速挡块上。调速手柄带动滑块推动调速杠杆以其下端的铰接点为支点向右摆动，并推动油量调节齿杆克服防冒烟限位器的阻力，向加油方向移动到起动油量的位置，如图 5.23 所示。起动油量大于全负荷油量，有利于起动混合气的加浓。这时怠速弹簧稍有压缩，飞锤向外略微张开，这一动作是因为起动时调速器稍有转动即产生离心力，向外的离心力将使油量调节齿杆减油，对起动很不利；飞锤预先略微张开可以使油量调节齿杆在一定的转速范围内保持在起动供油量位置，有利于起动。

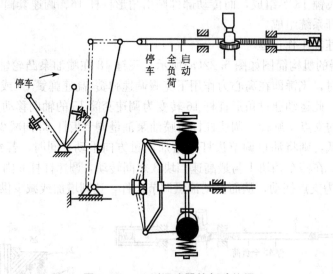

**图 5.23　RQ 型调速器的起动位置**

(2) 怠速。柴油机起动之后，将调速手柄置于怠速位置，调速手柄通过滑块使调速杠杆以其下端的铰接点为支点向左摆动，并拉动油量调节齿杆左移至怠速供油量位置，如图 5.24(a)所示。此时滑块处于较高位置，杠杆比($n$ 与 $m$ 之比)减小，可保证在飞锤移动量一定的条件下，油量调节齿杆的移动量较小，有利于怠速的稳定。

怠速时柴油机转速较低，飞锤的离心力小，张开的程度也较小，它与怠速弹簧相平衡，使飞锤处在套筒和高速弹簧座之间的空隙中游动，如图 5.24(b)所示。

当柴油机受某种因素的影响而转速下降时，飞锤产生的离心力减小，怠速弹簧的张力便使飞锤向里收拢，通过角形杠杆和调速套筒，使调速杠杆下端的铰接点以滑块为支点向左移动，调速杠杆则推动油量调节齿杆向加油方向移动，增加供油量，使转速回升，直至飞锤的离心力与怠速弹簧的张力达到新的平衡；当柴油机转速升高时，飞锤的离心力也相应地增加，使飞锤进一步克服怠速弹簧的张力向外张开，飞锤就通过角形杠杆、调速套筒、滑块、调速杠杆带动油量调节齿杆向减油方向移动，减少供油量，使转速降低，直至飞锤的离心力与怠速弹簧重新平衡。调整螺母用来调节怠速弹簧的预紧力，以达到调节怠速转速的目的。

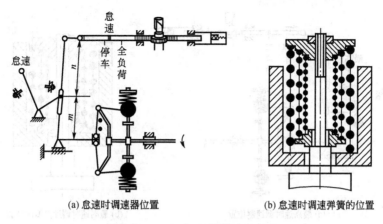

(a) 怠速时调速器位置　　　　　　(b) 怠速时调速弹簧的位置

**图 5.24　RQ 型调速器的怠速位置**

（3）中速。将调速手柄从怠速位置移至中速位置时，油量调节齿杆处于部分负荷供油位置。柴油机在中等转速范围内工作时，转速较高，飞锤在离心力的作用下，压缩怠速弹簧与内弹簧座相接触，如图 5.25(a) 所示。由于飞锤产生的离心力不足以克服怠速和高速两组弹簧的张力，所以飞锤便紧靠在内弹簧座上，既不外张也不收拢，因而在中速范围内，调速器不起调速作用。这时，驾驶员可以根据汽车行驶的需要改变调速手柄的位置，以导向块上的铰接点为支点，从而拉动油量调节齿杆，达到增加或减少供油量的目的。以不同的杠杆比来改变调速杠杆和油量调节齿杆的位置，使供油量和转速发生相应的变化，如图 5.25(b) 所示。

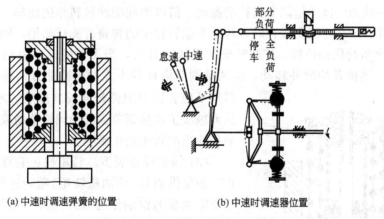

(a) 中速时调速弹簧的位置　　　　　　(b) 中速时调速器位置

**图 5.25　RQ 型调速器的中速位置**

（4）最高转速。将调速手柄置于最高速挡块上时，油量调节齿杆相应地移至全负荷供油位置，柴油机转速由中速升高到最高速，如图 5.26(a) 所示。此时飞锤的离心力相应增大，并克服全部调速弹簧的作用力向外张开，使飞锤连同内弹簧座一起向外移到一个新的位置，如图 5.26(b) 所示。在此位置，飞锤离心力与全部调速弹簧作用力达到新的平衡。若柴油机转速超过规定的最高转速，则飞锤的离心力超过调速弹簧的作用力，使油量调节齿杆向减油方向移动，从而防止柴油机超速。此时滑块处于调速杠杆的最低位置，杠杆比最大。飞锤以较小的动作，获得较大的油量调节齿杆移动量，供油量得以迅速减少，从而防止了超速"飞车"事故。

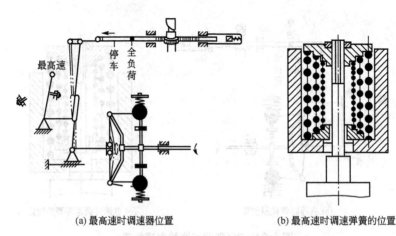

(a) 最高速时调速器位置　　　　(b) 最高速时调速弹簧的位置

**图5.26　RQ型调速器的最高速位置**

3) RQ型调速器附加装置

(1)怠速稳定弹簧。在RQ型调速器盖上装有怠速稳定弹簧7,如图5.21所示。其安装位置刚好与供油量调节齿杆相对,它对调节齿杆的移动起限位和缓冲作用。有了怠速稳定弹簧,怠速更加稳定。例如,当调速手柄快速回到怠速位置时,供油量调节齿杆也快速向减油方向移动,这时怠速稳定弹簧犹如一个限位器和缓冲器,既可以阻止调节齿杆越过怠速供油位置,防止喷油泵停止供油,又可以减缓调节齿杆的移动速度,使柴油机转速不发生较大的波动或避免熄火。

(2)转矩平稳装置。转矩平稳装置30安装在滑动销15内,如图5.21所示,其作用是缓冲高速时喷油泵供油量调节齿杆的振动,借以消除柴油机转矩的波动。当把调速手柄移向高速并与最高速挡块接触时,转矩平稳装置中的弹簧首先被压缩,同时供油量调节齿杆移至全负荷供油位置。若此时柴油机转速升高,当飞锤的离心力超过调速弹簧的作用力时,飞锤开始向外移动,但油量调节齿杆并不立即向减油方向移动,而是在转矩平稳装置中的弹簧伸长复原后,才开始移动,从而减缓了油量调节齿杆的频繁移动或振动,使柴油机输出的转矩趋于平稳。

(3)转矩校正装置。转矩校正装置的功用是校正喷油泵供油量(柴油机转矩)随转速的变化特性,以使喷油泵的供油量与吸入汽缸的空气量相匹配。转矩校正有正校正与负校正两种。供油量随转速下降而增加的校正为正校正;相反,供油量随转速下降而减少的校正为负校正。前者用于高速范围,后者用于低速范围。

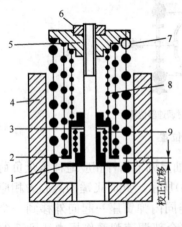

**图5.27　RQ型调速器转矩校正装置**
1—校正弹簧座;2—内弹簧座;3—调节垫片;4—飞锤;5—外弹簧座;6—调节螺母;7—怠速稳定弹簧;8—高速弹簧;9—校正弹簧

在RQ型调速器上安装的转矩校正装置,实际上就是装在飞锤内的一个弹簧,即校正弹簧9,如图5.27所示。当柴油机在全负荷标定转速下运转时,飞锤的离心力很大,校正弹簧座1在飞锤的推动下与内弹簧座2接触,校正弹簧被压缩。这时,喷油泵供油量调节齿杆在全负荷供油位置。当柴油机超负荷时，转速下降，飞锤的离心力减小。校正弹簧克服飞锤离心力使飞锤向内移动，并通过调速器的杠杆系统使供油量调节齿杆向增加供油量的方向移动，柴油机的转矩相应地有所增加，从而可以提高柴油机超负荷的能力。显然，这种转矩校正为正校正。

2. 全程式调速器

机械离心式全程调速器的结构形式很多，有与柱塞式喷油泵配套的，也有装在分配式喷油泵体内的，但其工作原理基本相同。下面仅以 VE 型分配泵的调速器为例，说明机械离心式全程调速器的基本结构及工作原理。

1）VE 型分配泵调速器结构

如图 5.28 所示，在飞锤支架 2 上装有 4 个飞锤 3，飞锤通过止推片推动调速套筒 4 移动。张力杠杆 12、起动杠杆 15 和导杆 16 组成调速器杠杆系统。这 3 个杠杆通过销轴 N 连在一起并可分别绕销轴 N 摆动。导杆 16 通过销轴 M 固定在分配泵体上。起动杠杆 15 的下端是球头销，嵌入供油量调节套筒 21 的凹槽中，当起动杠杆摆动时，球头销将拨动供油量调节套筒，改变其与分配柱塞 19 上的泄油孔 20 的相对位置，从而改变分配柱塞的有效行程。张力杠杆 12 上端通过怠速稳定弹簧 10 与调速弹簧 8 连接，调速弹簧的另一端挂在调速手柄 5 的销轴上。导杆 16 的下端受复位弹簧 17 的推压，使其上端靠在最大供油量调节螺钉 11 上。

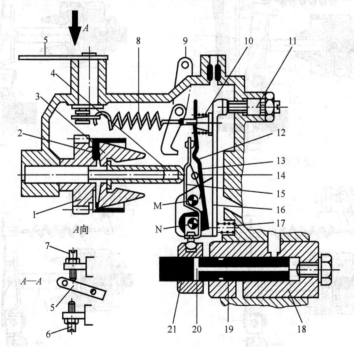

**图 5.28　VE 型分配泵调速器**

1—调速器传动齿轮；2—飞锤支架；3—飞锤；4—调速套筒；5—调速手柄；6—怠速调节螺钉；7—最高速限制螺钉；8—调速弹簧；9—停车手柄；10—怠速稳定弹簧；11—最大供油量调节螺钉；12—张力杠杆；13—起动弹簧；14—张力杠杆挡销；15—起动杠杆；16—导杆；17—复位弹簧；18—柱塞套；19—分配柱塞；20—泄油孔；21—供油量调节套筒；M—导杆支承销轴(固定)；N—起动杠杆、张力杠杆及导杆支承销轴(可动)

　　此外，在VE型分配泵调速器上还装有一些附加装置，如增压补偿器、转矩校正装置、大气压力补偿装置和负荷传感供油提前装置等。

　　2）VE型分配泵调速器工作过程

　　(1) 起动。如图5.29(a)所示，起动前，将调速手柄5推靠在最高速限制螺钉7上，这时调速弹簧8被拉伸，弹簧的张力拉张力杠杆12绕销轴N向左摆动，并通过起动弹簧13使起动杠杆15压向调速套筒4，从而使静止的飞锤3处于完全闭合的状态。与此同时，起动杠杆下端的球头销将供油量调节套筒21向右拨到起动加浓供油位置C，供油量最大。起动后，飞锤的离心力克服作用在起动杠杆上的起动弹簧的弹力，使起动杠杆绕销轴N向右摆动，直到抵靠在张力杠杆的挡销上。此时，起动杠杆下端的球头销向左拨动供油量调节套筒，供油量自动减少。

　　(2) 怠速。如图5.29(b)所示，柴油机起动后，将调速手柄5移至怠速调节螺钉6上。在这个位置，调速弹簧8的张力几乎为零，即使调速器传动轴的转速很低，飞锤也会向外张开，推动调速套筒，使起动杠杆和张力杠杆绕销轴N向右摆动，并使怠速稳定弹簧10

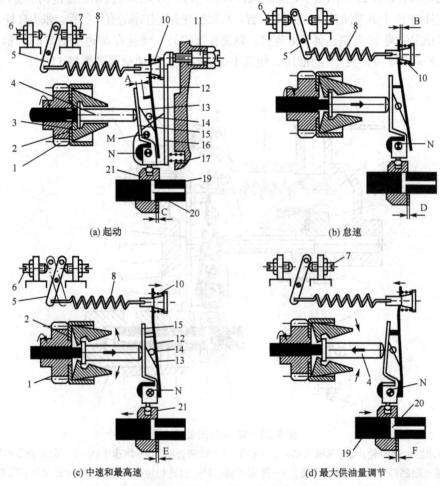

图5.29　VE型分配泵调速器工作过程(图注见图5.28)

A—起动弹簧压缩量；B—怠速弹簧压缩量；C—起动加浓供油位置；D—怠速供油位置；
E—部分负荷最高转速供油位置；F—全负荷最高转速供油位置

受到压缩。这时，飞锤离心力对调速套筒的作用力与怠速稳定弹簧及起动弹簧对调速套筒的作用力平衡，供油量调节套筒 21 处于怠速供油位置 D，柴油机在怠速下运转。

若由于某种原因使柴油机转速升高，则飞锤离心力增大，上述的平衡被打破，飞锤推动调速套筒、起动杠杆和张力杠杆进一步压缩怠速稳定弹簧而向右摆动，供油量调节套筒则向左移，供油量减少，转速减小复原。若柴油机转速降低，飞锤离心力减小，怠速弹簧推动张力杠杆和起动杠杆向左摆动，供油量调节套筒则向右移，增加供油量，使转速增大。

（3）中速和最高速。如图 5.29(c)所示，欲使柴油机在高于怠速而又低于最高转速的任何中间转速工作时，则需将调速手柄 5 置于怠速调节螺钉 6 与最高速限制螺钉 7 之间某一位置。这时，调速弹簧 8 被拉伸，同时拉动张力杠杆 12 和起动杠杆 15 绕销轴 N 向左摆动，而起动杠杆下端的球头销则向右拨动供油量调节套筒 21，使供油量增加，柴油机由怠速转入中速状态。由于转速升高，飞锤离心力增大。当其向右作用于调速套筒上的推力与调速弹簧向左作用于张力杠杆和起动杠杆上的拉力平衡时，供油量调节套筒便稳定在某一中等供油量位置，柴油机也就在某一中间转速稳定运转。

如图 5.29(d)所示，当把调速手柄 5 置于最高速限制螺钉 7 上时，调速弹簧 8 的张力达到最大，供油量调节套筒 21 也相应地移至最大供油量位置，柴油机将在最高转速或标定转速下工作。

不论柴油机在中速还是最高速状态下工作，若由于负荷发生变化而引起转速改变时，则飞锤离心力与调速弹簧力的平衡遭到破坏，调速器将立即动作，通过增减供油量，使转速复原。如果突然全部卸掉柴油机负荷，调速器将把供油量减至最小，以防止柴油机超速。其调速过程与稳定怠速的过程相同。

（4）最大供油量的调节。若拧入最大供油量调节螺钉 11，则导杆 16 绕销轴 M 逆时针方向转动，销轴 N 也随之转动，并带动球头销向右拨动供油量调节套筒 21，这时最大供油量增加。反之，旋出最大供油量调节螺钉 11，则最大供油量减少。改变最大供油量，可以改变柴油机的最大输出及最高转速或标定转速。

3）附加装置

（1）增压补偿器。其作用是根据增压压力的大小，自动增减供油量，以提高柴油机的有效功率和燃油经济性，减少有害气体的排放。

如图 5.30 所示，在补偿器盖 4 和补偿器体 6 之间装有膜片 5，膜片把补偿器分成上、下两个腔。上腔与进气管相通，其中的压力即为增压压力。下腔经通气孔 8 与大气相通，膜片下面装有弹簧 9。补偿器阀杆 10 与膜片 5 相连，并与膜片一起运动。阀杆的中下部加工成上细下粗的锥体，补偿杠杆 2 的上端与锥体相靠。在阀杆上还钻有纵向长孔和横向孔，以保证阀杆在补偿器体内移动时不受气体阻力的作用。补偿杠杆可绕销轴 1 转动，其下端靠在张力杠杆 11 上。

当进气管中的增压压力增大时，膜片 5 带动补偿器阀杆 10 向下运动，与阀杆锥体相接触的补偿杠杆 2 绕销轴 1 顺时针方向转动，张力杠杆 11 在调速弹簧 13 的作用下绕销轴 N 逆时针方向转动，从而使起动杠杆下端的球头销向右拨动供油量调节套筒 12，供油量增加；反之亦然。

（2）转矩校正装置。根据需要可在 VE 型分配泵上装备正转矩校正或负转矩校正装置。正转矩校正可以改善柴油机高速范围内的转矩特性。VE 型分配泵上的正转矩校正装置如图 5.31(a)所示。转矩校正杠杆 6 的上端支承在销轴 S 上，同时抵靠在张力杠杆 4 的

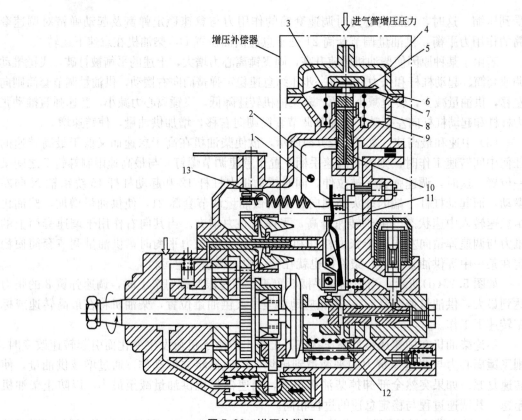

图 5.30　增压补偿器

1—销轴；2—补偿杠杆；3—膜片上支承板；4—补偿器盖；5—膜片；6—补偿器体；7—膜片上支承板；8—通气孔；9—弹簧；10—补偿器阀杆；11—张力杠杆；12—供应量调节套筒；13—调速弹簧

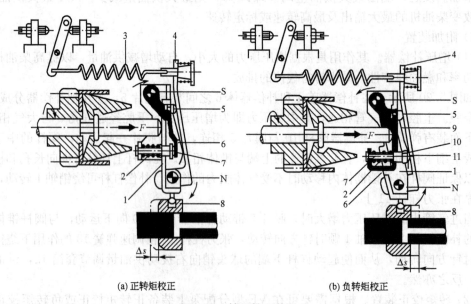

(a) 正转矩校正　　　　　　　　　(b) 负转矩校正

图 5.31　转矩校正装置

1—起动杠杆；2—校正弹簧；3—调速弹簧；4—张力杠杆；5—挡销；6—校正杠杆；7—校正销；8—供应量调节套筒；9—起动弹簧；10—校正销大端；11—停驻点；S、N—销轴

挡销 5 上。销轴 S 固定在起动杠杆 1 上端的凸耳上。转矩校正杠杆的下端靠在校正销 7 的大头端，校正销装在起动杠杆中部的相关孔内，并可在其中滑动。校正弹簧 2 总是向右推压校正销。当柴油机转速升高到校正转速时，随着转速继续升高，作用在起动杠杆上的飞锤离心力的轴向分力对销轴 N 的力矩逐渐超过校正弹簧 2 的预紧力对校正杠杆的支点即挡销 5 的力矩，这时起动杠杆 1 及销轴 S 开始绕销轴 N 向右摆动。与此同时，校正杠杆 6 绕挡销 5 顺时针方向转动，其下端通过校正销 7 校正弹簧压缩，直至校正销的大端靠在起动杠杆上为止，校正过程结束。在校正期间，起动杠杆下端的球头销向左拨动供油量调节套筒，供油量减少。相反，当转速降低时，供油量增加。

负转矩校正可以防止柴油机低速时冒黑烟。在负转矩校正装置中，如图 5.31(b)所示，调速套筒的轴向分力直接作用在转矩校正杠杆 6 上，使校正杠杆靠在张力杠杆 4 的挡销 5 上，转矩校正销 7 靠在张力杠杆的停驻点 11 上。当柴油机转速升高时，调速套筒的轴向分力增大。若轴向分力对挡销 5 的力矩大于校正弹簧 2 的弹簧力对挡销 5 的力矩，则使校正杠杆以挡销 5 为支点逆时针方向转动，并通过销轴 S 带动起动杠杆绕销轴 N 向左摆动，球头销则向右拨动供油量调节套筒，增加供油量，从而实现柴油机在低速范围内随转速增加而自动增加供油量的负转矩校正。当校正杠杆靠在校正销大端上时，校正结束。

（3）负荷传感供油提前装置。如图 5.32 所示，负荷传感供油提前装置的功用是根据柴油机负荷的变化自动改变供油提前角。当柴油机转速一定时，若负荷减小，则喷油泵体内腔的燃油通过调速套筒 7 上的量孔 6，经调速器轴 8 的中心油道泄入二级滑片式输油泵 3 的进油口 1，使喷油泵体内腔的油压降低，液压式喷油提前器 4 内的活塞向右移动，供油提前角减小。反之，若柴油机负荷增加，调速套筒上的量孔被关闭，喷油泵体内腔的油压升高，喷油提前器内的活塞向左移动，供油提前角增大。负荷传感供油提前装置在全负荷的 25%～70%范围内起作用。

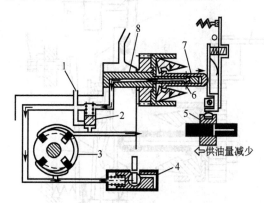

图 5.32　负荷传感供油提前装置

1—进油口；2—调压阀；3—二级滑片式输油泵；
4—液压式喷油提前器；5—供油量调节套筒；
6—量孔；7—调速套筒；8—调速器轴

（4）大气压力补偿器。如图 5.33 所示，大气压力补偿器的功用是随着大气压力的降低或海拔高度的增加自动减少供油量，以防止柴油机排气冒黑烟。大气压力降低或汽车在高原行驶时，大气压力感知盒 6 向外膨胀，使推杆 7 向下移动。因为推杆下端与连接销 5 接触的一段是上大下小的锥体，所以当推杆下移时，连接销向左移动，并推动控制臂 4 绕销轴 S 逆时针方向转动。控制臂下端则推动张力杠杆 9 和起动杠杆 10 绕销轴 N 向右摆动，起动杠杆下端的球头销向左拨动油量调节套筒，减少供油量。

### 5.2.5　喷油器

喷油器是柴油机燃油供给系统中实现燃油喷射的重要部件，其功用是根据柴油机混合气形成的特点，将燃油雾化成细微的油滴，并将其喷射到燃烧室特定的部位。

喷油器应满足不同类型的燃烧室对喷雾特性的要求。一般来说，喷注应有一定的贯穿距离和喷雾锥角,以及良好的雾化质量,而且在喷油结束时不发生滴漏现象。

根据喷油器结构形式的不同,常见的喷油器有孔式喷油器和轴针式喷油器两种,分别用于不同类型的燃烧室。

1. 孔式喷油器结构原理

孔式喷油器用于直喷式燃烧室柴油机上,孔式喷油器有长型和短型两种结构形式,如图5.34所示。长型喷油器将喷油器加长,针阀的导向部分远离燃烧室,以减少针阀受热及变形,从而避免针阀卡死在针阀体内,所以长型喷油器多用于热负荷较高的柴油机上。针阀的上锥面称作承压锥面,用来承受油压产生的轴向推力,使针阀升起。针阀下端的锥面称作密封锥面,与针阀体内的密封锥面配合,以实现喷油器内腔的密封。针阀的密封锥面与针阀体内的密封锥面都是在精加工之后再配对研磨的,以保证其配合精度。

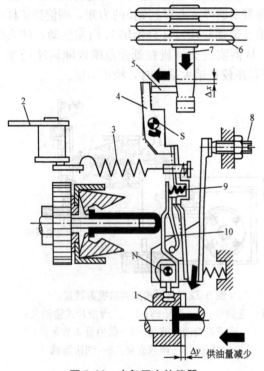

图 5.33  大气压力补偿器
1—供油量调节套筒;2—调速手柄;3—调速弹簧;
4—控制臂;5—连接销;6—大气压力感知盒;
7—推杆;8—最大油量调节螺钉;9—张力
杠杆;10—起动杠杆;S、N—销轴

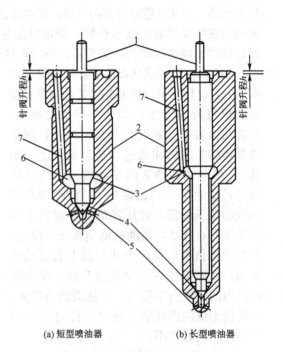

(a) 短型喷油器　　(b) 长型喷油器

图 5.34  孔式喷油器的结构形式
1—针阀;2—针阀体;3—承压锥面;4—密封
锥面;5—喷孔;6—压力室;7—进油道

孔式喷油器的喷油器头部加工有1个或多个喷孔,有1个喷孔的称为单孔喷油器,有两个喷孔的称为双孔喷油器,有3个以上喷孔的称为多孔喷油器。一般喷孔数目为1~7个,喷孔直径为0.2~0.5mm。喷孔直径不宜过小,否则既不易加工,在使用中又容易被积炭堵塞。

图5.35所示为6120Q-1型柴油机采用的长型喷油器双孔孔式喷油器,喷孔直径为0.42mm。其结构由针阀11和针阀体12构成的喷油器偶件通过喷油器拧紧螺母10与喷油器体9紧固在一起。为了保证结合面的密封,针阀体的上端面与喷油器体的下端面都需经

过精细研磨。调压弹簧 7 的预紧力通过顶杆 8 作用在针阀上,将针阀压紧在针阀体内的密封锥面上,使喷油器关闭。调压弹簧的预紧力由调压螺钉 5 调节。因为对燃油喷射方向有特定的要求,所以在喷油器体与针阀体之间设有定位销 14。

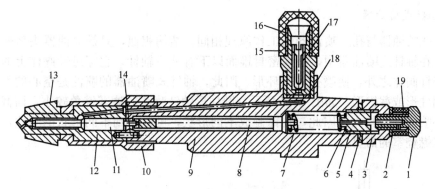

**图 5.35　孔式喷油器结构**

1—回油管接头;2—衬垫;3—调压螺钉保护螺母;4、6—垫圈;5—调压螺钉;7—调压弹簧;
8—顶杆;9—喷油器体;10—喷油器拧紧螺母;11—针阀;12—针阀体;13—垫块;14—定位销;
15—进油管接头护帽;16—进油管接头;17—喷油器滤芯;18—进油管接头衬垫;19—保护套

图 5.36 所示为 BenzMB331 型柴油机使用的长型喷油器、调压弹簧下置式五孔孔式喷油器,或称低惯量孔式喷油器。其结构特点是:调压弹簧 8 下置,靠近喷油器,使顶杆 7 大为缩短,从而减小了运动件的质量和惯性力,有助于消减针阀跳动。在喷油器与喷油器体之间设置接合座 6,可以简化喷油器体的加工。

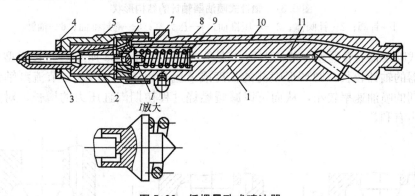

**图 5.36　低惯量孔式喷油器**

1—喷油器体;2—喷油器;3—弹性垫圈;4—密封垫圈;5—喷油器拧紧螺母;
6—接合座;7—顶杆;8—调压弹簧;9—垫圈;10—进油道;11—回油管

孔式喷油器的工作过程为:当柴油机工作时,来自喷油泵的高压柴油通过高压油管送到喷油器,经进油管接头 16、喷油器滤芯 17 以及喷油器体 9 和针阀体 12 内的油道(图 5.35)进入喷油器内的压力室 6(图 5.34)。油压作用在针阀的承压锥面上,产生向上的推力。当此推力超过调压弹簧的预紧力时,针阀升起并将喷孔打开,高压柴油经喷孔喷入燃烧室。针阀升起的最大高度即针阀升程由喷油器体(或接合座)的下端面限制。当喷油泵停止供油时,喷油器压力室内的油压迅速下降,针阀在调压弹簧的作用下迅速落座,将喷孔关闭,终止喷油。

在喷油器工作期间,有少量柴油从针阀与针阀体配合表面之间的间隙中漏出,并沿顶杆周围的缝隙上升,最后通过回油管接头1(图5.35)进入回油管,流回燃油滤清器。这部分柴油在漏过针阀偶件时对偶件起润滑作用。

2. 轴针式喷油器

轴针式喷油器与孔式喷油器的工作原理相同,结构相似,只是喷油器头部的结构不同而已。在轴针式喷油器中,针阀密封锥面以下有一段轴针,它穿过针阀体上的喷孔且稍突出于针阀体之外,使喷孔呈圆环形。因此,轴针式喷油器的喷注是空心的。轴针可以制成圆柱形或截锥形,如图5.37所示。圆柱形轴针喷注的喷雾锥角较小,而截锥形轴针喷注的喷雾锥角较大。因此,轴针制成不同形状,可以得到不同形状的喷注,以适应不同形状燃烧室的需要。

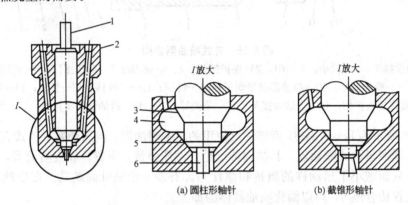

(a) 圆柱形轴针　　(b) 截锥形轴针

**图5.37　轴针式喷油器轴针的结构形状**
1—针阀;2—针阀体;3—承压锥面;4—压力室;5—密封锥面;6—轴针

轴针式喷油器有普通型、节流型和分流型之分,如图5.38所示。与普通型相比,节流型喷油器的轴针较长,圆环形喷孔的长度或节流升程较大。因此,节流型轴针式喷油器喷油初期的喷油速率较小,从而可以减缓燃烧过程初期汽缸压力的增长,对降低柴油机燃烧噪声有利。

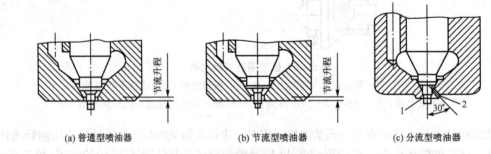

(a) 普通型喷油器　　　　(b) 节流型喷油器　　　　(c) 分流型喷油器

**图5.38　轴针式喷油器的结构形式**
1—主喷孔;2—分流孔

分流型轴针式喷油器用于涡流室式燃烧室,用来改善涡流室式燃烧室柴油机的冷起动性。分流型喷油器除主喷孔外,还在针阀体的密封锥面上加工有分流孔。当柴油机起动时,由于转速很低,喷油泵供油压力较小,因此喷油器的针阀升程较小,这时大部分柴油经分流孔逆气流方向喷到涡流室中心，如图 5.39(b)所示。因为逆气流喷射，燃油雾化好，加上涡流室中心的温度比较高，所以柴油容易着火燃烧，使柴油机在低温下顺利起动。当柴油机起动后在正常转速下工作时，针阀升程较大，大部分柴油从主喷孔顺气流方向喷入涡流室，如图 5.39(b)所示。

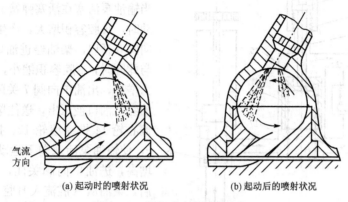

(a) 起动时的喷射状况　　　　　(b) 起动后的喷射状况

**图 5.39　分流型喷油器喷油状况**

轴针式喷油器的总体结构如图 5.40 所示。轴针式喷油器工作时，轴针在喷孔内往复运动，能清除喷孔中的积炭，喷孔不易堵塞，喷油器工作可靠，且由于喷孔较大，因此加工方便。

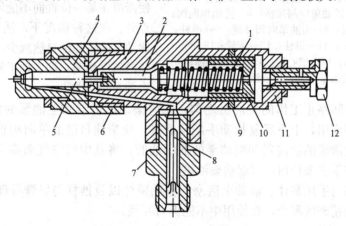

**图 5.40　轴针式喷油器结构**

1—调压弹簧；2—顶杆；3—喷油器体；4—针阀体；5—针阀；6—喷油器拧紧螺母；
7—进油管接头；8—滤芯；9—垫圈；10—调压螺钉；11—保护螺母；12—回油管接头

## 5.2.6　辅助装置

柴油机燃油系统辅助装置包括输油泵、柴油滤清器及油水分离器等。

**1. 输油泵**

输油泵有膜片式、滑片式、活塞式及齿轮式等几种形式。膜片式和滑片式输油泵分别作为分配式喷油泵的一级和二级输油泵，而活塞式输油泵则与柱塞式喷油泵配套使用。

1）活塞式输油泵

活塞式输油泵安装在柱塞式喷油泵的侧面，并由喷油泵凸轮轴上的偏心轮驱动，其结构

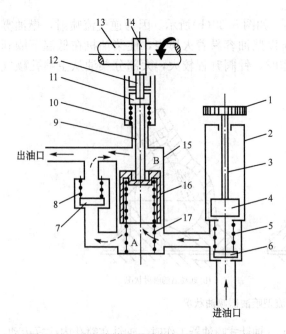

**图5.41　活塞式输油泵结构与工作原理示意图**
1—手压泵拉钮；2—手压泵体；3—手压泵杆；4—手压泵活塞；5—进油单向阀弹簧；6—进油单向阀；7—出油单向阀；8—出油单向阀弹簧；9—推杆；10—推杆弹簧；11—挺柱；12—滚轮；13—喷油泵凸轮轴；14—偏心轮；15—输油泵体；16—输油泵活塞；17—活塞弹簧

与工作原理示意图如图5.41所示。

当喷油泵凸轮轴13转动时，在偏心轮14和活塞弹簧17的共同作用下，输油泵活塞16在输油泵体15内做往复运动。当输油泵活塞在活塞弹簧的作用下向上运动时，A腔容积增大，产生真空，进油单向阀6开启，柴油经进油口被吸入A腔。与此同时，B腔容积缩小，其中的柴油压力增高，出油单向阀7关闭，B腔中的柴油经出油口被压出，送往柴油滤清器。当偏心轮14推动滚轮12、挺柱11和推杆9，使输油泵活塞向下运动时，A腔油压增高，进油单向阀关闭，出油单向阀开启，柴油从A腔流入B腔。

若喷油泵供油量减少，或柴油滤清器阻力过大，则使B腔油压增高。当活塞弹簧的弹力恰好与B腔的油压平衡时，活塞便滞留在某一位置而不能回到其行程的止点处。在这种情况下，活塞的行程减小，输油泵的输油量自然减少，从而限制了油压的继续增高，即实现了输油量与供油压力的自动调节。

在起动长时间停止工作的柴油机之前，先将柴油滤清器和喷油泵的放气螺钉拧松，再将手压泵拉钮旋出，上下反复拉动手压泵活塞，使柴油自进油单向阀吸入，经出油单向阀压出，并充满柴油滤清器和喷油泵的低压油腔，将其中的空气驱除干净；然后拧紧放气螺钉，旋进手压泵拉钮，再起动柴油机。

手压泵活塞与手压泵体、输油泵活塞与输油泵体以及推杆与导管等偶件都经过选配和研磨，达到较精密的配合，在使用中不能拆对互换。

2) 滑片式输油泵

在采用分配式喷油泵的柴油机燃油系统中有两个输油泵，即一级膜片式输油泵和二级滑片式输油泵。分配泵燃油系统采用两级输油泵，是因为分配泵每次进油的时间很短，进油节流阻力较大。为了保证分配泵进油充分，需要提高输油压力，为此在分配泵内增设一个滑片式输油泵。

滑片式输油泵由输油泵体、输油泵盖、转子和滑片等零件构成。输油泵转子由分配泵驱动轴传动。4个滑片分别安装在转子的4个滑片槽内。转子偏心地安装在输油泵体的内孔中，在转子和输油泵体之间形成弯月形工作腔，并被4个滑片分隔成4个工作室。当转子旋转时，由于工作室的容积不断地由小变大或由大变小，而产生吸油或压油的作用。滑片式输油泵出口油压随其转速增高而增大。为了保持油压稳定，在输油泵出口装置调压阀。

2. 柴油滤清器

柴油的清洁程度对燃油系统，尤其是对喷油泵和喷油器中精密偶件的工作可靠性和使用寿命有很大的影响。柴油在运输和储存过程中，不可避免地会混入灰尘、水分和金属容器表面的锈蚀物等杂质。长期储存之后，柴油还可能氧化变质而结焦。

柴油滤清器的功用是滤除柴油中的杂质。对滤清器的基本要求是阻力小、寿命长、过滤效率高。

在采用纸质滤芯的滤清器中，滤芯表面能过滤粒度为 $1\sim3\mu m$ 的杂质。纸质滤芯具有质量轻、体积小、成本低、滤清效果好等优点，被广泛用于轻型汽车上。轿车柴油机上多使用一次性纸质滤芯柴油滤清器。

纸质滤芯柴油滤清器的结构如图 5.42 所示。来自输油泵的柴油从进油口 5 进入滤清器壳体 6 与纸质滤芯 7 之间的空隙，然后经过滤芯过滤之后，由中心杆 8 经出油口 3 流出。在滤清器盖上设限压阀 2，当油压为 $0.1\sim0.15MPa$ 时，限压阀开启，多余的柴油自进油口经限压阀直接返回柴油箱。

在重型汽车柴油机上，经常装置粗、精两级滤清器。当两级滤清器串联使用时，粗滤器采用毛毡等纤维滤芯，精滤器仍用纸质滤芯。毛毡滤芯可滤除粒度为 $5\sim10\mu m$ 的杂质。毛毡具有一定的机械强度和弹性，堵塞以后可清洗再用。

3. 油水分离器

为了除去柴油中的水分，一些柴油机上，在柴油箱和输油泵之间装设油水分离器。如图 5.43 所示，油水分离器由手压膜片泵 1、液面传感器 5、浮子 6、分离器壳体 7 和分离器盖 8 等组成。

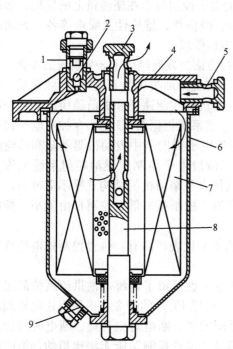

图 5.42　纸质滤芯柴油滤清器的结构
1—旁通孔；2—限压阀；3—出油口；4—滤清器盖；5—进油口；6—滤清器壳体；7—纸质滤芯；8—中心杆；9—放油塞

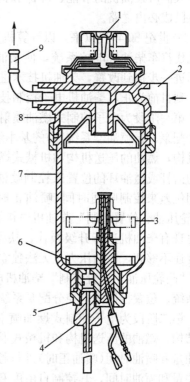

图 5.43　油水分离器
1—手压膜片泵；2—进油口；3—放水水位；4—放水塞；5—液面传感器；6—浮子；7—分离器壳体；8—分离器盖；9—出油口

来自柴油箱的柴油经进油口2进入油水分离器，并经出油口9流出。柴油中的水分在油水分离器内从柴油中分离出来并沉积在壳体7的底部。浮子6随着积水的增多而上浮。当浮子到达规定的放水水位3时，液面传感器5将电路接通，仪表板上的报警灯发出放水信号，这时驾驶员应及时旋松放水塞4放水。手压膜片泵1供放水和排气时使用。

# 5.3 电控柴油喷射系统

## 5.3.1 概述

### 1. 柴油机电控技术的发展

1927年德国BOSCH公司成功开发出直列式喷油泵，奠定了泵管嘴型燃油系统的基础，为柴油机的发展开拓了道路。其后美国通用汽车公司研制成功单体柱塞泵，康明斯公司开发成功泵喷油器系统，20世纪60年代研制成功分配式喷油泵，适用于中、小型柴油机，为轿车和轻型车用柴油机的发展开辟了广阔的前景。

20世纪50年代以后，柴油机增压技术迅速发展起来。20世纪60年代，中冷技术的开发应用大大推动了涡轮增压技术的发展。涡轮增压及中冷技术为柴油机带来了强大的生命力。

20世纪70年代以来，能源危机和环境问题使柴油机的未来面临挑战。随着时代的发展，人们对柴油机的节能、环保和提高性能的要求越来越高，将电子控制技术应用于柴油机已成必由之路。

20世纪80年代以来，以计算机为电控单元的电子控制技术在柴油机上的应用，形成了现代汽车柴油机电控系统，使柴油机的动力性、经济性、排放性及噪声等各个方面的指标进一步得到改善，柴油机技术进入一个新的发展阶段。

到目前为止，柴油机电子控制技术在燃油系统方面的发展经历了3个阶段的变化。

第一阶段为电子控制式燃油喷射系统，保留了传统柴油机供给系统(直列柱塞泵、转子分配泵、泵喷油器系统等)的基本组成和结构，将机械式调速器和提前器换成电子控制的机构，燃油的压送机构和机械式燃油系统相同。该系统根据ECU的指令控制电子调速器的齿杆或溢油环的位置来控制喷油量，通过控制电子提前器中发动机驱动轴和凸轮轴的相位差来控制喷油时间(喷油正时)。所以第一阶段电子控制式燃油喷射系统也称为"凸轮压油、位置控制"柴油机电控燃油系统，其优点是柴油机的结构几乎不需改动，便于对现有柴油机进行升级换代；缺点是系统响应慢、控制频率低、控制自由度小、控制精度还不够高，喷油压力也无法独立控制。

"凸轮压油、位置控制"柴油机电控燃油系统主要代表产品有：位置控制式电控直列泵系统、位置控制式电控分配泵系统。

第二阶段为电子控制式燃油喷射系统，它基本上也保留了传统燃油供给系统的组成和结构，燃油的压送机构和机械式燃油系统相同。根据ECU的指令，采用高速电磁阀对喷油量和喷油时间(喷油正时)进行控制。由电磁阀的通、断电时刻和通、断电时间控制喷油量和喷油时间，其控制自由度和控制精度都是"位置控制"所无法比拟的，但喷油压力还是无法独立控制。所以第二阶段电子控制式燃油喷射系统也称为"凸轮压油、时间控制"柴油机电控燃油系统。

"凸轮压油、时间控制"柴油机电控燃油系统主要代表产品有：时间控制式电控分配泵系统、时间控制式电控泵喷嘴系统。

第三阶段为电子控制式燃油喷射系统，基本改变了传统燃油供给系统的组成和结构，主要以电控共轨式喷油系统为特征，将喷油量和喷油时间控制融为一体，使燃油的升压机构独立，亦即燃油压力与发动机转速、负荷无关，具有可以独立控制压力的蓄压器——共轨，根据 ECU 的指令，由共轨压力电磁调压阀控制喷油压力。这样，以前一直非常困难的燃油喷射压力可以按照人们的意志进行自由控制了。喷油量、喷油时间等参数直接由装在各个汽缸上的喷油器电磁阀控制。所以第三阶段电子控制式燃油喷射系统也称为"共轨蓄压、时间控制"柴油机电控燃油系统。

电控共轨式燃油系统是全新的一代燃油系统，可以直接对喷油器的喷油量、喷油时间、喷油率、喷油压力等进行自由控制，在降低柴油机的排放，保护地球环境方面起到了不可替代的作用。

2. 柴油机电控系统的主要控制功能

随着柴油机电控技术的发展，柴油机电控系统已从最基本的燃油喷射控制，即喷油量控制和喷油时间控制，扩展到包括对喷油率控制和喷油压力控制在内的多项目标控制；并从单一的燃油喷射控制扩展到包括怠速控制、进气控制、增压控制、排放控制、起动控制、巡航控制、故障自诊断、失效保护、数据通信、发动机与变速器的综合控制等在内的全方位集中控制。

1) 喷油量的控制

电控单元以柴油机转速(转速传感器)和负荷(加速踏板位置传感器)信息作为主控信号，按预设的基本喷油量三维图形(MAP 图)，首先确定基本喷油量，然后根据其他有关输入信号(如水温、进气温度、进气压力等)加以补偿和修正，最后计算出目标喷油量，并向喷油执行器(电子调速器或电磁阀)发送驱动信号，从而控制喷油量。

2) 喷油时间的控制

电控单元以柴油机转速和负荷信息作为主控信号，按预设的基本喷油时间三维图形(MAP 图)，确定基本喷油时间，并根据其他有关输入信号(如水温、进气压力等)加以补偿和修正，决定目标喷油时间，并向喷油执行器(电子提前器或电磁阀)发送驱动信号，从而控制喷油时间(喷油正时)。

3) 怠速转速的控制

怠速工况时，电控单元以柴油机转速和负荷信息作为主控信号，按内存程序确定怠速时的喷油量，并根据冷却液温度、进气温度、空调开关等信号，对怠速喷油量进行反馈修正控制，使怠速转速得以稳定。

4) 增压的控制

柴油机的增压控制主要由 ECU 根据柴油机转速信号、负荷信号、增压压力信号等，通过控制废气旁通阀的开度或废气喷射器的喷射角度、增压器涡轮废气进口截面大小或涡轮喷油器截面大小等措施，实现对废气涡轮增压器工作状态和增压压力的控制，以改善柴油机的转矩特性，提高加速性能，降低排放和噪声。

5) 起动的控制

起动时，电控单元根据柴油机冷却液温度，决定电热塞或进气预热塞是否点燃和通电持续时间。当点燃指示灯熄灭时，表示起动条件已具备，点燃/将起动开关转到"起动"位置，发动机起动。起动完成后或需中断起动时，则自动将电源切断。

6) 故障自诊断和失效保护

当柴油机或电控系统出现故障时，电控单元将会点亮仪表板上的指示灯，提醒驾驶员注意，并存储故障信息。检修时，通过一定程序，可将故障代码及有关信息资料调出。当电控单元出现故障时，电控单元内的备用电路可使系统进入失效保护程序的控制状态，让车辆低速开到最近的维修站检修。

7) 柴油机与变速器的综合控制

在汽车上采用电控自动变速器时，将柴油机电控单元与自动变速器电控单元合在一起，实现柴油机与变速器的综合控制，以大大改进变速性能。

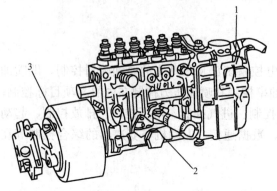

图 5.44　电控直列式喷油泵

1—电子调速器；2—喷油泵；3—电子提前器

### 5.3.2　电控直列式喷油泵系统

电控直列式喷油泵系统中，在喷油泵上带有两个电子部件：对喷油量进行电子控制的电子调速器和对喷油时间进行电子控制的电子提前器，两者都是位置控制方式，如图5.44所示。

#### 1. 电子调速器

图5.45所示为电子调速器系统框图，喷油量主要由节气门开度和发动机转速决定，由ECU控制驱动电子调速器（执行器）的动作来实现其控制。

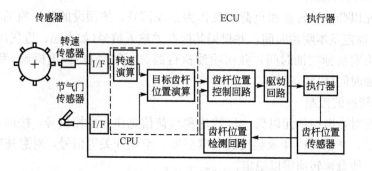

图 5.45　电子调速器系统框图

电子调速器有多种类型。图5.46所示为线性线圈型电子调速器结构简图，主要由线性线圈、齿杆位置传感器、喷油时间传感器（测量喷油泵凸轮轴转速）组成。当ECU驱动回路输入的控制电流流过线性线圈时，滑动铁心被拉向图示箭头的方向，向增加喷油量的方向移动；如果铁心向箭头相反的方向移动，则油门调节齿杆使喷油量向减少的方向移动。

齿杆位置传感器可以检测油门调节齿杆的位置信号，计算机将该信号和齿杆位置的目标值进行比较，根据两者的差值反馈修正喷油量。

### 2. 电子提前器

图 5.47 所示为电子提前器系统框图，由传感器检测出发动机转速和喷油泵油量调节齿杆的位置，根据当时的状态及冷却液温度等环境信号进行修正，计算求出目标提前角，由 ECU 控制驱动电子提前器的动作来实现喷油提前角的控制。

图 5.48 所示为偏心凸轮式电子提前器结构简图，它由双组式电磁阀、时间控制器等组成。ECU 发出信号使电磁阀动作，通过从发动机油泵来的机油控制时间控制器动作，以调节喷油提前角。

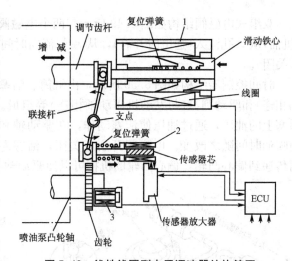

图 5.46　线性线圈型电子调速器结构简图
1—线性线圈；2—齿杆位置传感器；3—喷油时间传感器

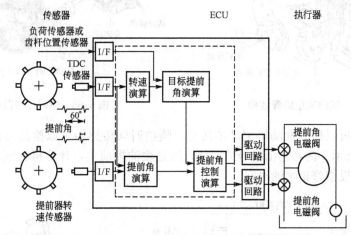

图 5.47　电子提前器系统框图

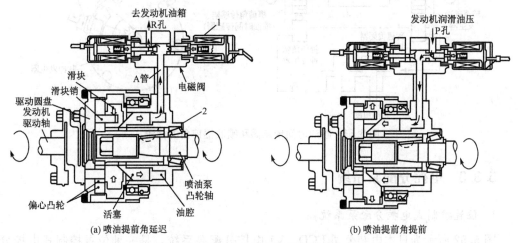

(a) 喷油提前角延迟　　(b) 喷油提前角提前

图 5.48　偏心凸轮式电子提前器结构简图
1—双组式电磁阀；2—时间控制器

双组式电磁阀结构如图 5.49 所示，两个电磁阀分别控制进油和回油，发动机润滑油（机油）从 P 孔流入（通电时开启），从 A 管流向时间控制器，从 R 孔返回发动机油箱（通电时关闭）。

时间控制器结构如图 5.50 所示，由缸筒、活塞、大小偏心凸轮、法兰（与喷油泵凸轮轴相连）和驱动圆盘（与发动机驱动轴相连）等组成。电磁阀根据 ECU 的信号控制作用于活塞上的油压，通过油压使活塞动作，在驱动轴和喷油泵凸轮轴之间产生相位差，从而使喷油时间随之改变。电磁阀开启或关闭，活塞左右移动，滑块上下移动，通过滑块销而传递到偏心凸轮，偏心凸轮的机构可以使驱动轴和喷油泵凸轮轴之间的相位发生变化。

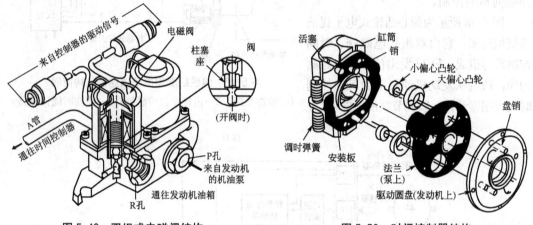

图 5.49　双组式电磁阀结构　　　　　图 5.50　时间控制器结构

转速传感器可以检测发动机驱动轴转速，喷油时间传感器可以检测喷油泵凸轮轴转速，如图 5.51 所示。两者输出信号的相位差就是喷油提前角，计算机将该信号和目标提前角进行比较，反馈修正喷油时间。

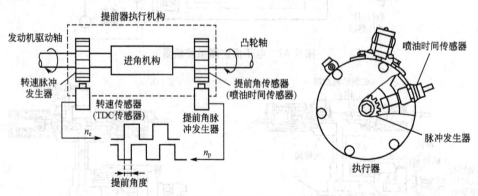

图 5.51　喷油时间传感器和喷油提前角的检测

### 5.3.3　电控分配泵系统

1. 位置控制式电控分配泵系统

图 5.52 所示为日本电装公司 ECD - V1 电控分配泵系统，是一种位置控制式电控分配泵系统。

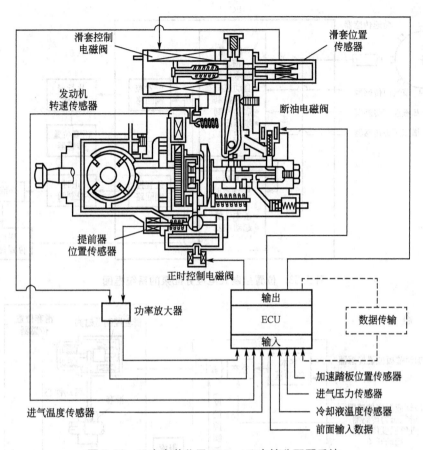

图 5.52　日本电装公司 ECD－V1 电控分配泵系统

根据节气门开度和发动机转速确定最佳喷油量的同时，还考虑到喷油量和冷却液温度、转速等参数的相互关系，然后计算出使排放值达到最好的喷油定时并加以控制。该系统的控制功能还包括 EGR 控制、增压器控制、怠速工况的定速控制、自动巡航控制、进气节流控制、预热塞控制、自诊断和安全保护功能等。图 5.53 所示为位置控制式电控分配泵的系统框图。

1）喷油量的控制

在 ECD－V1 电控分配泵中，取消了离心式调速器和加速踏板拉索，ECU 通过滑套控制电磁阀来改变油量控制滑套的位置，实现对喷油量的控制，其控制原理如图 5.54 所示。

在低温起动、怠速、加速、涡轮增压等任何一种工况下，ECU 均根据加速踏板位置传感器和发动机转速传感器的信号来确定发动机的基本喷油量，再依据冷却液温度传感器、进气温度传感器、进气压力传感器和起动开关等信号，即根据具体的发动机工况来对基本喷油量加以修正。此外，还根据滑套位置传感器的反馈信号对喷油量再加以修正，从而计算出柴油机某工况下的最佳喷油量，并向滑套控制电磁阀发出指令。

滑套控制电磁阀为占空比控制型电磁阀。ECU 通过控制输送给滑套控制电磁阀脉冲信号的占空比来改变线圈产生的磁场强度，从而控制铁心在磁力作用下的移动量，而铁心又通过杠杆推动喷油泵的油量控制滑套移动，以调节喷油泵的供油量。随着占空比增

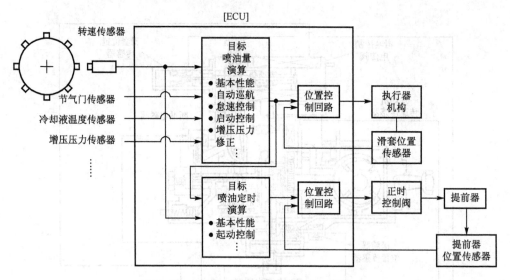

图 5.53　位置控制式电控分配泵的系统框图

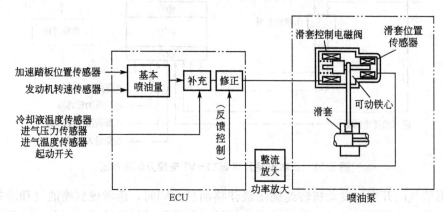

图 5.54　ECD－V1 系统喷油量控制原理

大，磁场强度增加，铁心向左移动，通过杠杆带动油量控制滑套向右移动，使转子分配式喷油泵中的柱塞泵供油有效行程增大，供油量增多，反之则供油量减少。

差动电感式滑套位置传感器中的铁心与滑套控制电磁阀铁心连成一体，传感器检测滑套控制电磁阀铁心的位置，ECU 根据此信号对喷油量进行闭环控制。

2) 喷油正时的控制

ECD－V1 系统只是在原喷油泵供油提前角自动调节器上，增加了正时控制电磁阀和提前器位置传感器，用来实现对喷油正时的电子控制。

ECU 首先根据发动机的转速和加速踏板位置两个传感器的信号初步决定喷油正时的控制信号，然后再根据进气压力传感器、进气温度传感器、冷却液温度传感器、起动开关等信号加以修正，再按提前器位置传感器的反馈信号进行修正，最后通过改变输出信号的占空比，由正时控制电磁阀来控制供油提前角。供油提前角控制原理如图 5.55 所示。

喷油正时的控制与过去机械式的相同，也是通过正时控制器中活塞两侧间的压力差来推动正时活塞，从而使滚轮架相对驱动柱塞泵的端面凸轮转过一定角度，以调节喷油泵的供油提前角。在正时活塞两侧的高、低压油室之间增设一条旁通油道，正时控制电

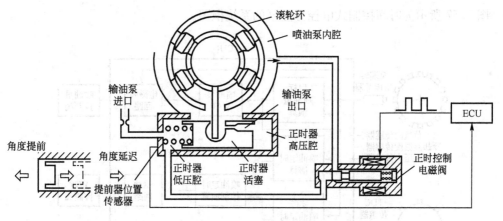

**图 5.55　ECD‑V1 系统喷油正时控制原理**

磁阀即可控制此油道的开度，以调节正时活塞两侧的压力差。提前器位置传感器为差动电感式，其铁心与正时活塞连成一体，ECU 根据此传感器信号对喷油正时实施反馈控制。

**2.　时间控制式电控分配泵系统**

图 5.56 所示为日本电装公司 ECD‑V3 系统图，ECD‑V3 系统是典型时间控制式电控分配泵系统。与 ECD‑V1 相比，取消了电子调速器及油量调节套筒，在分配泵的泄油通路上设置了一个电磁溢流阀（喷油量控制阀）。

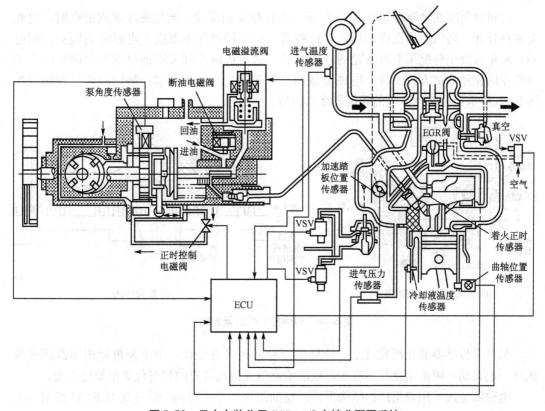

**图 5.56　日本电装公司 ECD‑V3 电控分配泵系统**

图 5.57 所示为时间控制式电控分配泵的系统框图。

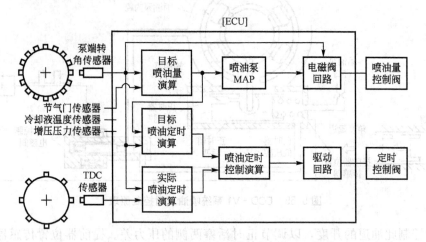

图 5.57　时间控制式电控分配泵的系统框图

喷油正时控制机构取消了提前器位置传感器，反馈信号来自曲轴角度传感器的曲轴位置信号(TDC 传感器)和泵角度传感器的无齿段信号间的相位差。除此之外还在汽缸内设置一个燃烧始点光电传感器(着火正时传感器)，通过测定燃烧闪光产生的电信号，对喷油正时进行补偿调节。这样能消除柴油品质(十六烷值)、大气压力变化对柴油机性能的影响。

时间控制喷油量原理如图 5.58 所示。在柱塞泵油阶段，当电磁溢流阀断电时，电磁溢流阀打开，高压燃油立即卸压，停止喷油。喷油始点并不取决于电磁溢流阀关闭的时刻，而是取决于分配泵平面凸轮的行程始点，这与机械控制采用油量调节套筒来改变喷油终点的控制油量方式一样。电磁溢流阀打开越晚，喷油量越多。平面凸轮行程始点为图 5.58 所示泵角度信号上的无齿段终点信号。

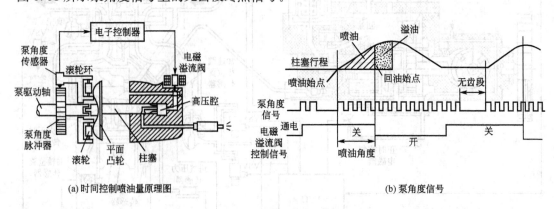

(a) 时间控制喷油量原理图　　　　　　　　　　(b) 泵角度信号

图 5.58　时间控制喷油量原理

泵角度传感器装在滚轮环上，这样即使喷油正时有变化，由于泵角度传感器随着滚轮环一起移动，喷油角度并不改变，喷油始点与无齿段终点的相对位置也始终不变。

电磁溢流阀采用双重阀的结构形式。辅助阀为一小电磁阀，其开闭受 ECU 控制，主阀为液压阀，其开闭受燃油压力控制，其工作过程如图 5.59 所示。

压缩喷射。如图 5.59(a)所示，柱塞右移，高压室燃油压力升高，高压燃油经主阀上的小孔作用在主阀的右侧。ECU 向辅助阀线圈通电，辅助阀关闭，此时主阀左右两面的燃油压力相等。但由于主阀右边的受压面积大于左边的受压面积，故主阀右边的总压力大于左边的总压力，此压力差的作用加上弹簧的弹力作用将主阀压紧在阀座上，使溢流通路关闭，高压室的燃油经高压油管由喷油器喷出。

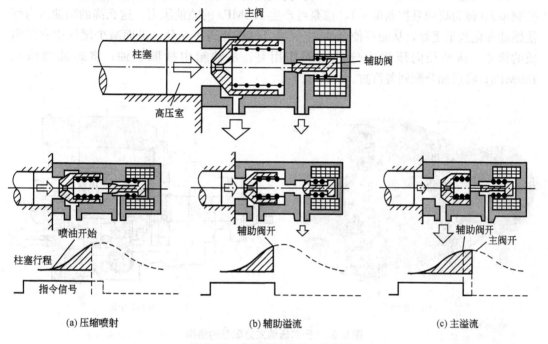

(a) 压缩喷射　　　　　　(b) 辅助溢流　　　　　　(c) 主溢流

图 5.59　电磁溢流阀的工作过程

辅助溢流。停止喷油时，ECU 切断辅助阀线圈中的电流，辅助阀打开，燃油从主阀右边流出，使主阀右边的油压迅速降低，如图 5.59(b)所示。

主溢流。如图 5.59(c)所示，一旦辅助阀打开将主阀右侧油压泄掉，主阀左侧高压油将主阀压开，高压室的燃油迅速流入低压室从而压力迅速降低，喷油器停止喷油。

电磁溢流阀的双重阀控制方式由于辅助阀的质量及磁滞影响都很小，加上控制油腔的容积很小，故具有很高的响应速度。

图 5.60 所示为大众公司 2.5LV6TDI 四气门发动机的燃油供给系统，电控分配泵采用径向压缩式结构。油箱内有一个燃油泵，它驱动两个抽吸泵将燃油送入背压腔，这样可以保证径向压缩式分配泵抽到的燃油

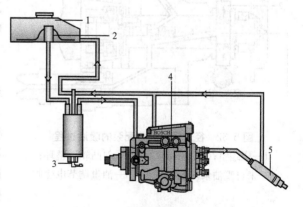

图 5.60　采用电控径向压缩式
分配泵的燃油供给系统

1—油箱；2—燃油泵；3—燃油滤清器；
4—径向压缩式分配泵；5—喷油器

内无气泡。由于燃油内很小的杂质颗粒也会对径向压缩式分配泵造成损伤，所以在燃油进入分配泵前，由燃油滤清器对燃油进行过滤。分配泵可以调节油量，多余的燃油经回油管流回油箱。

1) 径向压缩式分配泵结构原理

径向压缩式分配泵结构如图5.61所示。该泵是一个电子调节式喷油泵，带有自己的控制单元(称为喷油泵控制单元)，该泵可产生150MPa的喷油压力。这么高的喷油压力可使燃油雾化效果更好，从而可使燃油-空气混合气燃烧得更充分，进而减少尾气中有害物质的排放。新型径向压缩式分配泵的作用是：从油箱中抽取燃油；将燃油加压至150MPa；将燃油分配到各汽缸。

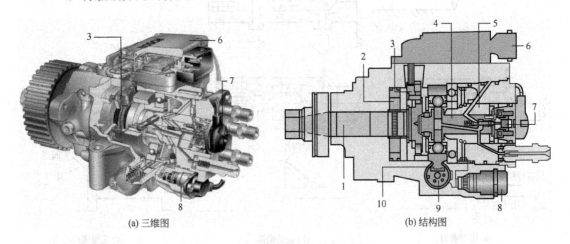

(a) 三维图　　　　　　　　　　　　　(b) 结构图

图 5.61　径向压缩式分配泵的结构

1—传动轴；2—叶片泵；3—转角传感器；4—分配轴；5—分配器体；6—喷油泵控制单元；
7—油量调节电磁阀；8—喷油始点阀；9—喷油调节器；10—斜凸轮调整环

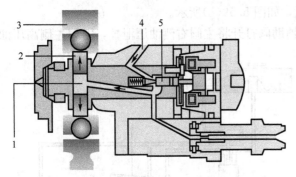

图 5.62　径向压缩式分配泵的吸油过程

1—压缩室；2—径向柱塞；3—斜凸轮调整环；
4—来自喷油泵内腔的燃油；5—油量调节电磁阀

与轴向压缩式分配泵一样，在径向压缩式分配泵内仍有二级滑片式输油泵，从油箱内抽取燃油并在喷油泵内腔建立起压力。

径向压缩式分配泵的工作过程分为吸油、压油和分配3个过程。吸油过程如图5.62所示，当喷油泵控制单元控制油量调节电磁阀打开时，径向柱塞在柱塞弹簧作用下，紧靠斜凸轮调整环的内凸轮向外移动，分配泵内压缩室容积增大，来自喷油泵内腔的燃油被吸入压缩室内。

压油过程如图5.63所示，此时传动轴转动时会使滚子作用到斜凸轮调整环的内凸轮上，径向柱塞克服柱塞弹簧力向内移动，分配泵内压缩室容积减小，燃油被压缩，压力增加。

燃油分配过程如图5.64所示，当分配泵控制单元控制油量调节电磁阀关闭时，燃油就

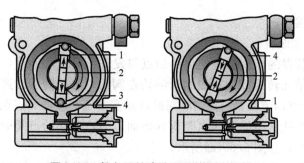

**图5.63　径向压缩式分配泵的压油过程**

1—滚子；2—压缩室；3—径向柱塞；4—斜凸轮调整环

由分配轴和分配器体经出油阀和喷油器分配到各汽缸。分配器体上有通往各汽缸的高压油孔，分配轴与传动轴一同转动，这样就可使压缩室总是与分配器体上某一高压油孔相连接。

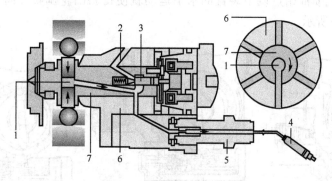

**图5.64　径向压缩式分配泵的燃油分配过程**

1—压缩室；2—来自喷油泵内腔燃油；3—油量调节电磁阀；

4—喷油器；5—出油阀；6—分配器体；7—分配轴

喷油泵控制单元是控制和监控喷油泵的执行元件，在控制单元内存有特性曲线，这些曲线与喷油泵精确匹配。发动机控制单元接收来自传感器的关于发动机工况及加速踏板方面的信息，然后分析这些信息，从而确定喷油量和供油始点，发动机控制单元再将确定的这些信息发送给喷油泵控制单元。喷油泵控制单元计算出用于油量调节电磁阀和喷油始点阀的命令，这就需要考虑来自发动机控制单元的信号和来自喷油泵内的转角传感器信号。

喷油泵控制单元将喷油泵工况的回应信息发给发动机控制单元，以便对发动机进行监控。喷油泵控制单元和发动机控制单元之间的信号通过一根 CAN 总线来传递。CAN 总线的优点是：喷油泵控制单元和发动机控制单元之间的所有信息都是通过两条线传递的。

2）喷油量调节装置

喷油量调节装置的作用是按照发动机的不同工况精确供油。

发动机控制单元的信号被喷油泵控制单元转换成用于控制油量调节电磁阀的信号。如果油量调节电磁阀已经打开，那么燃油就会从泵的内腔进入到压缩室内。喷油泵控制单元控制油量调节电磁阀来关闭燃油的入口。只要油量调节电磁阀关闭，燃油就被压缩并输送到喷油器。达到发动机控制单元要求的油量后，电磁阀就会打开内腔的燃油入口，于是油压下降，喷油过程就结束了。

油量调节电磁阀的另一个作用是关闭发动机，当点火开关关闭时，该电磁阀就打开，那么燃油就不能压缩了。

3) 喷油始点调节装置

喷油始点调节装置的作用就是使供油始点与发动机转速相匹配,发动机控制单元的信号被喷油泵控制单元转换成用于控制喷油始点阀的信号。随着转速的升高,喷油始点应"提前"。喷油始点调节装置的控制活塞通过弹簧力压在喷油始点调节活塞上,控制活塞的环形腔通过一个孔从喷油泵的内腔得到燃油压力,喷油始点阀确定控制活塞的环形腔内燃油压力的大小,如图 5.65(a)所示。

随着转速的提高,喷油始点阀会提高环形腔内的燃油压力,这时控制活塞就顶着弹簧离开喷油始点调节活塞,从而让出了一个通道,于是燃油到达喷油始点调节活塞的后部,如图 5.65(b)所示。

燃油的压力将喷油始点调节活塞向右推动,喷油始点调节活塞与斜凸轮调整环是连接在一起的,因此喷油始点调节装置的水平运动就使得斜凸轮调整环向"提前"方向转动,如图 5.65(c)所示。

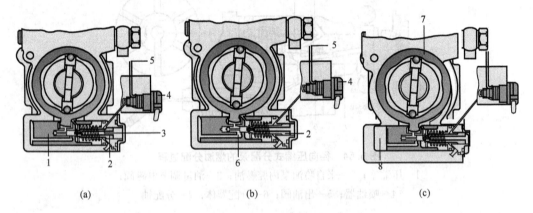

图 5.65　喷油始点调节过程

1—喷油始点调节活塞;2—调整活塞;3—环形腔;4—喷油始点阀;5—来自喷油
泵内腔的燃油;6—通道;7—斜凸轮调整环;8—燃油压力

### 5.3.4　电控泵喷油器和电控单体泵系统

**1. 电控泵喷油器系统**

宝来电控柴油机采用博世公司 1.9L TDI 系统,属于柴油机电控泵喷油器系统。发动机每个缸都有一个电控泵喷油器,不再需要高压油管,因而避免了在高压油管中的压力脉动,进而可以精确控制喷射循环。该系统采用的燃油喷射压力最高达 205MPa,可以精确控制预喷射循环、主喷射循环,具有燃烧噪声低、排放清洁、油耗低、效率高等优点。

电控泵喷油器系统用高速电磁阀来控制喷油正时和喷油量,属于时间控制。高速电磁阀受 ECU 控制,ECU 根据发动机转速传感器、加速踏板位置传感器、冷却液温度传感器、进气温度及压力传感器的输入信号,经分析处理,计算出相应的最佳控制参数值,控制高速电磁阀电磁线圈中电流导通与关闭的时刻及通断时间的长短,从而实现对喷油提前角及喷油量的时间控制。

1) 低压供油系统

机械式油泵吸出流经燃油滤清器的燃油，并沿缸盖内的供油管将其泵入泵喷油器单元，多余的燃油经缸盖内的回油管、燃油温度传感器、燃油冷却器返回油箱，如图 5.66 所示。

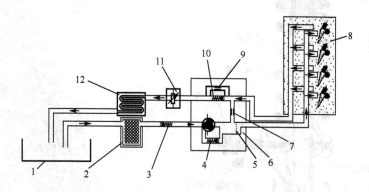

图 5.66　低压供油系统

1—油箱；2—燃油滤清器；3—单向阀($2\times10^4$Pa)；4—限压阀
($7.5\times10^5$Pa)；5—过滤器；6—油泵；7—节流孔；8—缸盖；9—旁通孔；
10—限压阀($1\times10^5$Pa)；11—燃油温度传感器；12—燃油冷却器

2) 燃油冷却回路

燃油冷却回路与发动机冷却回路分开，在膨胀罐附近相通，如图 5.67 所示。从电控泵喷油器回来的燃油流经燃油冷却器，将高温传递给燃油冷却回路中的冷却液。这样设置，燃油冷却回路能够得到充注，并且因温度波动而产生的体积变化也会得到补偿。

3) 高压喷射系统

高压喷射系统及电控泵喷油器结构如图 5.68 所示，泵喷油器由高压产生泵、喷油器及电磁阀组成。

（1）预喷射循环。为确保燃烧过程尽可能平稳，在主喷射循环之前，少量燃油在低压下被喷入，这个过程称为预喷射循环。少量燃油的燃烧使燃烧室内的压力和温度平稳上升。

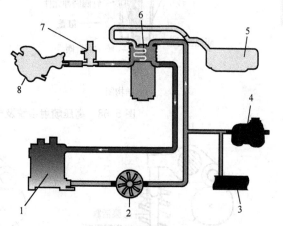

图 5.67　燃油冷却回路

1—辅助水冷器；2—燃油冷却泵；3—发动机冷却
回路；4—膨胀罐；5—油箱；6—燃油冷却器；
7—燃油温度传感器；8—燃油泵

预喷射循环工作过程如图 5.69 所示，喷射凸轮通过滚柱式摇臂将泵活塞压下，将高压腔内的燃油排除到供油管。发动机 ECU 给喷油器电磁阀电信号，电磁阀针阀被压入到电磁阀阀座内，关闭高压腔到供油管的通道。高压腔内开始产生压力，当压力达到 18MPa 时，高于喷射弹簧压力，喷油器针阀上升，预喷射循环开始。上升的压力在打开针阀的同时，使收缩活塞克服弹簧压力下移，使高压腔内容积扩大，于是瞬间压力下降，喷油器针阀关闭，预喷射循环结束。

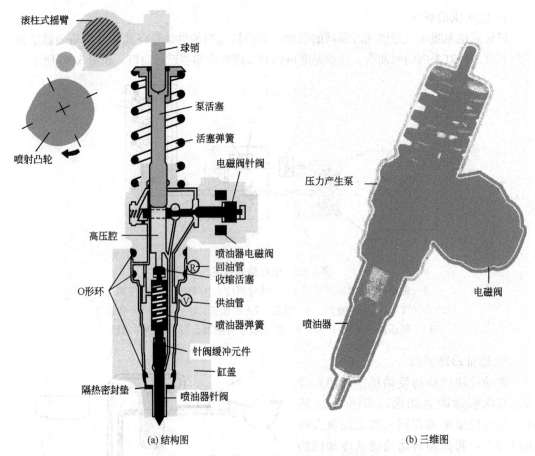

(a) 结构图       (b) 三维图

图 5.68 高压喷射系统及电控泵喷油器结构

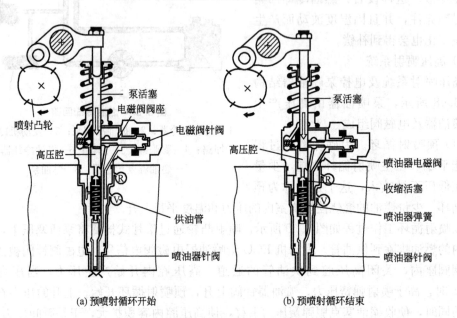

(a) 预喷射循环开始       (b) 预喷射循环结束

图 5.69 预喷射循环工作过程

在预喷射循环和主喷射循环之间的喷射间隔，燃烧室内的压力平缓上升，使燃烧噪声降低，排放的氮氧化合物减少。

由于收缩活塞的下移增加了喷油器弹簧的压紧程度，若再想打开针阀，油压必须比预喷射过程中的油压高。

（2）主喷射循环。喷油器针阀关闭后的短时间内，由于喷油器电磁阀仍然通电关闭，并且泵活塞继续下移，所以高压腔内的压力立即重新上升。当压力达到 30MPa 时，燃油压力高于喷油器弹簧作用力，喷油器针阀再次打开，主喷射循环开始。发动机最大功率时的喷射压力可达 205MPa。当发动机控制单元使喷油器电磁阀断电时，电磁阀针阀回位，此时燃油被泵活塞排除到供油管，压力迅速下降，喷油器针阀关闭，并且把收缩活塞压回到初始位置，主喷射循环结束，如图 5.70 所示。

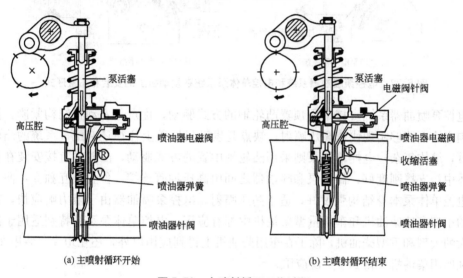

(a) 主喷射循环开始 　　(b) 主喷射循环结束

图 5.70  主喷射循环工作过程

2. 电控单体泵系统

图 5.71 所示为电控单体泵时间控制式燃油喷射系统。

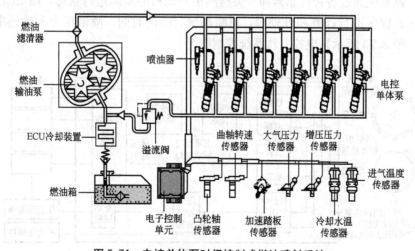

图 5.71  电控单体泵时间控制式燃油喷射系统

与电控泵喷油器系统相比,电控泵喷油器系统将产生高压的柱塞泵与喷油器直接连成一个整体,没有高压油管;而电控单体泵系统在泵体和喷油器之间还有一段高压油管。

图 5.72 分别给出了电控泵喷油器系统和电控单体泵系统在发动机上的安装和布置形式。两者仅仅在电磁阀和喷油器之间的连接方式上有差别。

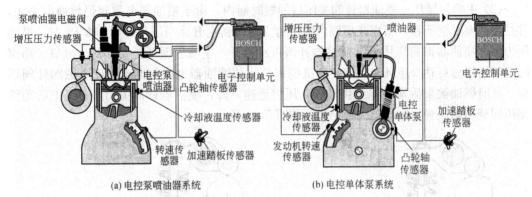

(a) 电控泵喷油器系统　　　　(b) 电控单体泵系统

图 5.72　电控泵喷油器系统和电控单体泵系统在发动机上的安装和布置形式

电控泵喷油器系统直接采用顶置凸轮轴的方式驱动,优点是发动机结构紧凑,液力系统响应快,能够实现快速高压喷射;缺点是发动机缸盖上往往还有配气系统的凸轮轴和摇臂,结构复杂。电控单体泵则采用凸轮轴中置的方式驱动,凸轮轴直接安装在发动机缸体中,支撑刚度好;高压泵和喷油器之间由高压油管连接,位置相互独立,便于布置;电控单体泵本身结构强度好,适于高压喷射。电控泵喷油器由于液力响应快,在轿车用的小型高速柴油机和车用重型柴油机中都有应用。电控单体泵系统特别适用于缸心距较大的大型和重型柴油机,除了在车用柴油机上得到应用以外,还在坦克、装甲车辆、机车和船用柴油机上得到了广泛应用。

### 5.3.5　电控共轨系统

为了满足日益严格的节能和环保要求,20 世纪 90 年代后期,人们研制出柴油机电控共轨系统。该系统通过各种传感器和开关检测出发动机的实际运行状态,由 ECU 根据预先设计的计算程序进行计算和处理后,对喷油量、喷油时间、喷油压力和喷油率等进行最佳控制。图 5.73 所示是电控共轨系统控制框图。

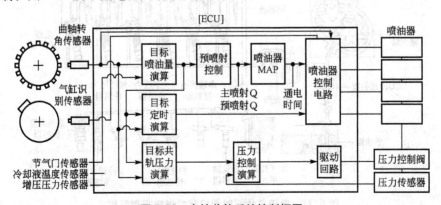

图 5.73　电控共轨系统控制框图

1. 电控共轨系统主要特点

电控共轨系统最重要的执行器就是供油泵和喷油器，供油泵电磁阀控制喷油压力，喷油器电磁阀控制喷油量、喷油时间和喷油率等。

1）自由调节喷油压力

共轨压力就是喷油压力，共轨实际上是一个燃油分配管。传统的泵喷油器燃油系统中，喷油压力与发动机转速、负荷有关，不是独立变量，在高压电控共轨系统中，喷油压力与发动机转速、负荷无关，可以独立控制。

共轨压力控制功能中有 3 项任务：共轨压力设定、共轨压力控制和共轨压力监控。电控共轨系统根据发动机转速、喷油量的大小设定目标共轨压力，通过供油泵压力电磁阀控制共轨压力，共轨压力传感器测出燃油压力，并与设定的目标共轨压力进行比较后进行反馈闭环控制。第一代电控共轨系统基本上是采用电磁阀式电控喷油器，喷油压力可达 120～145MPa，第二代电控共轨系统使用压电晶体电控喷油器，喷油压力高达 160～180MPa。

2）自由调节喷油量

ECU 以发动机的转速和节气门开度信息为基础，根据其他有关传感器信息计算出目标喷油量，并向喷油器电磁阀发送驱动信号，通过控制喷油器电磁阀通电时间的长短来控制喷油量。在 ECU 中，目标喷油量特性已经数据化，绘成三维图形(MAP)图，所以可以自由控制喷油量。

喷油量由共轨压力(喷油压力)和喷油器电磁阀通电脉冲宽度决定，以共轨压力为参数，改变脉冲宽度，可以得到一条线性的喷油器喷油量特性，如图 5.74(a)所示。利用这一特性，在发动机全部工况范围内，可以方便地得到目标设定的调速特性，如图 5.74(b)所示。

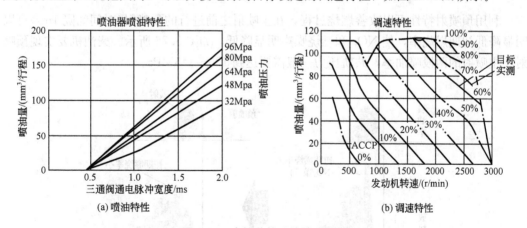

图 5.74　电控共轨系统喷油特性

3）自由调节喷油率

喷油率是指单位时间内喷油量与喷油时间之比。机械燃油系统的喷油率比较简单，基本上都是一次主喷射，但其喷油过程却非常复杂，实际上没有办法能有效地控制喷油率。

喷油率直接影响着柴油机燃烧过程、排放特性等重要指标，在排放法规越来越苛刻以后，喷油率的重要性逐渐被人们所认识。

在电控共轨系统中,喷油率是指在一次喷油循环过程中,从喷油开始到喷油结束之间,包括引导喷射、预喷射、主喷射、后喷射、次后喷射等在内的多段喷油率。

(1)两段喷油率及其控制。预喷射是指在主喷射之前有一个喷油量相当小的喷油过程,评价预喷射的参数中最重要的是预喷射量和预喷射与主喷射之间的时间间隔。

预喷射控制如图 5.75 所示,根据发动机转速、负荷等传感器参数,ECU 演算出目标最佳预喷油量和目标最佳预喷油时间间隔,具体数据表示在三维图形中。再结合主喷射的喷油量及喷油时间,即可实现喷油率最佳控制。

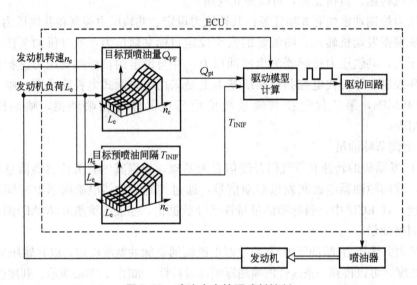

图 5.75 喷油率中的预喷射控制

利用预喷射特性可以改善燃烧过程,在主喷射之前进行的预喷射(时间间隔 1ms)可以明显降低初期燃烧率,使 $NO_x$ 和燃烧噪声明显降低,如图 5.76 所示。柴油机要实现预喷射和主喷射的两段喷油率,共轨压力一般需要达到 120~145MPa。

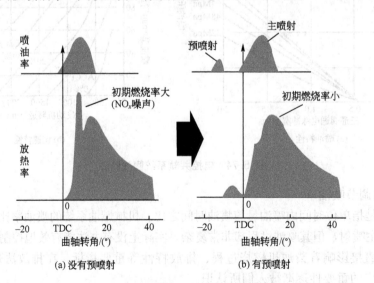

图 5.76 预喷射对燃烧过程的影响

（2）五段喷油率及其控制。五段喷射就是将一个喷油循环细分成 5 段相互关联的、各自独立的喷射段：引导喷射、预喷射、主喷射、后喷射及次后喷射等，如图 5.77 所示，从而控制燃烧速率，达到同时降低颗粒和 $NO_x$ 排放的目的。

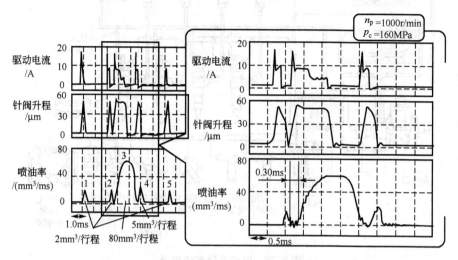

图 5.77　五段喷油率曲线及其控制

1—引导喷射；2—预喷射；3—主喷射；4—后喷射；5—次后喷射

在多段喷射过程中，电磁阀必须完成多次开启、关闭动作。以共轨压力（一般要达到 160～180MPa）为基本参数，改变喷油器电磁阀的指令脉冲就可以控制喷油率。

引导喷射：通过预混合燃烧，降低颗粒排放和燃烧噪声。

预喷射：缩短主喷射的着火延迟，降低 $NO_x$ 排放和燃烧噪声。

后喷射：促进扩散燃烧，降低颗粒排放。

次后喷射：可以使排放温度升高，提供还原剂（HC）促进催化剂活性增加。

轿车用柴油机采用选择性催化转换器（SCR）的后处理技术，配合共轨系统的次后喷射技术，提供 HC 作为还原剂，可以有效降低 $NO_x$ 的排放。

4）自由调节喷油时间

根据发动机的转速和负荷等基本参数，ECU 通过计算处理决定目标喷油时间（MAP 图），通过控制各个汽缸所对应的喷油器电磁阀在适当的时刻开启、关闭，从而精确、自由控制喷油时间。

综上所述，在电控共轨系统中，控制喷油量、喷油时间和喷油率等，实际上都是通过控制喷油器电磁阀的开启和关闭来完成的。

2. 电控共轨系统主要结构

电控共轨系统的结构组成如图 5.78 所示，可以划分为下述 4 个部分。

（1）燃油低压子系统，包括油箱、输油泵、燃油滤清器和低压回油管。

（2）共轨压力控制子系统，包括高压泵、高压油管、共轨压力控制阀（PCV）、共轨、共轨压力传感器，以及提供安全保障的安全溢流阀和流量限制阀。

（3）燃油喷射控制子系统，包括带电磁阀的喷油器、凸轮轴和曲轴传感器等。

（4）电控发动机管理系统，包括电子控制单元和发动机的各种传感器及执行器。

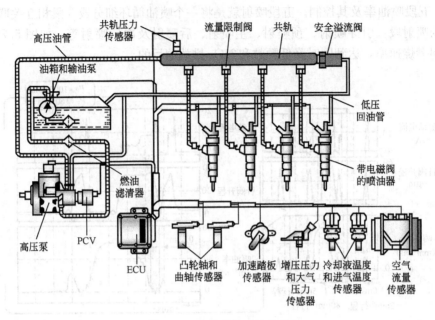

图 5.78　电控共轨系统组成

1) 高压泵

图 5.79 所示为高压泵的结构。一个高压泵上有 3 套柱塞组件,由偏心轮驱动,在相位上相差 120°。偏心轮驱动平面和柱塞垫块之间为面接触,比传统的凸轮—滚轮之间的线接触的接触应力要小得多,更有利于高压喷射。

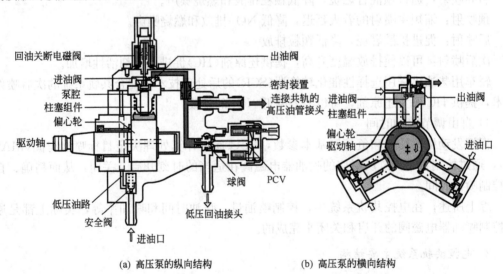

(a) 高压泵的纵向结构　　　　　　　(b) 高压泵的横向结构

图 5.79　高压泵的结构

高压泵的基本工作原理如下:当柱塞下行时,来自输油泵的压力为 0.05～0.15MPa 的燃油经过低压油路到达各柱塞组件的进油阀,并由进油阀进入柱塞腔,实现充油过程;当柱塞上行时,进油阀关闭,燃油建立起高压,当柱塞腔压力高于共轨中的压力时,出油阀被打开,柱塞腔的燃油在 PCV 的控制下进入共轨。

2）共轨压力控制阀

共轨压力的控制是在共轨压力控制阀（PCV）的控制下完成的。图 5.80 所示为 Bosch 共轨系统中 PCV 的结构。结合图 5.79 中 PCV 的安装位置可知，球阀是整个共轨压力控制的关键元件，球阀的一侧是来自共轨燃油的压力，另一侧衔铁受弹簧预紧力和电磁阀电磁力的作用。电磁阀产生电磁力的大小与电磁阀线圈中的电流大小有关。当电磁阀没有通电时，弹簧预紧力使球阀紧压在密封座面上，当燃油压力超过 10MPa 时，才能将其打开。即共轨腔中的燃油压力至少达到 10MPa 时，才有可能从 PCV 处泄流到低压回路。在 PCV 通电后，燃油压力除了要克服弹簧预紧力之外，还要克服电磁力，即电磁阀的电磁力通过衔铁作用在球阀上的力的大小决定了共轨中的燃油压力。电磁阀的电磁力可以通过调整电磁阀线圈中电流的大小来控制。

3）共轨组件

共轨组件包括共轨及安装在其上的高压燃油接头、共轨压力传感器、起安全作用的安全溢流阀、连接共轨和喷油器的流量限制阀等，如图 5.81 所示。

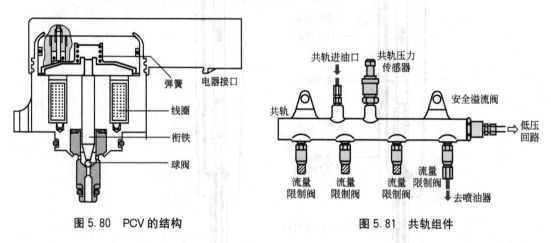

图 5.80　PCV 的结构　　　　　　　　图 5.81　共轨组件

共轨容纳压力高达 150MPa 以上的高压燃油，材料和高压容积对于共轨压力的控制都是重要参数。流量限制阀（图 5.82）的作用是计量从共轨到各喷油器的燃油量的大小。当流量过大时，可以自动切断流向喷油器的高压燃油。安全溢流阀（图 5.83）的作用是当共轨中的燃油压力过高时，连通共轨到低压的燃油回路，实现安全泄压，保证整个共轨系统中的最高压力不超过极限安全压力。

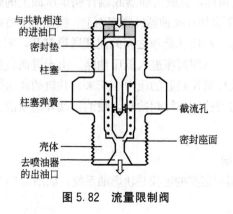

图 5.82　流量限制阀　　　　　　　　图 5.83　安全溢流阀

### 4）喷油器

图 5.84 所示为 Bosch 共轨式喷油器的结构简图，控制喷射过程的电磁阀安装在喷油器的顶端。当电磁阀断电时，针阀落座，喷射结束；当电磁阀通电时，针阀抬起，喷射开始。

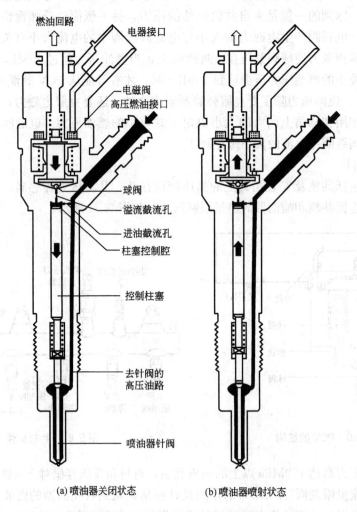

图 5.84　Bosch 共轨式喷油器

当电磁阀断电时，球阀在弹簧力的作用下压紧在电磁阀的阀座上，高压和低压之间的流通通道被隔断，燃油的高压压力直接作用在柱塞顶部，克服喷油器底端针阀承压面上的燃油压力，加上针阀弹簧的预紧力，使柱塞—针阀向下紧压在喷油器针阀座面上，喷油器不喷射。

当电磁阀通电后，电磁力使球阀离开阀座，高压和低压之间的流通通道打开，部分高压燃油经进油截流孔、柱塞控制腔、溢流截流孔、球阀阀座进入低压油路。由于进油截流孔和溢流截流孔都很小，因此流体的截流作用导致柱塞控制腔的压力小于来自共轨的高压燃油的压力，高压燃油在喷油器针阀承压面上的压力使柱塞和针阀抬起，喷油器就开始喷油。

### 3. 电控共轨系统示例

### 1）日本电装公司 ECD－U2 电控共轨系统

日本电装公司 ECD－U2 电控共轨系统是最早定型的电控共轨燃油系统，如图 5.85 所示。

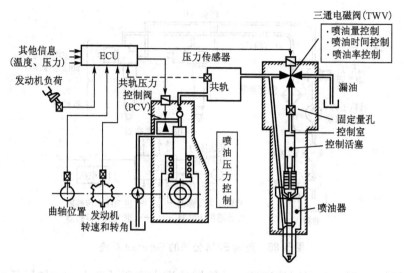

**图 5.85　ECD-U2 电控共轨系统**

高压输油泵将燃油压力提高到约 120MPa 后输入共轨，高压输油泵的出口端装有一个用来调节共轨油压的共轨压力控制阀(PCV)，ECU 根据柴油机的转速、负荷等控制共轨压力控制阀的开度，从而增加或减少高压输油泵的供油量，实现对共轨油压的控制，以保证供油压力稳定在目标值，ECU 还根据燃油压力传感器信号对共轨油压进行闭环控制。

喷油器的顶部装有一个三通电磁阀(TWV)，用来控制喷油器内控制室的进、回油通道，由 ECU 根据各传感器信号控制电磁阀工作。

电磁阀不通电时，控制室进油通道开启、回油通道关闭，共轨中的高压油经电磁阀进入控制室；尽管喷油器下部的油腔始终与共轨保持相等的高压，但喷油器针阀的承压锥面比控制活塞上部承压面小，针阀上还作用有回位弹簧弹力，所以电磁阀断电使高压油进入控制室时，喷油器不喷油。

当 ECU 接通电磁阀电路时，电磁阀使控制室进油通道关闭、回油通道开启，从而使控制室油压迅速下降，喷油器油腔内的高压油将针阀顶起开始喷油，直到电磁阀再次断电使高压油进入控制室时，喷油器喷油结束。

由此可见，ECU 控制共轨压力控制阀使喷油器的喷油压力保持不变，再通过控制三通电磁阀工作实现喷油量和喷油正时的控制。电磁阀通电开始时刻决定了喷油的开始时刻，其通电时间决定喷油量。电磁阀还可以控制实现两段喷油率。由于需要有高压的供油泵，系统中许多零部件在高压下工作。

2) 美国 BKM 公司的 Servojet 系统

美国 BKM 公司的 Servojet 系统如图 5.86 所示。输油泵为低压的电动叶片泵，中压输油泵为轴向柱塞泵，以 2～10MPa 的压力向共轨供油。电控共轨油道压力调节器由一个受电磁阀控制的比例旁通调压阀构成，可使共轨油压与加在电磁阀上的频率恒定的电流脉冲的占空比成比例变化，从而实现共轨油压的电控。

喷油器是由电磁三通阀控制的蓄压式电磁阀结构，其工作原理如图 5.87 所示。

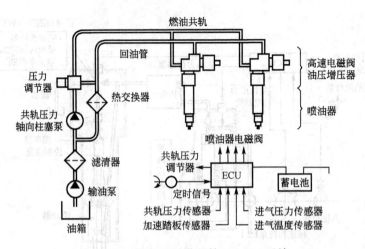

图 5.86　美国 BKM 公司的 Servojet 系统

当电磁阀通电时，关闭回油通道，共轨燃油进入增压活塞上方，增压活塞下行。增压活塞面积比增压柱塞面积大 10～16 倍，因此共轨燃油在增压柱塞下方增压到 100～160MPa。高压燃油通过蓄压室单向阀进入蓄压室及喷油器存油槽和针阀上部。此时针阀由于针阀尾部的压力和喷油器弹簧的压力不会升起喷油，如图 5.87(a)所示。

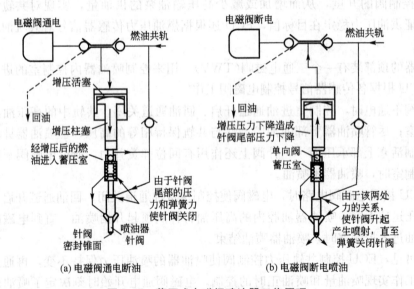

(a) 电磁阀通电断油　　　　　　　(b) 电磁阀断电喷油

图 5.87　蓄压式电磁阀喷油器工作原理

当电磁阀断电而打开回油通路时，由于电磁三通阀联动作用，共轨燃油不能进入增压活塞上方，增压活塞上方燃油通过回油管道而卸压。增压活塞和增压柱塞上行，导致增压柱塞下方和针阀尾部上的油压下降。蓄压室中高压燃油通过喷油器存油槽作用在针阀上使针阀向上抬起，实现高压喷射，如图 5.87(b)所示。

喷油始点取决于电磁阀的打开时刻，而喷油量却取决于共轨中的油压。共轨中的电磁调压阀根据运行工况要求，由 ECU 控制将共轨中压力升高或降低(2～10MPa)。由于增压活塞和增压柱塞面积之比对某种机型来说是一个定值，共轨中油压高，蓄压室内的油压也高，开始喷油压力也高。随着不断喷油，蓄压室内油压不断下降，当针阀存油槽内的作用力低于喷油器弹簧预紧力时，针阀就关闭。针阀关闭的压力是不变的，共轨中压力越高，蓄压室内压力就越高，喷射开始时压力也越高，喷射结束压力又不变，喷孔截面是固定的，喷孔喷出的喷油量就多；反之，如果共轨中压力低，蓄压室内压力低，喷射开始压力低，喷油量就少。因此共轨中压力的调节就起到了喷油量的调节作用。

由于采用了液压放大，只需采用具有中等油压的供油泵，就有可能实现非常高的喷油压力，系统中承受高压的零部件较少。

3）美国 Caterpillar 公司的 HEUI 系统

图 5.88 所示为美国 Caterpillar 公司的 HEUI 系统，它是一种中压共轨式电控喷射系统。该系统的共轨中不用燃油而用柴油机润滑油，因此系统中有润滑油和燃油两套油路。

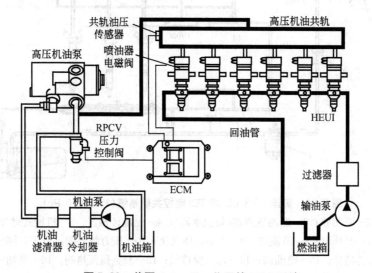

图 5.88　美国 Caterpillar 公司的 HEUI 系统

HEUI 系统中机油通过机油泵将压力提高到 300kPa，经机油滤清器和冷却器送到高压机油泵以及柴油机润滑系统。高压机油泵是一个由柴油机齿轮驱动的斜盘式轴向柱塞泵，机油由其泵入高压机油共轨。

共轨中机油压力由压力传感器将信号反馈给 ECU，ECU 控制共轨压力控制阀进行压力调节。共轨中油压按柴油机最佳性能所确定的目标值控制在 4～23MPa。最后机油从液压式喷油器直接回到柴油机气门罩框下边，再流回到油底壳，不再需要机油回油管道。

燃油输油泵把燃油经燃油滤清器输送到液压式喷油器。燃油系统输油压力为 200kPa，由普通调压阀调节。电控液压式喷油器由电磁控制阀、增压柱塞和柱塞套 3 部分组成，由于增压柱塞增压面积比为 7，燃油加压后可实现高压喷射，喷射压力可达 150MPa。

4）奥迪 A6 3.0L V6 TDI 电控共轨系统

图 5.89 所示为奥迪 A6 3.0L V6 TDI 电控共轨系统，属于 Bosch 公司的第三代共轨系统。该系统配有一个由同步带驱动的高压泵，左右汽缸座各有一条分配共轨，喷油压力可提高到 160MPa，最重要的改进就是使用了压电喷油阀，燃油喷射采用了压电效应（Piezo - Effect）。

高压泵采用两级泵结构，齿轮泵由同步带通过高压泵的贯穿偏心轴来驱动，将油箱中低压燃油泵提供的燃油输送到高压泵中。燃油压力调节使用了两个调节系统，当发动机冷机或处于怠速转速时，燃油压力由压力调节阀（安装在共轨上）来调节，用以限制转矩的输出；当发动机热机或处于全负荷工况时，燃油压力由燃油计量阀（安装在高压泵中）来调节，以避免在不必要时加热燃油。当共轨油压超过 20MPa 时，发动机 ECU 就会起动喷油过程；当共轨油压降至 13MPa 时，发动机 ECU 就会终止喷油过程。

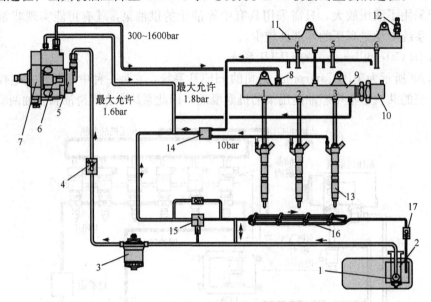

图 5.89　奥迪 A6 3.0L V6 TDI 电控共轨系统（1bar＝10⁵ Pa）

1—燃油泵；2—背压腔；3—燃油滤清器（带脱水器）；4—温度传感器；5—机械式燃油泵；6—燃油计量阀；7—高压泵；8—节流器；9—左侧缸体共轨；10—压力调节阀；11—右侧缸体共轨；12—轨压传感器；13—喷油阀；14—压力保持阀；15—双金属预热阀；16—燃油冷却器（空冷在车底）；17—机械式撞车网

　　压电喷油阀的主要特点是：每个工作行程可产生多个触发周期；多个喷油阀之间切换时间非常短；产生很大的力以对抗共轨压力；燃油卸压时可精确控制行程；触发电压为 110～148V，取决于共轨压力。

　　压电喷油阀结构如图 5.90 所示，主要由执行元件模块、连接模块、切换阀及喷油嘴模块组成。

　　执行元件模块装有 264 层压电层，如图 5.91 所示，主要是运用压电效应来工作的，所谓压电效应是指当压电晶体（电气石、石英等）受外力发生变形时，会产生一个电动势；反过来，当压电晶体加上电压后，会变形拉长。

　　连接模块即液力转换器，如图 5.92 所示，其作用为将压电晶体长度的增长转化为液体压力和位移，作用到切换阀上。连接模块的作用就像液压缸，燃油在连接活塞 A 和阀活塞 B 之间起压力缓冲垫作用。

　　切换阀如图 5.93 所示，喷油嘴模块如图 5.94 所示。共轨燃油经入口节流阀 Z 到喷油嘴针阀上腔，喷油嘴针阀上下部压力平衡，因喷油嘴弹簧力而关闭；当连接元件压下阀门芯时，回油通路打开，喷油器针阀上腔经出口节流阀 A 卸压，喷油器针阀打开，开始喷油。压电晶体切换脉冲非常快，每个工作行程可以完成多次连续喷油过程。

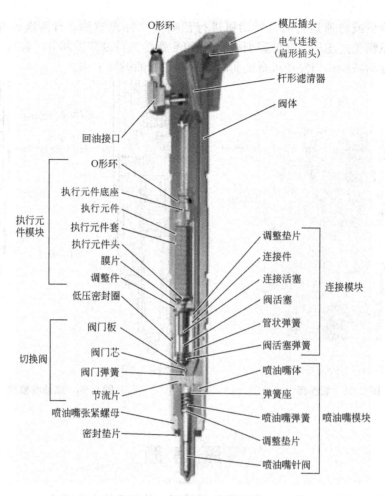

O形环　　　　　　　　　　　　模压插头

电气连接
（扁形插头）

杆形滤清器

阀体

回油接口

O形环

执行元件底座

执行元件

执行元件套

执行元件头

膜片

调整件

低压密封圈

执行元件模块

切换阀

阀门板

阀门芯

阀门弹簧

节流片

喷油嘴张紧螺母

密封垫片

调整垫片

连接件

连接活塞

阀活塞

管状弹簧

阀活塞弹簧

连接模块

喷油嘴体

弹簧座

喷油嘴弹簧

调整垫片

喷油嘴针阀

喷油嘴模块

**图 5.90　压电喷油阀结构**

压电层

连接活塞

**图 5.91　执行元件模块**

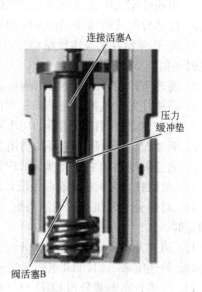

连接活塞A

压力缓冲垫

阀活塞B

**图 5.92　连接模块**

发动机冷机或怠速运行时，发动机进行预喷油和补充喷油，有两次补充喷油过程，主要用来还原颗粒过滤器，降低碳烟排放(见第6章排放控制装置部分内容)；随着负荷增加，预喷油逐渐减少；当发动机全负荷时，只有主喷油循环工作。

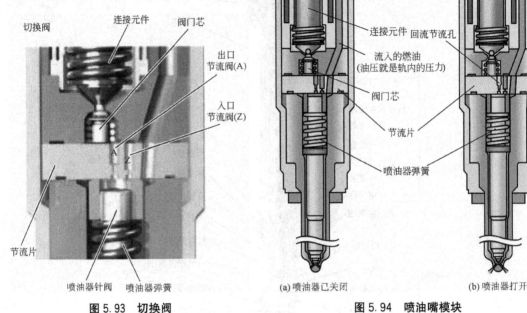

图5.93　切换阀　　　　　　　图5.94　喷油嘴模块

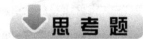

1. 柴油机燃烧室按结构形式分为哪几种类型？其主要特点有哪些？

2. 简述柱塞式喷油泵燃油系统的组成及各元件的功用。

3. 简述分配式喷油泵燃油系统的组成及各元件的功用。

4. 简述A型柱塞泵主要结构特点及工作原理。什么是柱塞的有效行程？供油量和供油正时如何调节？

5. 简述VE型分配泵主要结构特点及工作原理。什么是分配柱塞的有效行程？

6. 简述柱塞泵机械式提前器和VE泵液压提前器的功用及工作过程。

7. 简述RQ型两极调速器的功用及主要结构，简述在主要工况下实现调速的过程。

8. 简述VE泵全程调速器的功用及主要结构，简述在主要工况下实现调速的过程。

9. 简述喷油器的主要类型及结构特点、工作原理。

10. 对照柱塞泵机械式燃油系统，说明电控直列泵系统如何控制喷油量和喷油提前角。

11. 对照分配泵机械式燃油系统，说明位置控制式电控分配泵系统如何控制喷油量和喷油正时。

12. 简述大众公司2.5L V6 TDI时间控制式电控分配泵系统如何控制喷油量和喷油始点。

13. 简述宝来1.9L TDI电控柴油机采用的电控泵喷油嘴系统如何控制预喷射和主喷射。

14. 简述日本电装公司ECD-U2电控共轨系统的组成及如何控制喷油量及喷油压力。

15. 简述奥迪A6 3.0L V6 TDI电控共轨系统的组成、压电喷油阀主要结构及喷油过程。

# 第6章

# 进排气系统及排气净化装置

教学提示

　　进排气系统是在发动机工作时，不断地将新鲜空气(柴油机)或可燃混合气(汽油机)送入燃烧室，又将燃烧后的废气排到大气中，从而保证发动机连续运转。本章重点介绍了发动机进排气系统的组成、怠速控制装置、可变进气装置、排气净化装置、发动机增压等。

教学目标

　　了解进排气系统的类型及其主要部件的结构原理；重点掌握怠速控制装置、可变进气装置、排气净化装置的组成及工作过程；理解发动机增压技术，重点掌握废气涡轮增压结构的组成及工作原理。

| 知 识 点 | 技 能 点 |
|---|---|
| 1. 进气系统的组成及功用<br>2. 排气系统的组成及功用<br>3. 二次空气喷射系统的功用及工况<br>4. 汽油蒸发控制系统组成及功用<br>5. 曲轴箱强制通风系统的功用及组成<br>6. EGR 的功用及工作过程<br>7. 三元催化器的功用及工作条件<br>8. 电子节气门系统<br>9. 怠速控制系统<br>10. 可变进气歧管<br>11. DPF（柴油颗粒捕集器）的组成及工作原理<br>12. SCR（选择性催化还原器）的组成及工作原理<br>13. 机械增压系统的组成及结构原理<br>14. 废气涡轮增压系统的组成及结构原理 | 1. 能原车识别进气系统有关电控元件位置及功用<br>2. 能识别汽油机主要排气控制装置及功用<br>3. 能认识柴油机主要排气控制装置及功用<br>4. 具备原车识别增压系统组成及其元件位置的能力 |

# 6.1 进排气系统

## 6.1.1 进气系统

进气系统的功用是尽可能多地、均匀地给各汽缸提供可燃混合气或洁净的空气。图 4.13 所示为汽油喷射式发动机的进气系统,一般由空气滤清器、进气管、进气总管及进气歧管等组成,还装有空气计量装置、节气门位置传感器、进气温度传感器、怠速控制装置等。有些发动机还装有能适应发动机转速和负荷变化、自动改变进气管容量的可变进气装置。

在化油器式和节气门体式汽油机中,为了调整进气温度,通常还装有进气预热系统或进气恒温系统。进气歧管利用发动机排气或循环冷却液进行加热,利用循环冷却液加热需在进气歧管内设置水套,并使其与发动机冷却系统连通,让冷却液在进气歧管的水套内循环流动。气道燃油喷射式发动机的进气歧管无须加热。

化油器式汽油机上的进、排气歧管布置于发动机一侧,便于加热进气管,促使汽油雾化,而柴油机上的进、排气歧管全都布置于发动机异侧,以免进气受到加热,减少进气量,降低发动机功率。

1. 空气滤清器

空气滤清器的功用主要是滤除空气中的杂质或灰尘,让洁净的空气(或混合气)进入汽缸,以减少汽缸套与活塞之间,活塞组之间和气门组之间的磨损。另外,空气滤清器还起着降低吸气噪声的作用。

空气滤清器一般由进气导流管、空气滤清器外壳和滤芯等组成。常用的空气滤清器主要有以下几种形式。

1)纸滤芯空气滤清器

图 6.1 所示为现代轿车上普遍使用的纸滤芯干式空气滤清器,主要由纸质滤芯 3 和外壳 2 组成。滤芯由折叠成褶状并用树脂等特殊工艺处理的微孔滤纸组成,其上、下表面是密封面,上密封面和下密封面分别与滤清器盖及滤清器外壳底部的配合面贴紧密合。滤

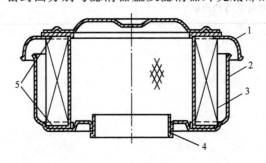

**图 6.1 纸滤芯干式空气滤清器**

1—滤清器盖;2—外壳;3—纸质滤芯;4—接管;5—密封圈

纸打褶，以增加滤芯的滤过面积和减小滤芯阻力。在发动机工作时，空气从滤芯的四周穿过滤纸进入滤芯中心，随后流入进气管。杂质被滤芯阻留在滤芯外面。

纸滤芯有干式和湿式两种。干式纸滤芯可以反复使用，但在恶劣环境下使用效果不可靠，一般维护周期为 5000～10000km，即将滤芯取出用手轻拍，或用压缩空气吹去积灰，24000km～40000km 后就要更换滤芯。解放 CA6102、桑塔纳 1.8L、奥迪 100 1.8L、切诺基 2.5L 等发动机上采用的就是这种空气滤清器。

纸滤芯经过浸油处理后即为湿式纸滤芯，其主要优点是使用寿命长、吸附杂质的能力强和滤清效果好。但湿式纸滤芯不能反复使用，需定期更换。

2）油浴式空气滤清器

图 6.2 所示为油浴式空气滤清器，由空气滤清器外壳 1、滤芯 2、密封圈 3 和滤清器盖 4 等主要部件组成。外壳底部是储油池，其中盛有一定数量的机油。当发动机工作时，环境空气经外壳与滤清器盖之间的狭缝进入滤清器，并沿着滤芯与外壳之间的环形通道向下流到滤芯底部，再折向上通过滤芯后进入进气管。当气流转弯时，空气中粗大的杂质被甩入机油中被机油黏附，细小杂质被滤芯滤除。黏附在滤芯上的杂质被气流溅起的机油所冲洗，并随机油一起流回储油池。滤芯多用金属丝制成。油浴式空气滤清器的优点是滤芯清洗后可以重复使用。油浴式空气滤清器的容尘能力较纸质空气滤清器大，用于在多尘条件下工作的发动机上，如越野车发动机。

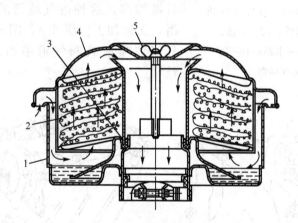

**图 6.2　油浴式空气滤清器**

1—滤清器外壳；2—滤芯；3—密封圈；4—滤清器盖；5—蝶形螺母

3）复合式空气滤清器

图 6.3 所示为复合式空气滤清器，多用于大型载货汽车上。在许多自卸车或矿山用汽车上还使用离心式与纸滤芯式相结合的双级复合式空气滤清器。双级复合式空气滤清器的上体 7 是纸滤芯空气滤清器，下体 12 是离心式空气滤清器。空气首先从滤清器下体的进气口 10 进入旋流管 11，并在旋流管螺旋导向面 16 的引导下产生高速旋转运动。在离心力的作用下，空气中的大部分灰尘被甩向旋流管壁并落入集灰盘 14 中，空气则从旋流管顶部进入纸滤芯空气滤清器。空气中残存的细微杂质被纸滤芯 2 滤除。

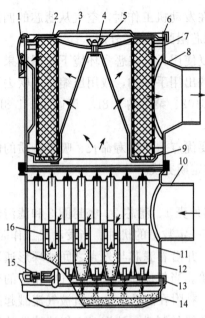

图 6.3　复合式空气滤清器

1—卡簧；2—纸滤芯；3—滤清器上盖；
4—碟形螺母；5—密封垫；6、9、13—密
封圈；7—上体；8—出气口；10—进
气口；11—旋流管；12—下体；
14—集灰盘；15—卡箍；16—旋
流管螺旋导向面

## 2. 进气歧管

对于化油器或节气门体汽油喷射式发动机，进气歧管指的是化油器或节气门体后到汽缸盖进气道之间的进气管路。它的功用是将空气-燃油混合气由化油器或节气门体分配到各缸进气道。对于气道燃油喷射式发动机或柴油机，进气歧管只是将洁净的空气分配到各缸进气道。进气歧管必须将空气-燃油混合气或洁净空气尽可能均匀地分配到各个汽缸，为此进气歧管内气体流道的长度应尽可能相等。为了减小气体流动阻力，提高进气能力，进气歧管的内壁应该光滑。

一般化油器或节气门体燃油喷射式发动机的进气歧管由合金铸铁制造，轿车发动机多用铝合金制造。铝合金进气歧管质量轻、导热性好。气道燃油喷射式发动机除应用铝合金进气歧管外，近来采用复合塑料进气歧管的发动机日渐增多。这种进气歧管质量极轻，内壁光滑，无须加工。图 6.4、图 6.5 所示分别为节气门体喷射式和气道喷射式发动机的进气歧管。

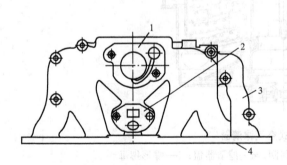

图 6.4　节气门体喷射式发动机进气歧管

1—节气门体安装面；2—废气再循环阀安装面；
3—循环冷却液管；4—进气歧管安装面

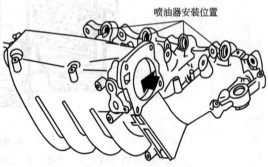

图 6.5　气道喷射式发动机进气歧管

## 3. 谐振进气系统

为了加强进气效果，降低进气噪声，有的进气系统中还装有谐振器和谐振进气歧管，如图 6.6 所示。

现代轿车发动机由于各种附件较多，安装到轿车上后，发动机周围空间十分紧张，发动机室罩盖(简称机罩)下的温度很高，所以轿车发动机倾向于从车外吸气，因为车外环境温度一般要比机罩下温度低30℃，从车外吸入空气可使空气密度增加10％左右，燃油消耗率降低3％。由于采用车外进气，空气滤清器一般被安装在车内可利用的空间，然后用橡胶波纹管与空气进气导流管连接。为了增加一些谐振进气的效果，加快空气的流速，空气滤清器进气导流管需要有较大的容积，但是导流管不能太粗。这种进气导流管往往设计得很长，较长的进气导流管有利于实现从车外吸气。

带谐振室的进气管(图6.6)由一个一定容积的谐振室与一定长度和直径的进气歧管组成进气谐振系统，并使其固有频率与气门的进气周期调谐，从而在特定的转数下，充分利用进气波动效应。改变谐振室的容积，可调节内燃机的最大转矩和相应的转数，但不可能在发动机整个转速范围内增加转矩。带谐振室的进气管还能降低进气噪声。

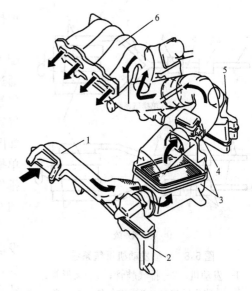

图6.6 空气滤清器进气导流管和谐振器
1—进气导流管；2—副谐振室；3—空气器滤清器；
4—空气流量计；5—主谐振室；6—进气歧管

## 6.1.2 排气系统

现代汽车发动机的排气系统主要由排气歧管、排气总管和消声器组成(图6.7)。在采用了废气后处理技术的轿车上，排气系统中还包括三元催化反应器、颗粒捕集器等排气净化装置。

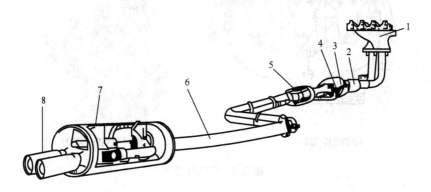

图6.7 排气系统的组成
1—排气歧管；2—前排气管；3—催化转换器；4—排气温度传感器；
5—副消声器；6—后排气管；7—主消声器；8—排气尾管

### 1. 单排气系统及双排气系统

直列型发动机在排气行程期间，汽缸中的废气经排气门进入排气歧管，再由排气歧管进入排气管、催化转换器和消声器，最后由排气尾管排到大气中。这种排气系统称作

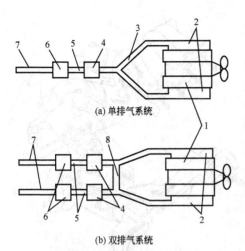

(a) 单排气系统

(b) 双排气系统

图 6.8　V 型发动机排气系统

1—发动机；2—排气歧管；3—叉形管；
4—催化转换器；5—排气管；6—消
声器；7—排气尾管；8—连通道

单排气系统，如图 6.7 所示。

V 型发动机有两个排气歧管，在大多数装配 V 型发动机的汽车上仍采用单排气系统，即通过一个叉型管将两个排气歧管连接到一个排气管上。来自两个排气歧管的废气经同一个排气管、同一个消声器和同一个排气尾管排出，如图 6.8(a)所示。但有些 V 型发动机采用两个单排气系统，即每个排气歧管各自都连接一个排气管、催化转换器、消声器和排气尾管，如图 6.8(b)所示，这种布置形式称作双排气系统。

双排气系统降低了排气系统内的压力，使发动机排气更为顺畅，汽缸中残余的废气较少，因而可以充入更多的空气-燃油混合气或洁净的空气，发动机的功率和转矩都相应地有所提高。

2. 排气歧管

排气歧管的作用是将各缸排气道与排气总管连接起来，让各缸废气通过排气总管排入大气。

一般排气歧管由铸铁或球墨铸铁制造，如图 6.9(a)所示，最近采用不锈钢排气歧管的汽车愈来愈多，如图 6.9(b)所示，不锈钢排气歧管质量轻，耐久性好，同时内壁光滑，排气阻力小。

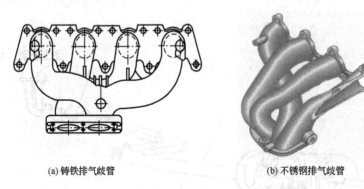

(a) 铸铁排气歧管　　　　　　　　　　　(b) 不锈钢排气歧管

图 6.9　排气歧管

排气歧管的形状十分重要。为了使各缸排气不发生干涉和废气回流现象，并尽可能地利用排气惯性，提高排气效率，和进气歧管一样，排气歧管的结构、形状也是经过精心设计的。为了防止出现各缸排气相互干扰及废气倒流现象，并尽可能地利用惯性排气，减少排气阻力，应该将排气歧管尽可能做得长些，而且各缸排支管应该相互独立、长度尽量相等(如螃蟹脚状)。如图 6.9(b)所示的不锈钢排气歧管的结构较好地满足了上述要求，相互独立的各个支管都很长，而且 1、4 缸排气歧管汇合在一起，2、3 缸排气歧管汇合在一起，可以完全消除排气干扰现象。

### 3. 消声器

发动机的排气压力为 0.3～0.5MPa，温度为 500～700℃，这表明废气有一定的能量。同时，由于排气的间歇性，在排气管内会引起排气压力的脉动。若将废气直接排放到大气中，将产生强烈的、频谱比较复杂的噪声，其频率从几十赫兹到一万赫兹以上。

消声器的功用是消减排气噪声。消声器通过逐渐降低排气压力和衰减排气压力的脉动，使排气能量耗散殆尽。

消声器有 4 种基本结构形式，如图 6.10 所示。实际应用的消声器多为这些基本形式的组合。

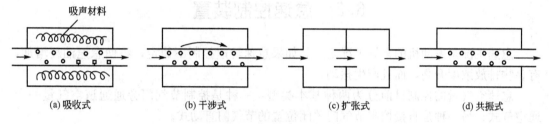

图 6.10　消声器的基本结构形式

红旗 CA7220 型轿车的排气系统装有前、中、后 3 个排气消声器，如图 6.11 所示。

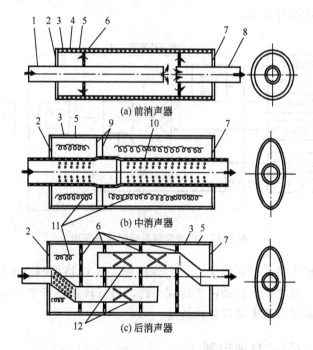

图 6.11　红旗 CA7220 型轿车消声器结构示意图

1—进气管；2—前端盖；3—外壳；4—纤维夹
层；5—内壳；6—多孔隔板；7—后端盖；
8—出气管；9—隔板；10—带孔管；
11—吸声材料；12—带缝管

前消声器为扩张式,壳体由内、外壳和纤维夹层构成,纤维夹层为石棉陶瓷纤维,主要起隔热作用;壳体内用两个带孔隔板隔成 3 个扩张室;扩张式消声器主要用来消减中、低频噪声。前消声器为全金属结构,构造简单、耐高温、耐腐蚀、使用寿命长;中消声器是吸收式与共振式的组合,其内部由两个多孔管和两个隔板形成两个共振室,其中装着多孔性吸声材料——岩棉,壳体也为层结构。吸声材料能消减中、高频噪声,共振室则对共振频率附近的噪声消减效果最好。吸声材料在高温和腐蚀性气体的作用下会丧失其消声能力,所以中消声器使用寿命较短;后消声器是吸收式、扩张式与共振式的多种组合。排气在后消声器内循环流动,既能消减噪声,又可降低排气温度。

# 6.2 怠速控制装置

怠速工况是发动机的常见工况之一。如果怠速转速控制不稳定,将使怠速油耗增加,有害物排放浓度升高,而且产生振动。

怠速空气量的控制目前分为两种基本类型:一种是控制节气门旁通通道空气量的旁通空气式;另一种是直接控制节气门关闭位置的节气门直动式。

怠速控制系统组成及原理如图 6.12 所示。ECU 根据节气门开度(IDL 触点)信号和车速信号,判断发动机是否处于怠速状态。再根据冷却液温度、空调开关、动力转向等信号所决定的目标转速与发动机的实际转速的比较,确定相应的怠速转速的控制量,以驱动控制怠速空气量的执行机构。

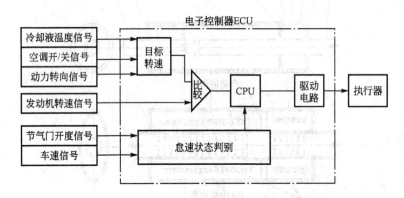

图 6.12 怠速控制系统组成及原理

当发动机负荷增大时,目标转速高于实际转速,ECU 将控制怠速控制阀增大旁通进气量来实现快怠速;反之,当发动机负荷减小时,目标转速低于实际转速,ECU 将控制怠速控制阀减小旁通进气量来降低怠速转速。

## 6.2.1 旁通空气式怠速控制

早期生产的汽车上常采用附加空气阀(石蜡式、双金属片式)、真空控制阀来控制汽车的怠速。现代汽车大都采用 ECU 控制的怠速控制系统,有些车型采用两者结合来控制怠速。

图 6.13 所示为旁通空气式怠速控制系统的组成，按怠速控制阀结构原理不同主要分为步进电动机式、旋转电磁阀式、占空比电磁阀式、开关电磁阀式等，目前采用步进电动机式怠速控制阀较多。

1. 步进电动机式怠速控制阀

如图 6.14 所示，步进电动机式怠速控制阀由步进电动机(永久磁铁构成的转子和励磁线圈构成的定子)、螺母和螺杆(把旋转运动变成直线运动)、阀芯、阀座等组成。螺母和步进电动机的转子制成一体，螺杆与步进电动机壳体之间为滑动花键连接，使螺杆不能做旋转运动，只能沿轴向做直线运动。当步进电动机转动时，螺母驱动螺杆做轴向移动。步进电动机转子每转动 1 圈，螺杆便移动 1 个螺距。螺杆上固定着阀芯，螺杆向前或向后移动时，带动阀芯关小或开大旁通空气道的通过截面。

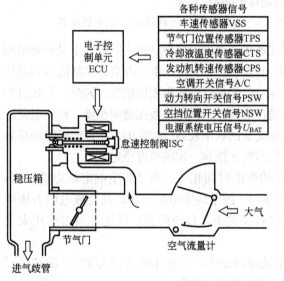

图 6.13　旁通空气式怠速控制系统组成

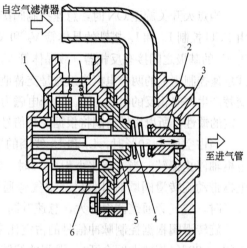

图 6.14　步进电动机式怠速控制阀
1—步进电机转子；2—锥面控制阀；3—阀座；
4—螺杆；5—挡板；6—励磁线圈

步进电动机是一种角度执行机构，当控制系统给定子励磁线圈输入控制脉冲后，步进电动机便按指定的方向旋转一定的角度。ECU 通过控制定子相线中的通电顺序，可实现其正反转。

2. 旋转电磁阀式怠速控制阀

如图 6.15 所示，旋转电磁阀式怠速控制阀由永久磁铁(定子)、电枢(转子)、旋转滑阀、电刷等组成。旋转滑阀固装在电枢轴上，与电枢轴一起转动，用以控制流过旁通道的空气量。永久磁铁固装在外壳上，其间形成磁场。电枢位于永久磁铁的磁场中，电枢铁心上缠有两组绕向相反的电磁线圈 $L_1$ 和 $L_2$。当线圈 $L_1$ 通电时，电枢带动旋转滑阀顺时针偏转，空气旁通道截面关小；线圈 $L_2$ 通电时，电枢带动旋转滑阀逆时针偏转，空气旁通道截面开大。

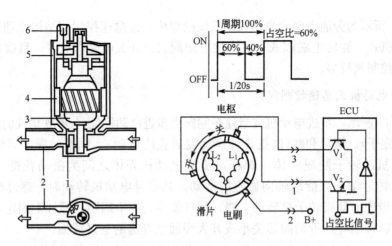

**图 6.15　旋转电磁阀式怠速控制阀**
1—旋转滑阀；2—旁通空气道；3—电枢；4—永久磁铁；5—阀体；6—线束插接器

当点火开关旋至 ON 时，怠速控制阀接线插头 2 通电，电枢绕组 $L_1$ 和 $L_2$ 上是否通电则由 ECU 控制 $L_1$ 和 $L_2$ 搭铁的晶体管 $V_2$ 和 $V_1$ 的通断状态决定。由于占空比控制信号和晶体管 $V_1$ 的基极之间接有反相器，故晶体管 $V_1$ 和 $V_2$ 的集电极输出相位相反。因此，旋转滑阀式怠速控制阀上的两个电枢绕组总是交替地通过电流，又因两组线圈绕向相反，致使电枢上交替产生方向相反的电磁力矩。由于电磁力矩交变的频率较高(约 250Hz)，且电枢转动具有一定的惯性，所以旋转滑阀将根据控制信号的占空比摆到一定的角度稳定。

当占空比为 50% 时，$L_1$ 和 $L_2$ 线圈的平均通电时间相等，两者产生的电磁力矩抵消，电枢轴停止偏转。当占空比小于 50% 时，线圈 $L_1$ 的平均通电时间长，其合成电磁力矩使电枢带动旋转滑阀顺时针偏转，空气旁通道截面关小，怠速降低；反之，当占空比大于 50% 时，空气旁通道截面开大，怠速升高。

旋转滑阀根据控制脉冲信号的占空比来做偏转动作，占空比的范围为 18%(旋转滑阀关闭)～82%(旋转滑阀全开)，滑阀的偏转角度限定在 90°内。

旋转电磁阀式怠速控制系统的控制内容主要包括起动控制、暖机控制、反馈控制、发动机转速变化的预测控制和学习控制等。

**3. 占空比电磁阀式怠速控制阀**

图 6.16 所示为占空比电磁阀式怠速控制阀的工作过程。当 ECU 向电磁线圈通电时，电磁线圈产生的电磁力使阀轴移动，怠速旁通空气通道打开；当 ECU 将电磁线圈断电时，复位弹簧将该阀关闭，切断空气旁通通路。ECU 输出脉冲信号来控制占空比电磁阀的开和闭，从而调节流经怠速控制阀的旁通进气量，达到控制怠速转速的目的。

ECU 通过改变每个脉冲周期内电流接通和断开的时间比率(占空比)，即通过改变电磁阀开启和关闭的时间比率，来控制通过旁通空气道的怠速进气量。当发动机的怠速转速过低时，ECU 提高占空比，增加进气量；反之，当怠速过高时，降低占空比，减少进气量。

占空比电磁阀式怠速控制系统的控制内容同样包括起动控制、暖机控制、反馈控制、发动机转速变化的预测控制和学习控制等。但由于占空比电磁阀式怠速控制阀控制的旁通空气量少，仍需要附加空气阀辅助控制发动机暖机过程的进气量，如图 6.17 所示。

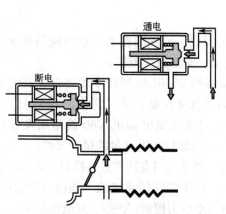

图 6.16 占空比电磁阀式怠速控制阀

图 6.17 占空比电磁阀式怠速控制阀与附加空气阀
1—占空比电磁阀；2—附加空气阀

附加空气阀也称快怠速空气阀，主要有石蜡式和双金属片式两种。

（1）石蜡式附加空气阀安装在节气门体上，如图 6.18 所示。当发动机冷却液温度低时，石蜡收缩，带动阀杆打开空气旁通阀，致使发动机转速升高。当发动机冷却液温度上升时，石蜡逐渐膨胀，带动阀杆关闭空气旁通阀，致使发动机转速慢慢下降。当发动机达到正常工作温度时，石蜡的膨胀程度足以使空气旁通阀完全关闭，恢复正常怠速。

（2）双金属片式附加空气阀由双金属片、电热丝及阀门等组成，如图 6.19 所示。双金属片通过阀门控制旁通空气道的开闭。发动机冷起动时，双金属片使阀门处于最大开启位置，此时旁通空气道的通过截面最大，附加空气量也最多，怠速转速较高。随着发动机的运行，电流通过双金属片上的电热丝，使电热丝发热，双金属片受热变形，转动阀门，将旁通空气道慢慢关小，直到完全关闭；旁通空气量因而逐渐减少到零，暖机怠速转速即降到正常怠速。

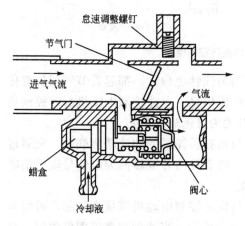

图 6.18 石蜡式附加空气阀

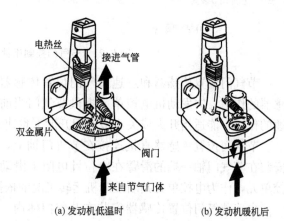

(a) 发动机低温时　(b) 发动机暖机后

图 6.19 双金属片式附加空气阀

### 6.2.2 节气门直动式怠速控制

图 6.20 所示为节气门直动式怠速控制系统的组成。节气门直动式怠速控制系统通过执行元件改变节气门的最小开度来控制怠速进气量,实现怠速控制。

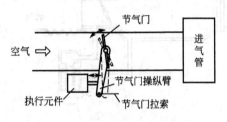

**图 6.20 节气门直动式怠速控制系统**

如桑塔纳 2000GSi 型轿车发动机就采用了节气门直动式怠速控制,节气门控制组件 J338(图 6.21)中的怠速控制电动机 V60 就是用来直接控制节气门,控制怠速进气量的执行元件。

另外一种节气门直动式怠速控制方式是电子节气门系统。电子节气门系统除了能够控制怠速外,还能够进行牵引力控制(ASR)、巡航控制(CCS)等。

#### 1. 节气门控制组件

桑塔纳 2000GSi 型轿车节气门控制组件由怠速开关、怠速节气门位置传感器(怠速节气门电位计)、怠速控制电动机和节气门位置传感器(节气门电位计)等组成,结构与控制电路如图 6.21 所示。

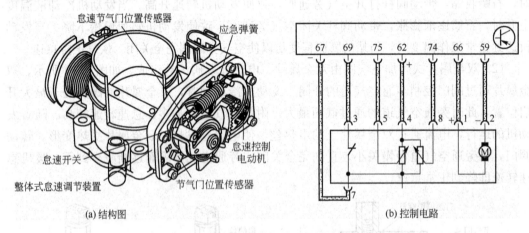

(a) 结构图　　　　　　　　　　　　　(b) 控制电路

**图 6.21 节气门控制组件结构与控制电路**

节气门位置传感器和怠速节气门位置传感器均为线性电位计,都起着节气门位置传感器的作用,向发动机电控单元提供节气门当前位置信息。怠速控制电动机起着控制怠速的作用,能适当开大或关小节气门开度。怠速开关为怠速触点开关。

节气门位置传感器直接连接在节气门轴上,与驾驶员操纵的加速踏板联动。它通过安装在节气门轴一端的滑臂在电位计电阻上滑动,将节气门开度转换为电信号输送给电控单元,作为电控单元判断发动机运转工况的依据。

怠速节气门位置传感器安装在节气门体内,与怠速控制电动机连接在一起,可将节气门的开度、怠速控制电动机的位置信号输送给电控单元,当达到调节范围极限时,怠速节气门位置传感器不再移动,但节气门仍可继续开启。当怠速节气门位置传感器信号中断时,节气门控制组件将利用应急弹簧进入应急状态工作,将节气门拉开到固定位置,使怠速转速升高。

**2. 电子节气门系统**

电子节气门系统(图 6.22)将加速踏板和节气门进行柔性连接，通过电控单元控制节气门快速精确地定位。它的优点在于能根据驾驶员的需求愿望以及整车各种行驶状况确定节气门的最佳开度，保证车辆最佳的动力性和燃油经济性，并具有怠速控制、牵引力控制、巡航控制等控制功能，提高安全性和乘坐舒适性。

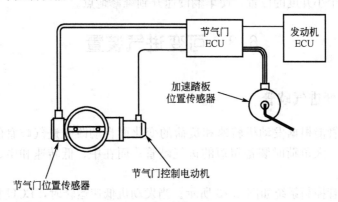

**图 6.22　电子节气门系统**

电子节气门系统主要由加速踏板位置传感器、节气门位置传感器、节气门控制电动机和节气门控制单元组成。

(1) 加速踏板位置传感器由两个无触点线性电位计组成，在同一基准电压下工作，基准电压由 ECU 提供。随着加速踏板位置的改变，电位器阻值也发生线性的变化，由此产生反映加速踏板下踏量大小和变化速率的电压信号输入 ECU。加速踏板位置传感器的安装位置有加速踏板和节气门体两个位置，如果安装在加速踏板处就可以取消节气门拉索。

(2) 节气门位置传感器也是由两个无触点线性电位计组成的，由 ECU 提供相同的基准电压。当节气门位置发生变化时，电位器阻值也随之线性地改变，由此产生相应的电压信号输入 ECU，该电压信号反映节气门开度大小和变化速率。

(3) 节气门控制电动机一般选用步进电动机或直流电动机，经过两级齿轮减速来调节节气门开度。早期以使用步进电动机为主，步进电动机精度较高、能耗低、位置保持特性较好，但其高速性能较差，不能满足节气门较高的动态响应性能的要求，所以现在比较多地采用直流电动机，直流电动机精度高、反应灵敏、便于伺服控制。

(4) 节气门控制单元(ECU)。有些车型已经将节气门控制单元和发动机控制单元集成。节气门控制单元包括信息处理模块和电动机驱动电路模块两部分。信息处理模块接收来自节气门位置传感器和加速踏板位置传感器的电压信号，经过处理后得到节气门的最佳开度，并把相应的电压信号发送到电动机驱动电路模块。电动机驱动电路模块接收来自信息处理模块的信号，控制电动机转动相应的角度，使节气门达到或保持相应的开度，电动机驱动电路应保证电动机能双向转动。

电子节气门系统的工作过程：驾驶员操纵加速踏板，加速踏板位置传感器产生相应的电压信号输入节气门控制单元，控制单元根据当前的工作模式、踏板移动量和变化率解析驾驶员意图，计算出对发动机转矩的基本需求，得到相应的节气门转角的基本期望值。然后再经过 CAN 总线和发动机控制单元进行通信，获取其他工况信息以及各种传感器信号，如发动机转速、挡位、节气门位置、空调等，由此计算出整车所需求的全部转矩，通过对节气门转角期望值进行补偿，得到节气门的最佳开度，并把相应的电压信号发送到驱动电路模块，驱动控制电动机使节气门达到最佳的开度位置。节气门位置传感器则把节气门的开度信号反馈给节气门控制单元，形成闭环的位置控制。

ECU 对系统的功能进行监控，如果发现故障，将点亮系统故障指示灯，提示驾驶员系统有故障。同时电磁离合器被分离，节气门不再受电动机控制。节气门在回位弹簧的作用下返回到一个小开度的位置，使车辆慢速开到维修地点。

# 6.3 可变进气装置

## 6.3.1 可变进气歧管

可变进气歧管能根据发动机转速和负荷的变化而自动改变进气歧管的有效长度，使发动机在高转速、大负荷时装备粗短的进气歧管；而在中、低转速和中、小负荷时配用细长的进气歧管。

可变进气歧管控制系统如图 6.23 所示。当发动机低速运转时，ECU 控制转换阀控制机构关闭转换阀，这时空气经空气滤清器和节气门沿着弯曲而又细长的进气歧管流进汽缸。细长的进气歧管提高了进气速度，增强了气流的惯性，使进气量增多。当发动机高速运转时，转换阀开启，空气经空气滤清器和节气门直接进入粗短的进气歧管。粗短的进气歧管进气阻力小，也使进气量增多。可变长度进气歧管不仅可以提高发动机的动力性，还由于它提高了发动机在中、低速运转时的进气速度而增强了汽缸内的气流强度，从而能够改善燃烧过程，使发动机中低速的燃油经济性有所提高。

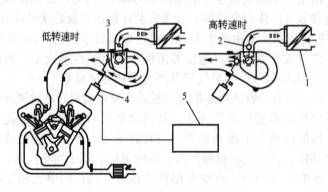

**图 6.23 可变进气歧管控制系统**
1—空气滤清器；2—节气门；3—转换阀；4—转换阀控制机构；5—ECU

奥迪 A6 轿车发动机采用多路径进气歧管，它由两节不同长度和不同直径的进气管道合并而成。长管道为 780mm，但内径小；短管道为 380mm，但内径大。在高转速时，进气通过粗短的管道，有利于提高发动机功率；在低转速时，进气通过细长管道，有利于提供大转矩。

多路径进气歧管通过真空执行元件、转换阀控制 6 个风门。进气歧管转换阀由发动机 ECU 的信号控制。6 个风门根据发动机工况来打开或关闭，转速 2000～3700r/min、负荷 65% 是切点。当转速和负荷低于切换点时，风门被关闭，发动机转矩最小；当转速和负荷都高于切换点时，风门完全打开，获得较高的发动机功率。奥迪 A6 轿车可变进气歧管控制系统如图 6.24 所示。

　　双通道可变进气歧管如图 6.25 所示，其每个歧管都有两个进气通道，一长一短。根据发动机转速的高低，由旋转阀控制空气经哪一个通道流进汽缸。当发动机在中、低速运转时，旋转阀将短进气通道封闭，空气沿长进气通道经进气道、进气门进入汽缸；当发动机高速工作时，旋转阀使长进气通道短路，将长进气通道也变为短进气通道。这时空气同时经两个短进气通道进入汽缸。

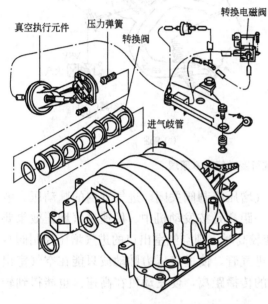

图 6.24　奥迪 A6 轿车可变进气歧管控制系统

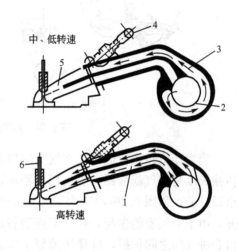

图 6.25　双通道可变进气歧管

1—短进气通道；2—旋转阀；3—长进气通道；4—喷油器；5—进气道；6—进气门

## 6.3.2　谐波进气增压系统

　　谐波进气增压控制系统（ACIS）利用进气流的惯性产生的压力波来提高充气效率，又称进气惯性增压控制系统。

　　当气体高速流向进气门时，如果进气门突然关闭，进气门附近的气体流动突然停止，由于惯性作用，进气管中的气体仍然继续流动，将使进气门附近的气体压缩，压力上升。随后被压缩的气体开始膨胀，向与进气气流相反的方向流动，压力下降。膨胀气体波传到进气管口又被反射回来，形成压力波。

　　如果使这种进气压力波与进气门的配气相位配合好，可使进气管内的空气产生谐振，利用谐振效果在进气门打开时就会形成增压进气效果，有利于增加发动机的输出功率。一般来说，进气管较长时，谐振压力波的波长就长，从而有利于发动机中低转速输出功率的增加；进气管较短时，谐振压力波的波长就短，从而有利于发动机高速范围内输出功率的增加。

　　一般来讲，进气管的长度不能改变，因此惯性增压都是按最大转矩所对应的转速区域来设计。现在一些发动机可以利用电子控制单元使发动机进气管的长度随转速改变，使发动机在整个转速范围内充分利用进气谐振效应，有效地提高了发动机的动力性，即采用谐波进气增压控制系统。

图 6.26 所示为 ACIS 系统可变进气基本原理,发动机进气管的长度虽不能变化,但由于在进气管中部增设了一个大容量的空气室和进气增压控制阀,从而实现了压力波传播有效长度的改变,同时兼顾了发动机低速和高速的谐波增压效应。

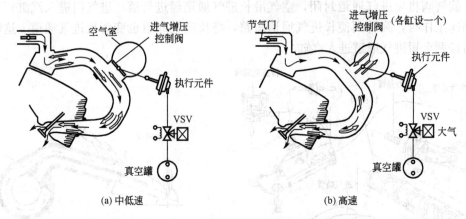

图 6.26 ACIS 系统可变进气基本原理

当发动机转速较低时,空气室出口的进气增压控制阀关闭,进气管内的脉动压力波传播长度是空气滤清器到进气门的距离,这一距离是按发动机中、低速进气增压效果要求设计的,如图 6.26(a)所示。当发动机转速较高时,则空气室出口的进气增压控制阀打开,由于空气室的参与,空气室连通各缸的进气管,使进气压力脉动波只能在空气室出口和进气门之间传播,这样便缩短了压力波的传播距离,使发动机在高速区也能得到较好的增压效果,如图 6.26(b)所示。

ACIS 系统的组成如图 6.27 所示。ECU 根据发动机的转速信号控制真空电磁阀的动作。低速时,真空电磁阀由于不通电而关闭,真空罐无法与真空电动机的管路连通,真空电动机不动作,进气增压控制阀关闭,此时进气压力波传播距离较长;高速时,ECU接通真空电磁阀的电路,真空电磁阀打开,真空罐与真空电动机连通,真空电动机动作,将进气增压控制阀打开,缩短了进气压力波传播距离。

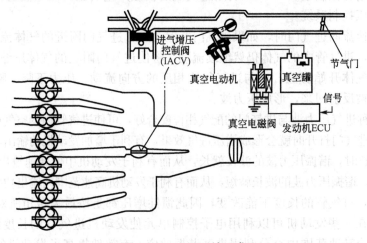

图 6.27 ACIS 系统组成

# 6.4　增压系统

采用增压是提高发动机输出功率的有效方法之一。所谓增压就是利用专门的装置(增压器)将空气或者可燃混合气预先进行压缩然后再送入汽缸的过程。虽然汽缸的工作容积不变，但因增压后，每次循环进气量增加，所以汽缸的实际充量也是增加的。由于进气量增加，可相应地增加循环供油量，从而可以增加发动机功率。同时，增压还可以改善燃油经济性。

汽车发动机主要有机械增压、气波增压、涡轮增压及复合增压等增压方式。

## 6.4.1　机械增压

机械增压是指增压器 3 由发动机曲轴 1 经齿轮增速器 2 驱动，如图 6.28(a)所示，或由曲轴同步带轮经同步带 6 及电磁离合器 9 驱动，如图 6.28(b)所示。增压器可采用离心式、罗茨式及刮片式等结构，目前较多采用的是螺杆式、罗茨式和江克尔式等结构。

机械增压的特点是：能有效地提高发动机功率，与涡轮增压相比，其低速增压效果更好。另外，机械增压器与发动机容易匹配，结构也比较紧凑。但是，由于驱动增压器需耗发动机功率，增压压力一般为 0.15～0.17MPa。过多地提高增压压力会使驱动增加器功耗过大，机械效率明显下降，经济性恶化。

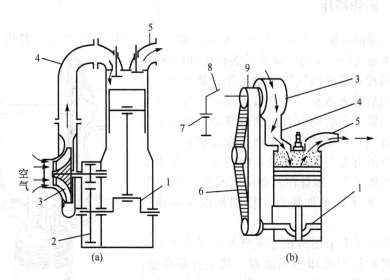

图 6.28　机械增压示意图

1—发动机曲轴；2—齿轮增速器；3—增压器；4—进气管；5—排气管；
6—同步带；7—蓄电池；8—开关；9—电磁离合器

## 6.4.2　气波增压

气波增压器中有一个特殊形状的转子 3，由发动机曲轴带轮经传动带 4 驱动(图 6.29)，发动机排出的废气在转子 3 中直接与空气接触，利用排气压力波使空气受到压缩，以提高进气压力。气波增压器结构简单，加工方便，工作温度不高，不需要耐热

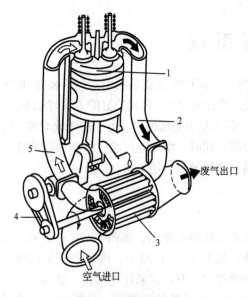

图6.29　气波增压示意图

1—活塞；2—排气管；3—转子；
4—传动带；5—发动机进气管

材料，也无须冷却。与涡轮增压相比，其低速转矩特性好，但是体积大，噪声大，安装位置受到一定的限制。目前，这种增压器还只能在低速范围内使用。由于柴油机的最高转速比较低，因此气波增压多用于柴油机上。气波增压器的工作原理很简单，但在实际运用中却遇到许多困难，其中最大的难题是如何在较宽的转速范围内获得高的增压压力。由于转子和柴油机之间的速比是固定的，当柴油机转速降低时，转子的转速也随之降低。但是，压力波在转子流道中的传播速度只决定于排气或空气的温度，而排气温度取决于柴油机负荷，与转速关系不大。由此可知，只能按柴油机一固定转速来确定最佳转子尺寸和转子转速。当转子转速偏离设计转速时，增压效果将明显变差。经过长期研究改进之后，气波增压器更适用于转速和转矩在较宽范围内变化的汽车用柴油机。

### 6.4.3　涡轮增压

涡轮增压器由涡轮机2和压气机3构成，如图6.30所示。将发动机排出的废气引入涡轮机，利用废气所包含的能量推动涡轮机叶轮旋转，并带动与其同轴安装的压气机叶轮工作，新鲜空气在压气机内增压后进入汽缸。涡轮增压也称废气涡轮增压，涡轮增压器与发动机没有机械的联系。涡轮增压的优点是经济性比机械增压和非增压发动机都好，并可大幅度地降低有害气体的排放和噪声水平。缺点是低速时转矩增加不多，而且在发动机工况发生变化时，瞬态响应差，致使汽车加速性，特别是低速加速性较差。

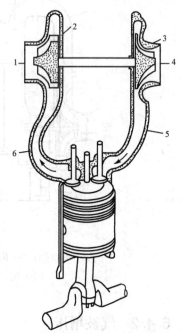

图6.30　涡轮增压示意图

1—排气口；2—涡轮机；3—压气机；
4—进气口；5—发动机进气
管；6—发动机排气管

在汽车柴油机上采用涡轮增压已经有半个多世纪了，而汽油机增压发展却相当缓慢，其主要原因是：汽油机增压后爆燃倾向增加；由于汽油机混合气的过量空气系数小，燃烧温度高，因此增压之后汽油机和涡轮增压器的热负荷大；车用汽油机工况变化频繁，转速和功率范围宽广，致使涡轮增压器与汽油机的匹配相当困难；涡轮增压汽油机的加速性较差，当节气门突然开大，要求混合气量迅速增加时，却由于增压器转子的惯性，使增压器加速迟缓，发动机进气量的增加将滞后一段时间，完全消除涡轮增压器对发动机工况变化的响应滞后现象比较困难。

为了克服汽油机增压的困难，汽油机增压系统中采取了许多措施，主要有以下几种。

（1）在电控汽油喷射式发动机上实行汽油机增压，成功地摆脱了化油器式发动机与涡轮增压器匹配的困难。电控技术的应用可以极其方便地对汽油机增压系统进行爆燃控制、排放控制等。

（2）应用点火提前角自适应控制来克服由于增压而增加的爆燃倾向。利用装在发动机上的爆燃传感器检测爆燃信息，并将其传输给电控单元(ECU)，电控单元则发出指令推迟点火时刻以消除爆燃。待爆燃消除后，自适应地逐步加大点火提前角，使发动机在比较理想的状况下工作。

（3）对增压后的空气进行中间冷却。因为空气增压后温度升高，密度减小，如果温度过高，不仅会减少进气量，削弱增压效果，还可能引起发动机爆燃。实践证明，对增压空气实行中间冷却，对提高功率、降低油耗、降低热负荷和减轻爆燃都十分有利。

1. 涡轮增压系统

涡轮增压系统分单涡轮增压系统和双涡轮增压系统。

图 6.31 所示为只有一个涡轮增压器的增压系统，即单涡轮增压系统，主要由涡轮增压器 4、进气旁通阀 7、排气旁通阀 6 和排气旁通阀控制装置 8 等组成。

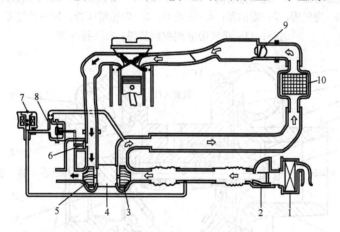

图 6.31 单涡轮增压系统

1—空气滤清器；2—空气流量计；3—压气机叶轮；4—涡轮增压器；5—涡轮机叶轮；
6—排气旁通阀；7—进气旁通阀；8—排气旁通阀控制装置；9—节气门；10—中冷器

图 6.32 所示为六缸汽油喷射式发动机的双涡轮增压系统，其中两个涡轮增压器并列布置在排气管中，按汽缸工作顺序把 1、2、3 缸作为一组，4、5、6 缸作为另一组，每组 3 个汽缸的排气驱动一个涡轮增压器。因为 3 个汽缸的排气间隔相等，所以增压器转动平稳。另外，把 3 个汽缸分成一组还可防止各缸之间的排气干扰。此系统除包括涡轮增压器 9、进气旁通阀 2、排气旁通阀 10 及排气旁通阀控制装置 11 之外，还有中冷器 3、谐振室 4 和增压压力传感器 5 等。

2. 涡轮增压器结构

车用涡轮增压器由离心式压气机和径流式涡轮机及中间体 3 部分组成(图 6.33)。增压器轴 5 通过两个浮动轴承 9 支承在中间体 14 内。中间体内有润滑和冷却轴承的油道，还有防止机油漏入压气机或涡轮机中的密封装置等。

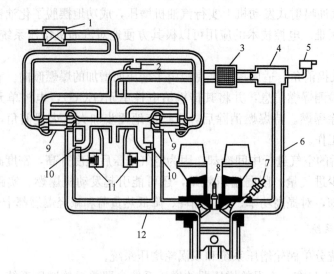

**图 6.32 双涡轮增压系统**

1—空气滤清器；2—进气旁通阀；3—中冷器；4—谐振室；5—增压压力传感器；

6—进气管；7—喷油器；8—火花塞；9—涡轮增压器；10—排气旁

通阀；11—排气旁通阀控制装置；12—排气管

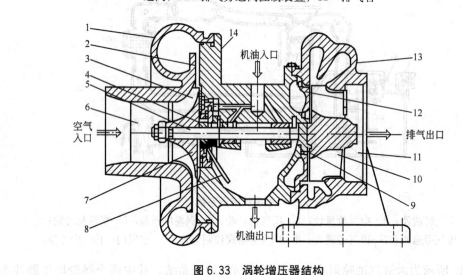

**图 6.33 涡轮增压器结构**

1—压气机蜗壳；2—无叶式扩压管；3—压气机叶轮；4—密封套；5—增压器轴；

6—进气道；7—推力轴承；8—挡油板；9—浮动轴承；10—涡轮机叶轮；

11—出气道；12—隔热板；13—涡轮机蜗壳；14—中间体

1) 离心式压气机

离心式压气机由进气道 6、压气机叶轮 3、无叶式扩压管 2 及压气机蜗壳 1 等组成(图 6.33)。叶轮包括叶片和轮毂，并由增压器轴 5 带动旋转。当压气机旋转时，空气经进气道进入压气机叶轮，并在离心力的作用下沿着压气机叶片 1 之间形成的流道，从叶轮中心流向叶轮的周边。空气从旋转的叶轮获得能量，使其流速、压力和温度均有较大的增高，然后进入叶片式扩压管3。扩压管为渐扩形流道，空气流过扩压管时减速增压，温度也有所升高。即在扩压管中，空气所具有的大部分动能转变为压力能。扩压管分叶片式和无叶式两种。无叶式扩压管实际上是由蜗壳和中间体侧壁所形成的环形空间，构造简单，工况变化对压气机效率的影响很小，适用于车用增压器。叶片式扩压管如图6.34所示，它是由相邻叶片构成的流道，其扩压比大，效率高，但结构复杂，工况变化对压气机效率有较大的影响。

蜗壳的作用是收集从扩压管流出的空气，并将其引向压气机出口。空气在蜗壳中继续减速增压，完成其由动能向压力能的转变。压气机叶轮由铝合金精密铸造，蜗壳也用铝合金铸造。

2）径流式涡轮机

径流式涡轮机由蜗壳、喷管、叶轮和出气道等组成，如图6.35所示。蜗壳4的进口与发动机排气管相连，发动机排气经蜗壳引导进入叶片式喷管3。喷管是由相邻叶片构成的渐缩形流道。排气流过喷管时降压、降温、增速、膨胀，使排气的压力能转变为动能。由喷管流出的高速气流冲击叶轮1，并在叶片2所形成的流道中继续膨胀做功，推动叶轮旋转。与压气机的扩压管类似，涡轮机的喷管也有叶片式和无叶式之分，现代车用径流式涡轮机多采用无叶式喷管。涡轮机的蜗壳除具有引导发动机排气以一定的角度进入涡轮机叶轮的功能外，还有将排气的压力能和热能部分地转变为动能的作用。

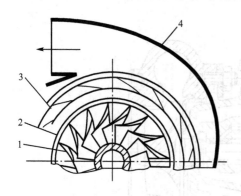

图6.34 离心式压气机
1—压气机叶片；2—叶轮；3—叶片式
扩压管；4—压气机蜗壳

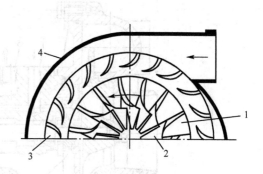

图6.35 径流式涡轮机
1—叶轮；2—叶片；3—叶片
式喷管；4—蜗壳

涡轮机叶轮经常在900℃高温的废气冲击下工作，并承受巨大的离心力作用，所以采用镍基耐热合金钢或陶瓷材料制造。用质量轻且耐热的陶瓷材料可使涡轮机叶轮的质量减小约2/3，涡轮增压加速滞后的问题也在很大程度上得到了改善。喷管叶片用耐热和抗腐蚀的合金钢铸造或机械加工成形。蜗壳用耐热合金铸铁铸造，内表面应该光洁，以减少气体流动损失。

3）增压器转子和轴承

涡轮机叶轮、压气机叶轮和密封套等零件安装在增压器轴上，构成涡轮增压器转子。转子以超过10000r/min，最高可达20000r/min的高转速旋转，因此，转子的平衡是非常重要的。增压器轴在工作中承受弯曲和扭转交变应力，一般用韧性好、强度高的合金钢40Cr或18CrNi制造。

增压器轴承的结构是车用涡轮增压器可靠性的关键之一，现代车用涡轮增压器都采用浮动轴承9(图6.33)。浮动轴承实际上是套在轴上的圆环，圆环与轴以及圆环与轴承座之间都有间隙，形成双层油膜。圆环浮在轴与轴承座之间，一般内层间隙为0.005mm左右，外层间隙约为0.1mm。轴承壁厚为3.0~4.5mm，用锡铅青铜合金制造，轴承表面镀一层厚度为0.005~0.008mm的铅锡合金或金属铟。在增压器工作时，轴承在轴与轴承座中间转动。增压器工作时产生轴向推力，由设置在压气机一侧的推力轴承7承受。为了减少摩擦，在整体式推力轴承两端的止推面上各加工有4个布油槽；在轴承上还加工有进油孔，以保证止推面的润滑和冷却。

4) 涡轮增压器的润滑及冷却

来自发动机润滑系统主油道的机油，经增压器中间体上的机油进口1进入增压器，润滑和冷却增压器轴和轴承。然后，机油经中间体上的机油出口2返回发动机油底壳(图6.36)。在增压器轴上装有油封，用来防止机油窜入压气机或涡轮机蜗壳内。如果油封损坏，将导致机油消耗量增加和排气冒蓝烟。由于汽油机增压器的热负荷大，因此在增压器中间体的涡轮机侧设置冷却液套，并用软管与发动机的冷却系统相通。冷却液自中间体上的冷却液进口3流入中间体内的冷却液套4，从冷却液出口5流回发动机冷却系统。冷却液在中间体的冷却液套中不断循环，使增压器轴和轴承得到冷却。

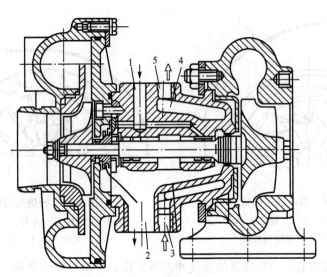

**图6.36　涡轮增压器的润滑油路及冷却水套**
1—机油进口；2—机油出口；3—冷却液进口；4—冷却液套；5—冷却液出口

有些涡轮增压器在中间体内不设置冷却液套，只靠机油及空气对其进行冷却。当发动机在大负荷或高转速工作之后，如果立即停机，那么机油可能由于轴承温度太高而在轴承内燃烧。因此，这类涡轮增压发动机应该在停机之前，至少在怠速下运转1min。

**3. 增压压力的调节**

对于车用发动机来说，运转范围比较广。当发动机在低速、小负荷工况下运转时，压气机提供的进气量如能够满足汽缸燃烧所需的要求，在提高转速或增大负荷时，增压压力升高，最高爆发压力增大，有时容易使汽油机增压压力过高而产生爆燃。为了将最高爆发压力和增压器的转数限制在允许的范围内，在涡流增压系统中都设有进气旁通阀或排气旁通阀，如图 6.37 所示，用于控制增压压力。

目前涡轮增压器增压压力的调节方式主要有旁通阀式和变截面式两种。

1）旁通阀式增压压力调节

排气旁通阀及其控制装置在增压器上的安装位置如图 6.37 所示。控制膜盒 1 中的膜片还通过连动杆 2 与排气旁通阀 3 连接。当压气机出口压力，也就是增压压力低于限定值时，膜片在膜片弹簧的作用下移向右室，并带动连动杆使排气旁通阀保持关闭状态。当增压压力超过限定值时，增压压力克服膜片弹簧力，推动膜片移向左室，并带动连动杆将排气旁通阀打开，使部分排气不经过涡轮机而直接排放到大气中，从而达到控制增压压力及涡轮机转速的目的。

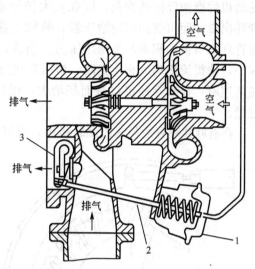

**图 6.37　带排气旁通阀的涡轮增压器**
1—控制膜盒；2—连动杆；3—排气旁通阀

在电控发动机上，排气旁通阀的开闭由电控单元控制的电磁阀操纵。电控单元根据发动机的工况，由预存的增压压力脉谱图确定目标增压压力，并与增压压力传感器检测到的实际增压压力进行比较，然后根据其差值来改变控制电磁阀开闭的脉冲信号占空比，以此改变电磁阀的开启时间，进而改变排气旁通阀的开度，控制排气旁通量，借以精确地调节增压压力（图 6.38）。

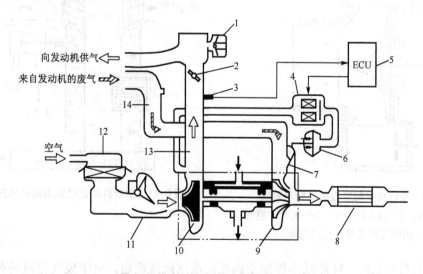

**图 6.38　电控旁通阀式涡轮增压系统**
1—进气旁通阀；2—节气门；3—增压压力传感器；4—电磁阀；5—电控单元；
6—控制膜盒；7—排气旁通阀；8—催化转换器；9—涡轮机；10—压气机；
11—空气流量计；12—空气滤清器；13—进气管；14—排气管

2）变截面式增压压力调节

涡轮增压系统在采用排气旁通后，废气能量的利用率下降，致使在高速大负荷时发动机的燃油经济性变差。因此在大排量重型车用涡轮增压发动机上多采用涡轮机喷管环出口截面可变的涡轮增压器，简称变截面涡轮增压器。这种涡轮增压器通过改变喷管环出口截面积来调节增压压力。当发动机低速运行时，让喷管环出口截面积自动减小，使得流出速度相应提高，增压器转速上升，压气机出口压力增大，供气量加大；在高速时，让喷管环出口截面积增大，增压器转速相对减小，增压压力降低，增压不过量。

在有叶片喷管的径流式涡轮机中，可以采用转动喷管叶片的方法来改变喷管环出口

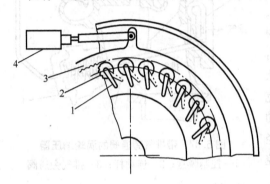

截面积，如图6.39所示。喷管叶片1与齿轮2相连，齿轮2与齿圈3啮合，当执行机构4往复移动时，齿圈或向左或向右转动，带动与其啮合的齿轮转动，并使喷管叶片随其转动，从而使喷管环出口截面积发生改变。

对于无叶片喷管的径流式涡轮机，可以在喷管出口处安装轴向移动的挡板来调节无叶喷管环出口截面积，如图6.40所示。

在奥迪A6轿车上采用的是有叶片喷管变截面涡轮增压器，如图6.41所示。

**图6.39 有叶片喷管变截面涡轮示意图**
1—喷管叶片；2—齿轮；3—齿圈；4—执行机构

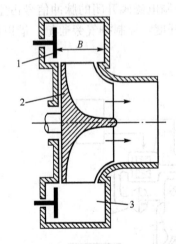

**图6.40 无叶片喷管变截面涡轮示意图**
1—活动挡板；2—涡轮机叶轮；3—无叶片喷管；
$B$—影响无叶喷管环出口宽度

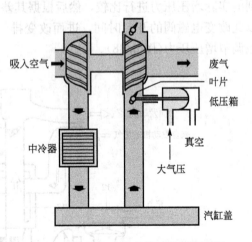

**图6.41 有叶片喷管变截面涡轮增压器**

发动机转速低时，叶片减小作用于涡轮的废气流通截面。由于废气流过的截面通道减小，其流速加快，涡轮转速也随之加快，增压器可以得到较高的增压效果，增大进气压力。发动机转速高时，为确保增压压力不超过规定要求，叶片增大进气截面，废气背压降低，降低增压效果。

可调叶片结构如图 6.42 所示。将叶片连同轴一起安装到支承圈上，叶片轴支承圈后有一导销，该销卡在调整圈内，通过调整圈控制所有叶片以相同速度同时转动。

叶片的调整是由电磁阀和低压箱控制的，通过控制杆系导向销驱动调整圈，从而带动叶片旋转。

发动机转速低时，ECU 操纵电磁阀关闭大气通道，打开真空通道，真空作用到低压箱上。低压箱膜片两侧压差大，膜片变形大，通过控制杆系导向销驱动调整圈转动叶片的角度大，导向叶片平置，叶片间角度小，缩小排气流入截面积，增大排气流速而提高增压压力，如图 6.43 所示。

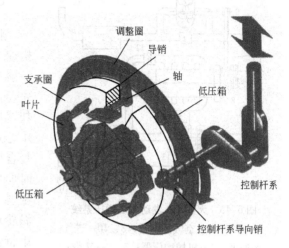

图 6.42　可调叶片结构

发动机转速高时，ECU 操纵电磁阀关闭真空通道，打开大气通道，大气作用到低压箱上。低压箱膜片两侧压力相等，膜片通过控制杆系导向销驱动调整圈转动叶片角度，导向叶片竖置，叶片间角度变大，增大排气流入截面积，降低排气流速而减少增压压力，如图 6.44 所示。

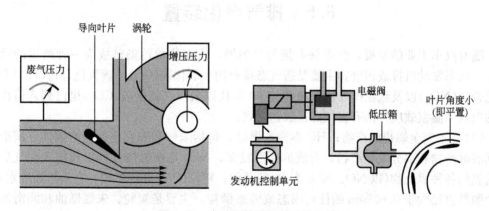

图 6.43　发动机转速低时叶片平置

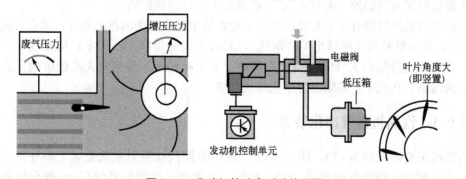

图 6.44　发动机转速高时叶片竖置

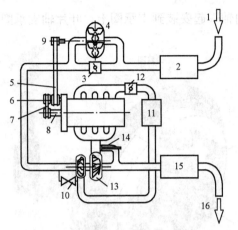

**图 6.45　大众 TSI 发动机双增压系统**
1—进气；2—空气滤清器；3、10—进气
旁通道；4—机械增压器；5、7—V 带；
6—从动轮；8—曲轴；9—电磁离合
器；11—中冷器；12—节气门；
13—涡轮增压器；14—排气旁
通阀；15—消声器；
16—废气

### 6.4.4　复合增压

将机械增压与涡轮增压适当结合，可以构成多种形式的复合增压系统，复合增压一般有两种类型：①串联复合增压，空气先经涡轮增压器提高压力后，进入中间冷却器降温，再经机械增压器增压，这种增压方式主要用于高增压发动机上；②并联复合增压，由机械增压器和涡轮增压器同时向发动机供给增压空气，在低转速范围主要靠机械增压，而在高转速范围主要靠涡轮增压，这种增压方式使发动机低速转矩特性得到改善。

图 6.45 所示为大众 TSI 发动机双增压系统，属于并联复合增压，在低转速范围内主要靠机械增压，改善低速增压效果；高速时主要靠涡轮增压，电磁离合器受 ECU 控制脱开发动机与机械增压的传动。

## 6.5　排气净化装置

随着汽车工业的发展，汽车保有量与日俱增，汽车排放污染已成为一种严重的社会危害。汽车发动机排放污染物主要是指气态排放物—氧化碳($CO$)、碳氢化合物($HC$)和氮氧化合物($NO_x$)以及颗粒排放物。20 世纪 90 年代以来，二氧化碳($CO_2$)也已列入值得关注的造成"温室效应"的有害气态排放物之列。

$CO$ 是不完全燃烧的产物；$HC$ 亦称未燃烃，包括未燃和未完全燃烧的燃油、润滑油及其裂解产物和部分氧化产物，形成的原因较多；$NO_x$ 是在燃烧过程中和排入大气后造成的氮的各种氧化物(以 $NO$、$NO_2$ 为主)的总称；颗粒($PM$)亦称微粒，它是指除纯水外，单个颗粒直径大于 $0.002\mu m$ 的任何固态或液态微粒，主要是炭粒、未燃燃油和润滑油液态颗粒，以及其他碳氢化合物、硫化物、含金属的灰分等；$CO_2$ 是燃烧的必然产物，其危害主要是引起大气层的"温室效应"，造成对生态环境的影响。

汽车发动机排放物有 3 个来源：燃油供给系统中蒸发出来的汽油蒸气，其有害成分以 $HC$ 为主；从曲轴箱通气管排出的"窜气"，其有害成分也以 $HC$ 为主；从排气管排出的废气，其有害成分是 $CO$、$HC$、$NO_x$ 和颗粒。为了减轻汽车废气对人类健康的危害及其对环境的污染，在汽车上必须设置净化排气装置。

### 6.5.1　汽油机排气净化装置

汽油机主要排放物为 $CO$、$HC$、$NO_x$，现代电控汽油喷射系统配置了多种排放控制系统，主要包括曲轴箱强制通风(PCV)系统、空燃比反馈控制系统(三元催化转换器)、废气再循环控制系统（EGR）、汽油蒸汽控制系统（EVAP）、二次空气喷射控制系统（AIR），后 4 种均由 ECU 控制。

1. 催化转换器

催化转换器是利用催化剂的作用将排气中的 CO、HC 和 $NO_x$ 转换为对人体无害的气体的一种排气净化装置，也称作催化净化转换器。

金属铂、钯或铑均可作催化剂。在化学反应过程中，催化剂只促进反应的进行，不是反应物的一部分。

催化转换器有氧化催化转换器和三元催化转换器。氧化催化转换器只将排气中的 CO 和 HC 氧化为 $CO_2$ 和 $H_2O$，因此这种催化转换器也称作二元催化转换器。必须向氧化催化转换器供给二次空气作为氧化剂，才能使其有效地工作。三元催化转换器可同时减少 CO、HC 和 $NO_x$ 的排放，它以排气中的 CO 和 HC 作为还原剂，把 $NO_x$ 还原为氮气（$N_2$）和氧气（$O_2$），而 CO 和 HC 在还原反应中被氧化为 $CO_2$ 和 $H_2O$。

1）三元催化转换器（TWC）的结构

现代汽车普遍在发动机排气总管后加装三元催化转换器，如图 6.46(a)所示。根据载体（含催化剂）结构不同，三元催化转换器可分为颗粒型和整块型，如图 6.46(b)所示。颗粒型催化转换器内含 10～20 万个小颗粒，氧化铝作为制造颗粒的催化材料的载体。整块型催化转换器内含表面积大约有 10 个足球场大的整体蜂窝块，蜂窝块可由金属或陶瓷制作，金属或陶瓷蜂窝块表面覆盖一层氧化铝。氧化铝表面有形状复杂的表层，可增大催化剂和废气的接触面积。

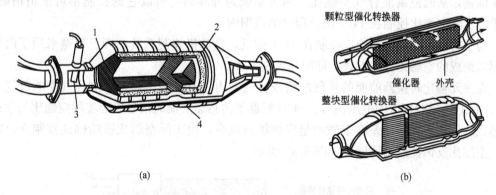

(a)　　　　　　　　　　　　　　　　(b)

**图 6.46　三元催化转换器的结构**

1—载体（含催化剂）；2—垫层；3—氧传感器；4—壳体

其中的三元催化剂是铂和铑的混合物。铂能促使排气中的有害成分 CO、HC 氧化成 $CO_2$ 和 $H_2O$，铑能加速有害气体 $NO_x$ 还原成 $N_2$ 和 $O_2$，从而起到净化排气的作用。催化剂的表面活性作用是利用排气本身的热量激发的，其使用温度范围，以活化开始温度为下限（250℃），以过热引起催化转换器故障的极限温度为上限（1000℃）。保持催化转换器高净化率、高使用寿命（一般可达 80000～100000km）的理想运行温度为 400～800℃。

当超过上限温度后，催化剂过热会使老化加快，甚至完全丧失催化功能。催化转换器会因为排气中铅化物、碳烟、焦油等引起损坏，铅覆盖在催化剂表面将使催化剂失效，因此应使用无铅汽油。

三元催化转换器的转换效率与空燃比的关系曲线如图 6.47(a)所示。在高效区的理论空燃比范围内，三元催化剂的转换效率最高。能高效率地进行 HC、CO 的氧化和 $NO_x$ 的还原，如图 6.47(b)所示，使 3 种排放污染物被同时净化。因此，有必要使可燃混合气的空燃比控制在这个非常狭小的高效净化区域内。氧传感器能检测进入催化转换器之前的排气中氧浓度或检测脱离高效区域内进行燃烧的程度，并对空燃比进行反馈控制。

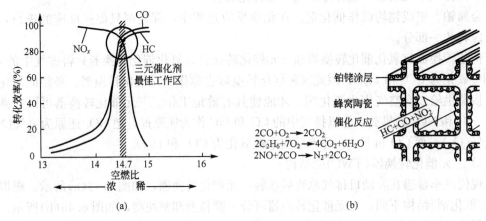

图 6.47　三元催化转换器的转换效率

2) 空燃比反馈控制系统(闭环控制)

在发动机开环控制过程中，ECU 根据转速、进气量、进气压力、进气温度等信号确定喷油量，从而控制混合气空燃比。因为系统是开环的，所以它的控制不可能很精确，很难将实际空燃比控制在 14.7 附近很窄的范围内。

为了将实际空燃比精确地控制在 14.7 附近，发动机控制系统中现已普遍采用了由氧传感器组成的空燃比反馈方式，即闭环控制方式。

在三元催化转换器前面的排气歧管或排气管内装有氧传感器，检测排气中的氧气含量，向 ECU 反馈相应的电压信号。ECU 根据氧传感器反馈的信号确定实际空燃比与理论空燃比的偏差，根据偏差确定喷油量应增加或减少，使实际空燃比被精确地控制在设定值。空燃比反馈控制系统原理如图 6.48 所示。

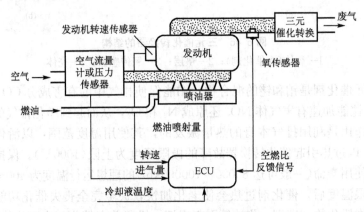

图 6.48　空燃比反馈控制系统原理

发动机进入开环或闭环控制，均由 ECU 根据有关输入信号确定。下列工况应采用开环控制：怠速运转；节气门全开、大负荷；减速断油；发动机起动；发动机冷却液温度低或氧传感器的温度未到达工作温度；氧传感器失效或其线路出现故障等。

3) 氧传感器

氧传感器可分为氧化锆($ZrO_2$)式和氧化钛($TiO_2$)式两种类型。

(1) 氧化锆式氧传感器的构造及其输出特性如图 6.49 所示。氧化锆管固定在带有安装螺纹的固定套内，在氧化锆管的内、外表面均覆盖着一薄层铂作为电极，传感器内侧通大气，外侧直接与排气接触。在氧化锆管外表面的铂层上，还覆盖着一层多孔的陶瓷涂层，并加有带槽口的防护套管，用来防止废气对铂电极产生腐蚀；在传感器的线束连接器端有金属护套，其上设有小孔，以便使氧化锆管内侧通大气。

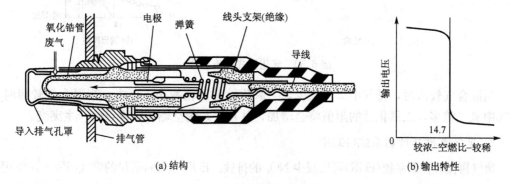

(a) 结构　　(b) 输出特性

**图 6.49　氧化锆式氧传感器**

氧化锆式氧传感器实质是一个化学电池，又称氧浓度差电池。在 400℃ 以上的高温时，若氧化锆管内、外表面接触的气体中氧的浓度有很大差别，在氧化锆管内、外表面的两个铂电极之间将会产生电压。发动机工作时，由于氧化锆管内表面接触的大气中氧浓度是固定的，而与外表面接触的废气中氧浓度是随空燃比变化的，所以将氧化锆管内、外表面两个电极间产生的电压输送给 ECU，即可作为判断实际空燃比的依据。

当混合气过稀时，排出的废气中氧含量高，传感器内、外侧氧浓度差小，两电极间产生的电压很低（接近 0V）；反之，混合气过浓时，排出的废气中氧含量低，传感器内、外侧氧浓度差大，两电极间产生的电压高（接近 1V）。在理论空燃比附近，氧传感器输出的电压信号有一突变。

由于氧化锆只能在 400℃ 以上的高温时才能正常工作，为保证发动机在进气量少、排气温度低时也能正常工作，有的氧传感器内装有加热器，加热器也由发动机 ECU 控制。不带加热器的氧传感器称为普通型氧传感器，带加热器的氧传感器称为热型氧传感器。

(2) 氧化钛式氧传感器与氧化锆式氧传感器有很大的不同，它是利用半导体二氧化钛($TiO_2$)的导电性随排气中氧含量的变化而变化的特性制成的，故又称电阻型氧传感器。二氧化钛是一种在室温下具有很高电阻的半导体，但当排气中氧含量少（混合气浓）时，二氧化钛中的氧分子将逃逸，使其晶体出现缺陷，将会有更多的电子可用来传送电流，材料的电阻亦随之降低。这种现象与温度和氧含量有关，因此，要将二氧化钛在 300～900℃ 的排气温度中连续使用，必须进行温度补偿。

氧化钛式氧传感器的结构和输出特性如图 6.50 所示，包括两个二氧化钛元件，一个是多孔性的二氧化钛陶瓷,用来检测排气中的氧含量;另一个则为实心二氧化钛陶瓷,用作加热调节及温度补偿。该传感器外端是用具有孔槽的金属管制成的防护套,传感器接线端以橡胶作为密封材料,防止外界气体渗入。它一般安装在排气歧管或尾管上,同时可借助废气高温加热至适当的工作温度。

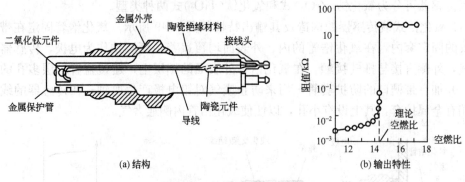

(a) 结构    (b) 输出特性

图 6.50　氧化钛式氧传感器

当混合气较浓时,排气中氧气极少,二氧化钛的阻值减小;反之,当混合气较稀时,排气中氧气较多,二氧化钛的阻值将会增加,并且在理论空燃比临界点处产生突变。

**2. 废气再循环控制系统(EGR)**

废气再循环控制系统(EGR)可以减少 $NO_x$ 的排放。EGR 系统将适量的废气(5%～16%)引入汽缸参加燃烧,从而降低汽缸内燃烧的最高温度,以减少 $NO_x$ 的排放。为了保证废气再循环对发动机的正常工作和性能不造成过多影响,必须根据发动机工况的变化控制废气再循环量。采用 ECU 控制的 EGR 系统主要有开环控制 EGR 系统和闭环控制 EGR 系统。

**1) 开环控制 EGR 系统**

常见的开环控制 EGR 系统如图 6.51 所示,主要由 EGR 阀和 EGR 电磁阀等组成。EGR 阀安装在废气再循环通道中,用以控制废气再循环量;EGR 电磁阀安装在通向 EGR 阀的真空通道中。ECU 根据发动机冷却液温度、节气门开度、转速和起动等信号来控制电磁阀的通电或断电。ECU 控制 EGR 电磁阀断电时,控制 EGR 阀的真空通道接通,EGR 阀开启,进行废气再循环;ECU 控制 EGR 电磁阀通电时,控制 EGR 阀的真空通道被切断,EGR 阀关闭,停止废气再循环。

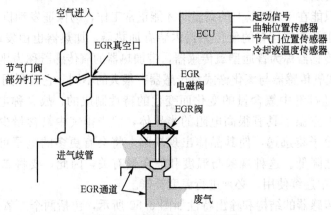

图 6.51　开环控制 EGR 系统

为了确保发动机工作性能的稳定，部分工况下不允许进行废气再循环。ECU 控制 EGR 电磁阀通电停止废气再循环的工况有：起动工况(起动开关信号)、怠速工况(IDL 信号)、暖机工况(冷却液温度信号)、转速低于 900r/min 或高于 3200r/min(转速信号)等。除上述以外的其他工况，ECU 控制 EGR 电磁阀断电，进行废气再循环。废气再循环量取决于 EGR 阀的开度，而 EGR 阀的开度直接由真空度控制。由于真空管口设在靠近节气门全闭位置的上方，随着发动机转速和负荷(节气门开度)的增大，真空管口处的真空度增加，EGR 阀的开度增大；随着发动机转速和负荷减小，EGR 阀开度也减小。

进行废气再循环时，废气再循环量的多少可用废气再循环率(EGR 率)表示，EGR 率是指废气再循环量在进入汽缸内的气体中所占的比率，即 EGR 率＝[EGR 量/(进气量＋EGR 量)]×100％。有些 EGR 控制系统中，EGR 电磁阀采用占空比控制型电磁阀，ECU 通过占空比控制电磁阀的开度调节作用在 EGR 阀上的真空度，进而控制 EGR 阀的开度，以实现对废气再循环量的控制。在此系统中，通向 EGR 阀的真空管口一般设在节气门之后。

在开环控制 EGR 系统中，ECU 根据各传感器信号确定发动机工况，并按其内存的 EGR 率与转速、负荷的对应关系进行控制，但对其控制的结果不能进行检测。

部分发动机采用步进电动机式 EGR 阀对废气再循环实现全 ECU 控制，如图 6.52 所示。步进电动机式 EGR 阀的结构和工作原理与步进电动机式怠速控制阀基本相同。全 ECU 控制的 EGR 系统在兼顾发动机的动力性方面，对废气再循环量的控制更为精确，废气净化性能更好。

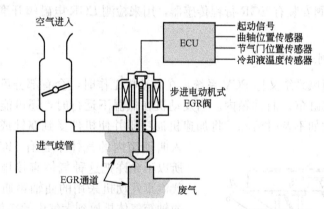

**图 6.52　步进电动机式 EGR 阀废气再循环系统**

2) 闭环控制 EGR 系统

在闭环控制 EGR 系统中，检测实际的 EGR 阀开度(或 EGR 率)作为反馈控制信号，其控制精度更高。

用 EGR 阀开度作为反馈信号的闭环控制 EGR 系统如图 6.53 所示。在 EGR 阀上增设了一个 EGR 阀开度传感器。闭环控制 EGR 系统工作时，ECU 可根据 EGR 阀开度传感器的反馈信号修正 EGR 电磁阀的开度，使 EGR 率保持在最佳值。

EGR 阀开度传感器为电位计式，其工作原理与电位计式节气门位置传感器类似。EGR 阀开度传感器与 ECU 之间有 3 条连接线路，分别为电源线、搭铁线和信号线，ECU 通过电源线给传感器提供 5V 的标准电压，传感器将 EGR 阀开启高度变化转换为电信号经信号线输送给 ECU。

在用 EGR 率作为反馈信号的闭环控制 EGR 系统中,ECU 根据 EGR 率传感器信号对 EGR 电磁阀实行反馈控制。EGR 率传感器安装在进气总管中的稳压箱中,新鲜空气经节气门进入稳压箱,参与再循环的废气经 EGR 电磁阀进入稳压箱,传感器检测稳压箱内气体中的氧浓度(氧浓度随 EGR 率的增加而降低),并转换成电信号输送给 ECU,ECU 根据此反馈信号修正 EGR 电磁阀的开度,使 EGR 率保持在最佳值。

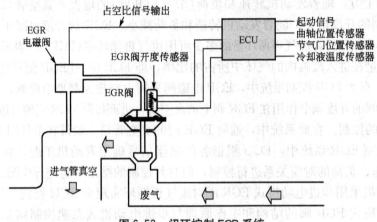

图 6.53　闭环控制 EGR 系统

本田雅阁发动机的闭环控制 EGR 系统中,采用一个 EGR 电磁阀取代了膜片式 EGR 阀,此 EGR 电磁阀安装有 EGR 行程传感器,用来检测 EGR 电磁阀开度,反馈控制废气再循环量。

### 3. 曲轴箱强制通风系统

曲轴箱强制通风系统又称 PCV 系统。在发动机工作时,会有部分可燃混合气和燃烧产物经活塞环由汽缸窜入曲轴箱内。当发动机在低温下运行时,还可能有液态燃油漏入曲轴箱。这些物质如不及时清除,将加速机油变质并使机件受到腐蚀或锈蚀。又因为窜入曲轴箱内的气体中含有 HC 及其他污染物,所以不允许把这种气体直接排放到大气中。现代汽车发动机采用的曲轴箱通风系统就是防止曲轴箱气体排放到大气中的净化装置。

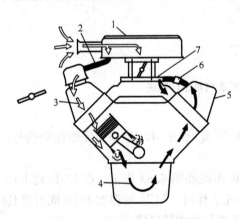

图 6.54　曲轴箱强制通风系统
1—空气滤清器;2—空气软管;
3—新鲜空气;4—曲轴箱气体;
5—汽缸盖罩;6—PCV 阀;
7—曲轴箱气体软管

PCV 系统的组成如图 6.54 所示。当发动机工作时,进气管真空度作用到 PCV 阀 6,此真空度还吸引新鲜空气经空气滤清器 1、空气软管 2 进入汽缸盖罩 5 内,再由汽缸盖和机体上的孔道进入曲轴箱。在曲轴箱内新鲜空气与曲轴箱气体混合后经汽缸盖罩 5、PCV 阀 6 和曲轴箱气体软管 7 进入进气管,最后经进气门进入燃烧室烧掉。

PCV 系统中最重要的控制元件是 PCV 阀,其功用是根据发动机工况的变化自动调节进入汽缸的曲轴箱气体的量。

发动机不工作时 PCV 阀的开度如图 6.55(a)所示，PCV 阀中的弹簧 2 将锥形阀 3 压在阀座 4 上，关闭了曲轴箱与进气歧管的通路。

发动机怠速或减速时 PCV 阀的开度如图 6.55(b)所示，在怠速或减速时，进气管真空度很大，真空度克服弹簧力把锥形阀吸向右端，使锥形阀 3 与阀体 1 之间只有很小的缝隙。因为发动机在怠速或减速工作时，窜入曲轴箱的气体很少，所以 PCV 阀开度虽小但足以使曲轴箱气体流出曲轴箱。

部分节气门开度时 PCV 阀的开度如图 6.55(c)所示，进气管真空度比怠速时小，在弹簧的作用下锥形阀与阀体间的缝隙增大。因为在部分节气门开度下发动机的负荷比怠速时大，窜入曲轴箱的气体较多，所以较大的 PCV 阀开度可以使所有的曲轴箱气体被吸入进气管。

发动机在大负荷工作时 PCV 阀的开度如图 6.55(d)所示，发动机在大负荷工作时节气门开度大，进气管真空度较小，弹簧将锥形阀进一步向左推移，使 PCV 阀的开度更大。因为大负荷时将产生更多的曲轴箱气体，所以只有 PCV 阀的开度很大时，才能使曲轴箱气体全部流入进气管。

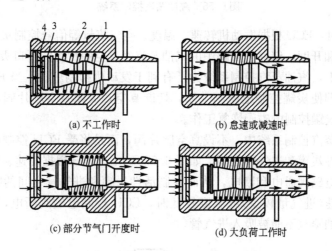

(a) 不工作时　　　　　　　　(b) 怠速或减速时

(c) 部分节气门开度时　　　　　(d) 大负荷工作时

图 6.55　发动机各种工况下的 PCV 阀开度
1—PCV 阀体；2—弹簧；3—锥形阀；4—阀座

若进气管发生回火，进气管压力增高，锥形阀落在阀座上，如同发动机不工作时一样，以防止回火进入曲轴箱而引起发动机爆炸。

当活塞或汽缸严重磨损时，将有过多的气体窜入曲轴箱，这时即使 PCV 阀开度最大也不足以使这些气体都流入进气管。在这种情况下，曲轴箱压力将会升高，部分曲轴箱气体经空气软管进入空气滤清器，再随同新鲜空气一起流入汽缸，如图 6.54 所示。

4. 汽油蒸汽控制系统(EVAP)

汽车运行时，为防止汽油箱中的汽油蒸汽向大气中排放，并防止产生 HC 对大气的污染，在发动机控制系统中普遍采用了由 ECU 控制的活性炭罐蒸发污染控制装置，用以吸收油箱中的汽油蒸汽，并在发动机工作时再提供给发动机。

汽油蒸汽控制系统的组成如图 6.56 所示。

汽油箱中的汽油蒸汽经单向阀从活性炭罐上部进入炭罐，滤去杂质，与从炭罐下部进入的空气混合，并储存在炭罐中。真空膜片阀由来自炭罐控制电磁阀的负压控制。

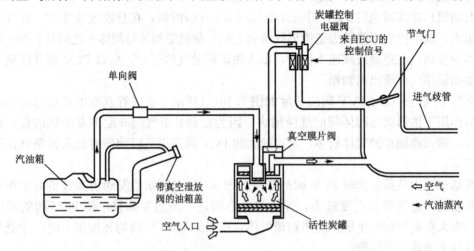

图 6.56　汽油蒸汽控制系统

发动机工作时，ECU 根据发动机转速、温度、空气流量等信号控制炭罐电磁阀供给真空膜片阀的负压和开度，储存于炭罐中的汽油蒸汽经真空膜片阀的开口吸入进气歧管。

在有的车型上，汽油蒸汽控制系统为了有利于发动机抑制爆燃，当 ECU 判定发动机产生爆燃时，立即使炭罐控制电磁阀关闭，切断真空，关闭真空膜片阀，直到爆燃消失150ms 后，才使炭罐控制电磁阀恢复工作。

在部分汽油蒸汽控制系统中，不设真空膜片阀，而是将受 ECU 控制的炭罐控制电磁阀直接安装在活性炭罐和进气管之间，如图 6.57 所示。ECU 根据转速、负荷、温度、进气量等信号控制电磁阀通电和断电，从而控制活性炭罐和进气管之间的吸气通道打开或关闭。发动机怠速(进气量较少)或温度较低时，ECU 控制电磁阀断电，关闭吸气通道，活性炭罐内的汽油蒸汽不能被吸入进气管。

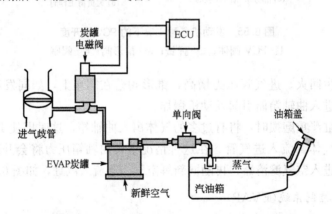

图 6.57　炭罐电磁阀直接控制的 EVAP 系统

5. 二次空气喷射控制系统(AIR)

二次空气喷射系统的功能是：在一定工况下，将新鲜空气送入排气歧管(或排气管)，促使废气中的 CO 和 HC 进一步氧化，从而降低 CO 和 HC 的排放量，同时加快三元催化转换器的升温过程。二次空气喷射控制系统的组成及控制过程如图 6.58 所示。

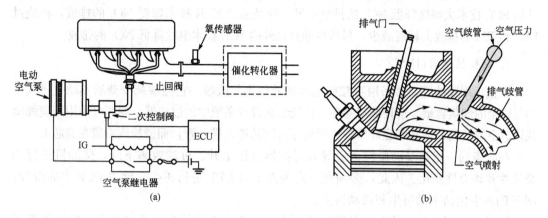

**图 6.58 二次空气喷射控制系统**

点火开关接通后，ECU 接收有关传感器信号确定二次空气喷射系统需要工作，控制空气泵继电器线圈接地，空气泵继电器触点闭合，蓄电池向电动空气泵供电；ECU 控制电磁阀搭铁，二次控制阀打开，新鲜空气喷入进气歧管进行二次燃烧。进气歧管中还设置有止回阀，其作用是防止排气管中的废气倒流。

在下列情况下 ECU 不允许二次空气喷射系统工作：电控汽油喷射系统进入闭环控制状态；冷却液温度为 20～60℃ 且空气泵已工作 4min；冷却液温度超过 60℃ 且空气泵已工作 30s；发动机转速超过 1900r/min；ECU 发现有故障等。

### 6.5.2 柴油机排气净化装置

柴油机配置的排放控制系统主要有曲轴箱强制通风、三元催化转换器、EGR、颗粒捕集器（DPF）及选择性催化还原器（SCR）等。

柴油机主要排放物是 $NO_x$ 及颗粒，图 6.59 所示为现代柴油机降低 $NO_x$ 及颗粒排放的常见措施，由图可以看出在柴油机的排放控制中 $NO_x$ 和颗粒（PM）间存在折衷关系，即降低

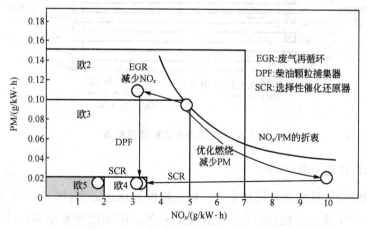

**图 6.59 柴油机降低 $NO_x$ 及颗粒排放常见措施**

$NO_x$ 的措施往往导致 PM 排放的增加,反之亦然。由于 $NO_x$ 及颗粒的排放此消彼长,因此控制柴油机排放可以采用两条不同的途径:一种是通过优化燃烧降低 PM 排放,然后通过机外的 SCR 技术大幅度降低 $NO_x$ 的排放;另一种是通过 EGR 技术降低 $NO_x$ 的排放,再通过 DPF 将 PM 的排放大幅度减少,最后再通过机外的 SCR 技术继续降低 $NO_x$ 的排放。

1. 颗粒捕集器(DPF)

现代车用柴油机通常采用颗粒捕集器来处理排气微粒,它能够减少柴油发动机排气中 90% 以上的烟灰含量。这种捕集器是一种安装在排放系统中的过滤器,滤芯可采用陶瓷蜂窝载体、金属蜂窝载体和陶瓷纤维等。废气穿过滤芯进入排气管,而微粒则滞留在滤芯上。

在收集到一定数量的微粒后会导致过滤器背压上升、过滤效率下降,柴油机运行的经济性和动力性恶化。因此,必须在一定条件下对 DPF 进行再生,除去 DPF 中的微粒。DPF 的再生包括主动再生和被动再生。

DPF 主动再生是利用各种外部能源再生,包括电加热再生、微波再生、喷油助燃再生等。通过这些手段提高过滤器温度,使炭烟可以燃烧除去。再生不依赖于废气携带的热量,而且可以人工控制,所以主动再生有很宽的应用范围。但是主动再生系统增加了能量消耗,其控制组件比较大,因而不是首选的再生技术。

DPF 被动再生采用催化再生技术,利用催化剂降低微粒的活化反应能,使微粒的自燃温度降到 350℃ 左右,使炭烟可以在柴油机较大范围运行工况内燃烧除去。

2. 连续再生式颗粒捕集器

连续再生式颗粒捕集器由 DPF 与其上游的特殊氧化催化转换器组成(图 6.60),采用隔墙流动的蜂窝状结构。在这个催化转换器中,借助特殊配方催化剂的催化作用,柴油机废气中的 NO 被氧化成 $NO_2$,这种新生的 $NO_2$ 具有很强的氧化活性,能使后面的 DPF 中的微粒在 200℃ 左右的温度下就发生激烈的氧化反应,生成 $CO_2$ 和 NO。不过这种方法要求采用无硫的柴油,否则催化剂会很快失效。

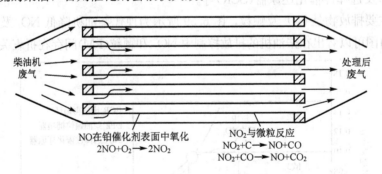

图 6.60 连续再生式颗粒捕集器

3. 选择性催化还原器(SCR)

降低柴油机 $NO_x$ 排放的常用技术之一是选择性催化还原器(SCR)。SCR 排放控制系统的组成如图 6.61 所示,包括前置氧化催化转换器、附加的尿素喷射和计量系统,SCR 前的尿素水解催化转换器、SCR、SCR 后的残余氨氧化催化转换器等。

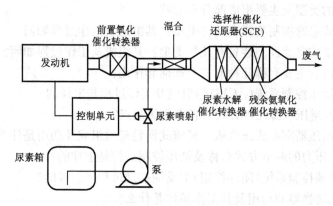

图 6.61　SCR 排放控制系统

SCR 系统工作原理如图 6.62 所示，通常是与前置氧化催化转换器配合使用，加速废气中 NO 向 $NO_2$ 的转化，增加 $NO_x$ 的净化能力。SCR 前的尿素水解催化转换器用于尿素水解反应，产生氨（$NH_3$）；SCR 后的残余氨氧化催化转换器用于氧化残留的氨。

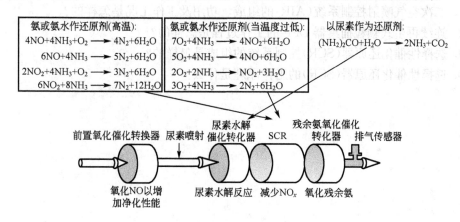

图 6.62　SCR 系统工作原理

高温排气中加入 $NH_3$（或其他还原剂），与 $NO_x$ 反应后生成 $N_2$ 和 $H_2O$。当温度过低时，$NO_x$ 的还原反应不能有效进行。

以尿素作为还原剂用起来比直接用氨水方便，尿素的水溶液在 200℃ 以下产生氨气。以尿素作为还原剂的 SCR 系统已经在发电厂和固定式柴油机上得到应用，在载货车柴油机上也将有较好的应用前景。对于轿车用柴油机，为了使用方便通常采用柴油中的 HC 作为还原剂，配合共轨系统的次后喷射技术，根据工况不同次后喷射适当数量的柴油，来提供用作还原剂的 HC。

## 思考题

1. 进气系统的主要组成部分有哪些？
2. 空气滤清器有哪几种结构形式？各有什么特点？

3. 排气系统的类型及主要组成部分有哪些？

4. 旁通空气式怠速控制装置有几种类型？其组成及工作过程如何？

5. 节气门直动式怠速控制装置有几种类型？其组成及工作过程如何？

6. 可变进气歧管主要有哪几种形式？如何起作用？

7. 谐波进气增压控制系统(ACIS)的组成及工作过程是怎样的？

8. 何谓增压？增压有哪几种方式？各有何优缺点？

9. 废气涡轮增压器离心式压气机、径流式涡轮机的组成及功用是什么？

10. 涡轮增压压力的调节方式名称及调压控制过程是怎样的？

11. 空燃比反馈控制系统(闭环控制)的反馈控制过程是怎样的？

12. 三元催化转换器的功用及其工作条件是什么？

13. 氧传感器的类型及工作原理是什么？

14. 废气再循环的功用及组成，废气再循环的类型及工作工况是怎样的？

15. 曲轴箱强制通风系统的组成及功用是什么？根据 PCV 阀介绍系统的工作过程。

16. 汽油蒸汽控制系统(EVAP)的组成及功用是什么？

17. 二次空气喷射控制系统(AIR)的组成、功用及工作工况是怎样的？

18. 连续再生式颗粒捕集器 DPF 的工作过程是怎样的？

19. 选择性催化还原器(SCR)控制系统的组成是怎样的？

20. 选择性催化还原器(SCR)的工作原理是什么？

# 第7章

# 冷 却 系 统

教学提示

冷却系统的功用是把受热机件吸收的部分热量及时散发出去，保证发动机在最适宜的温度状态下工作。根据冷却介质不同可以分为水冷系统和风冷系统，本章主要介绍水冷系统。

教学目标

了解水冷系统的功用、组成；掌握水冷系统主要部件的结构和工作原理，重点熟悉冷却液的循环路径及冷却强度的调节方法；简单了解风冷系统。

| 知 识 点 | 技 能 点 |
|---|---|
| 1. 冷却液的品质及型号<br>2. 冷却系统的功用与组成<br>3. 水冷系统的大循环和小循环过程<br>4. 水泵结构原理<br>5. 节温器结构原理 | 1. 能够检查防冻液面高度位置<br>2. 具备从原车拆装水泵与节温器的基本技能<br>3. 能够调整水泵皮带紧度<br>4. 能够识别防冻液型号 |

# 7.1 概　　述

## 7.1.1　冷却系统的功用及组成

发动机工作时，可燃混合气在汽缸内燃烧，其工作温度高达 2000℃，瞬时温度可达 3000℃左右。如果不加以适当冷却，不仅会使发动机过热，导致充气效率下降、燃烧不正常、机油变质、零件摩擦和磨损加剧，有时甚至造成机件卡死或烧毁等事故性损伤。但如果冷却过度，又会由于汽缸温度过低使机油黏度增大、摩擦损失增加、燃油雾化不良、动力下降、散热损失增加及润滑性能变差。因此，必须保证发动机始终处在最适宜的温度状态下工作。冷却系统的作用是把受热机件吸收的部分热量及时散发出去，保证发动机在最适宜的温度状态下工作。

为了使发动机正常工作，冷却水应保证在 80～100℃ 的范围内，只有在这一狭窄的温度范围内，才能使各受热机件处于正常热范围内，保证发动机有较大的功率和较好的经济性，且运动零件的磨损正常。

冷却系统按照冷却介质不同可以分为风冷系统和水冷系统两种。

水冷系统是把发动机的热量先传给冷却水，然后再散入到大气，使发动机的温度降低的装置。其主要特点是冷却均匀、冷却效果好、结构紧凑，而且发动机运转噪声小。目前汽车发动机广泛采用的是水冷系统，本章主要介绍水冷系统。

风冷系统是把发动机中高温零件的热量直接散入大气而进行冷却的装置。它利用车辆行驶时前进的气流或特制的风扇鼓动空气，吹过散热片，将热量带走。风冷系统的特点是冷却不够可靠，功率消耗大，噪声大和对气温变化敏感。

## 7.1.2　水冷系统组成及水循环路径

### 1. EQ6100-1 发动机冷却系统

EQ6100-1 发动机冷却系统的组成如图 7.1 所示。水套 8 是直接铸造在汽缸体和汽缸盖内相互连通的空腔，水套通过橡胶软管与固定在发动机前端的散热器相连，形成封闭的冷却水循环空间，水泵安装在水套与散热器之间。发动机工作时，水套和散热器内充满冷却水，曲轴通过 V 带驱动水泵工作，使冷却水在水套与散热器之间循环流动，冷却水流经汽缸体和汽缸盖内水套时带走发动机热量，使发动机冷却，而流经散热器时将热量散发给大气。

风扇安装在水泵轴上，水泵工作时风扇转动产生强大的吸力，以增大流经散热器的空气流量和速度，加强散热器的散热效果。在一些发动机上采用风扇离合器或电动风扇来控制风扇的工作状态，以根据发动机的工作情况调节冷却强度。

百叶窗安装在散热器前面，由驾驶员控制其开度，以控制流经散热器的空气量，调节冷却强度。

节温器安装在水套出水口处，根据发动机工作温度，它可自动控制通向散热器和水泵的两个冷却水通路，以调节冷却强度。

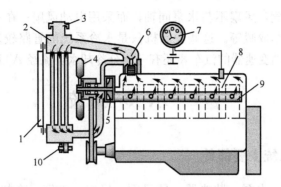

**图 7.1 EQ6100-1 发动机的冷却系统组成**

1—百叶窗；2—散热器；3—散热器盖；4—风扇；5—水泵；6—节温器；

7—冷却液温度表；8—水套；9—分水管；10—放水开关

发动机工作温度低（70℃以下）时，节温器自动关闭通向散热器的通路，而开启通向水泵的通路，从水套流出的冷却水直接通过软管进入水泵，并经水泵送入水套再进行循环，由于冷却水不经散热器散热，可使发动机工作温度迅速升高，此循环路线称小循环。发动机工作温度高（80℃以上）时，节温器自动关闭通向水泵的通路，而开启通向散热器的通路，从水套流出的冷却水经散热器散热后再由水泵送入水套，提高了冷却强度，以防止发动机过热，此循环路线称大循环。发动机工作温度在 70～80℃时，大、小循环同时存在，即部分冷却水进行大循环，而另一部分冷却水进行小循环。

分水管为一扁平的长管，上面加工有若干出水口，离水泵越远，出水口的尺寸越大，这样可保证发动机各缸冷却均匀。冷却液温度表设在仪表板上，通过冷却液温度传感器检测并由冷却液温度表显示冷却水温度。

2. 桑塔纳轿车发动机冷却系统

桑塔纳轿车发动机冷却系统采用带膨胀箱的强制闭式水冷却系统，如图 7.2 所示。水泵安装在发动机左下侧，水泵与风扇不同轴，采用双速电动风扇。电动风扇由热敏开关控制，热敏开关安装在汽缸体一侧的水套出水口处，当水温高于 75℃时，热敏开关将风扇电动机低速挡接通，风扇以约 1600r/min 的转速运转；当水温高于 105℃时，热敏开关接通风扇电动机高速挡，风扇以 2400r/min 的转速运转；当水温下降到 93～98℃时，高速挡停止工作；当水温下降到 84～93℃时，低速挡停止工作。

节温器安装在水泵进水口处，当冷却水温高于 85℃时，节温器使冷却水进行大循环；当冷却水温低于 85℃时，节温器使冷却水进行小循环。

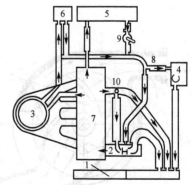

**图 7.2 桑塔纳轿车发动机冷却系统**

1—散热器；2—水泵和节温器；3—自动阻风门；4—膨胀箱；5—暖气用热交换器；6—ATF 散热器（仅自动变速器车）；7—发动机水套；8—水管；9—暖气控制阀；10—热敏开关

在不同发动机上，水冷系统的布置形式不完全相同。如在一些轿车发动机上，利用冷却水控制怠速空气阀、EGR 阀；在发动机横置的汽车上，散热器安装在发动机一侧，风扇不与水泵同轴，而采用电动风扇；在一些载货汽车上，驾驶室内利用冷却水冬季取暖等。这些发动机只是水冷系统的管路较复杂，基本组成与原理相同。对于装有自动变速器的汽车，还有一部分冷却水要流经 ATF 散热器。

# 7.2 水冷系统

## 7.2.1 水冷系统主要部件

水冷系统由水套、水泵、散热器、导风圈、风扇、水管、冷却液温度表、感温器、节温器和百叶窗等组成，而最主要的三大冷却部件是：散热器、水泵和风扇。按其作用可分为冷却装置和冷却强度的控制装置。

**1. 水泵**

水泵的功用是对冷却水加压，加速冷却水的循环流动，保证冷却可靠。车用发动机上多采用离心式水泵，其工作原理如图 7.3 所示。

当叶轮旋转时，水泵中的冷却水被叶轮带动一起旋转，在离心力作用下，冷却水被甩向叶轮边缘，然后经外壳上与叶轮成切线方向的出水管压送到发动机水套内。与此同时，叶轮中心处的压力降低，散热器中的冷却水便经进水管被吸进叶轮中心部分。如此连续地作用，使冷却水在水路中不断地循环。水泵因故停止工作时，冷却水仍然能从叶轮叶片之间流过，进行热流循环，不至于很快使发动机过热。

**2. 风扇**

风扇的功用是提高通过散热器芯的空气流速，增加散热效果，加速冷却液的冷却。风扇通常安排在散热器后面，并与水泵同轴，如图 7.4 所示。

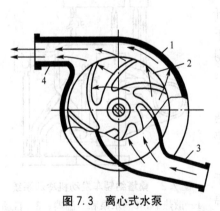

图 7.3　离心式水泵

1—泵体；2—叶轮；3—进水管；4—出水管

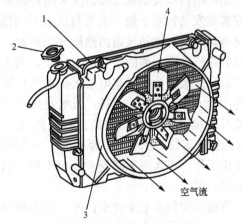

图 7.4　风扇与导风罩

1—散热器；2—散热器盖；3—导风罩；4—风扇

风扇形式有叶尖前弯、尖窄根宽、尼龙压铸整体等，如图 7.5 所示。风扇的外径略小于散热器的宽度和高度。当风扇旋转时，对空气产生吸力，使之沿轴向流动。空气流由前向后通过散热器芯，使流经散热器芯的冷却水加速冷却。

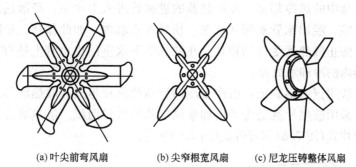

(a) 叶尖前弯风扇　　　　(b) 尖窄根宽风扇　　　　(c) 尼龙压铸整体风扇

**图 7.5　风扇的形式**

为了提高风扇的效率，减少空气回流现象，使通过散热器芯的气流分布均匀，且集中穿过风扇，在风扇外围装设护风罩，另外还可以用带有辅助叶片的导流风扇，它在叶片上铸有凸起的辅助叶片，增加气流的径向流量，从而提高效率，减少噪声。

风扇和发电机一般同时由曲轴带轮通过 V 带驱动(图 7.6)，汽车风扇 V 带张紧装置、发动机的支架做成可移动式，以调节 V 带的张紧度。V 带过松，将引起 V 带相对于带轮打滑，使风扇的扇风量减少，导致发动机过热和发电机发电量下降；V 带过紧，将增加发电机轴承的磨损，因此要求 V 带必须保持合适的松紧度，一般用大拇指以 30~50N 的力，按下 V 带产生 10~15mm 的挠度为宜。

3. 散热器

散热器又称为水箱，由上水室、散热器芯和下水室等组成，如图 7.7 所示。散热器的功用是增大散热面积，加速冷却水的冷却。散热器上水室顶部有加水口，冷却水由此注入整个冷却系统，并用散热器盖盖住。在上水室和下水室分别装有进水管和出水管，进水管和出水管分别用橡胶软管和汽缸盖的出水管以及水泵的进水管相连，这样不仅便于

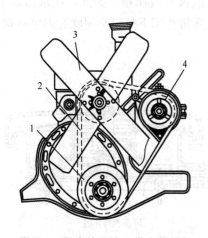

**图 7.6　风扇的驱动 V 带张紧装置**
1—曲轴带轮；2—驱动 V 带；
3—风扇；4—发电机带轮

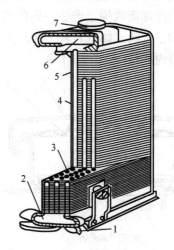

**图 7.7　散热器的结构**
1—散热器放水开关；2—下水室；3—散热器芯；
4—出水管；5—散热片；6—上水室；7—散热器盖

安装，而且当发动机和散热器之间产生少量位移时不会泄漏。工作中，由发动机汽缸盖出水管流出的水套中的热冷却水，经散热器的进水管进入上水室，经散热器芯的冷却管冷却后流入下水室，经出水管被吸入水泵，压送入水套内，如此循环。在散热器下面一般装有减振垫，防止散热器受振动损坏。在散热器下水室的出水管上还有放水开关，必要时可将散热器内的冷却水放掉。

散热器芯一般用铜或铝制成，由许多冷却管和散热片组成，散热器芯应该有尽可能大的散热面积，采用散热片就是为了增加散热器芯的散热面积。散热器芯的构造形式多样，常用的有管片式(图7.8)和管带式(图7.9)两种。

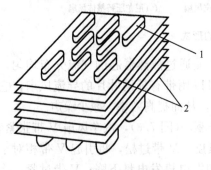

图7.8　管片式散热器芯
1—冷却管；2—散热片

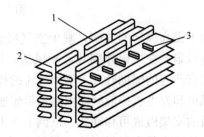

图7.9　管带式散热器芯
1—冷却管；2—散热带；3—缝孔

管片式散热器芯冷却管的断面大多为扁圆形，它连通上、下水室，是冷却水的通道。采用散热片不但可以增加散热面积，还可以增大散热器的刚度和强度。

管带式散热器芯采用冷却管和散热带沿纵向间隔排列的方式，散热带上设小孔是为了破坏空气流在散热带上形成的附面层，使散热能力提高。

散热器盖又称为水箱盖，加水口平时用水箱盖严密盖住，以防散热器内的冷却水溢出或蒸发，但如果蒸汽压力太大，可能使散热器撑裂；当冷却液温度下降时，水箱里因冷却水和蒸汽冷却而收缩，产生一定的真空度，又可能被大气压瘪。为此，在水箱盖上设置蒸汽阀和空气阀，如图7.10所示，它们是两个在弹簧作用下处于常闭状态的单向阀，故平时散热器内部是与大气隔开的。

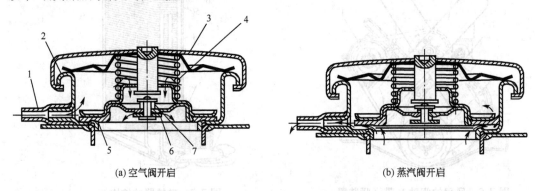

(a) 空气阀开启　　　　　　　　　　(b) 蒸汽阀开启

图7.10　带空气—蒸汽阀的散热器盖
1—通气口；2—散热器加水口；3—加水口盖；4—蒸汽阀弹簧；5—蒸汽阀；6—空气阀；7—空气阀弹簧

当发动机热态工作正常时，阀门关闭，将冷却系统与大气隔开，防止蒸汽逸出，使冷却系统内的压力稍高于大气压力，从而可增高冷却水的沸点。当散热器内压力升高到一定数值时（一般为 0.026～0.037MPa，在此压力下散热器内的冷却水沸点可达到108℃），蒸汽便向上顶开蒸汽阀，沿蒸汽排出管排出，如图 7.10(b)所示；当冷却液温度下降时，水箱内的真空度达到一定数值时（一般为 0.01～0.02MPa），空气阀被外部的大气向下压开，空气从蒸汽排出管进入水箱，如图 7.10(a)所示。

当发动机在热态而需要开启水箱盖时，应缓慢旋开，使水箱内的蒸汽压力逐渐降低，以免被喷出的蒸汽烫伤。

### 4. 膨胀箱

目前大多数汽车发动机采用防锈防冻液，为了防止防冻液损失，在冷却系统设置了膨胀箱，如图 7.11 所示。膨胀箱用软管与散热器的出水管相连，当防冻液在散热器内受热膨胀时，多余的防冻液蒸汽进入膨胀箱；而当温度降低时，散热器内形成了一定的真空度，膨胀箱内的防冻液流入散热器。当冷却液温度低于 50℃ 时液面高度不得低于水箱上的"DI"刻线，否则应补充冷却液（可以从膨胀箱口加入），但高度不得高于水箱上的"GAO"刻线。

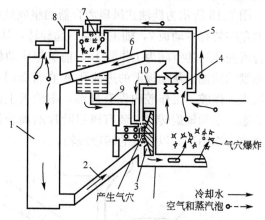

**图 7.11　带膨胀箱的冷却系统**

1—散热器；2—水泵进水管；3—水泵；4—节温器；
5、6—水套出水管；7—膨胀箱；8—散热器
出水管；9—补充水管；10—旁通管

## 7.2.2　水冷系统控制过程

为了保证发动机在最有利的温度状况下工作，就必须能够调节冷却系统的冷却强度。否则在夏季高温状态，发动机在低速大负荷工况下，将因冷却强度不足出现过热现象；在冬季寒冷地区，发动机在高速小负荷时，将因冷却强度过强而出现过冷现象。冷却强度的控制方法主要是改变通过散热器的空气流量和冷却水的流量。

### 1. 改变通过散热器的空气流量

利用百叶窗和风扇离合器可以改变散热器的空气流量。若风扇装在风扇带轮上与发动机同步转动，风扇消耗发动机功率为 5%～10%，而在汽车行驶过程中，实际需要风扇工作的时间不到 10%。因此目前发动机多采用风扇离合器，根据发动机的温度来控制风扇的转速，从而改变通过散热器的空气流量，实现冷却强度的自动调节，同时可以减少发动机功率的消耗，降低噪声。风扇离合器常用的有硅油式、机械式或电磁式，轿车用水冷系统大多采用电动风扇。

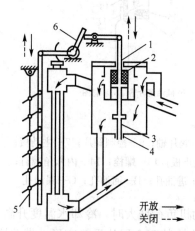

**图 7.12　百叶窗自动调节装置示意图**

1—控制杆；2—石蜡；3—回位弹簧；
4—壳体；5—百叶窗；6—传动机构

1）百叶窗

如图 7.12 所示，百叶窗装在散热器的前面，当冷却水的温度低时，驾驶员可通过装在驾驶室内的操纵手柄将百叶窗部分或全部关闭，以减少通过散热器的空气流量，使冷却液温度回升，有的汽车用蜡式节温器自动控制百叶窗的开度。

2）硅油式风扇离合器

硅油式风扇离合器以硅油为传递转矩的介质，以双金属感温器为控制元件，流经散热器的空气为热源，控制双金属感温器热胀冷缩转动阀片进行离、合工作。

图 7.13 所示为硅油式风扇离合器的组成及结构示意图。主动轴 11 由发动机带动，在轴的左端装有主动板 7，随主动轴一起旋转，从动板 8 固定在离合器壳体 9 上，从动板与离合器壳体间的空间为工作腔 18，前盖与从动板间的空间为储油腔 17，在储油腔内装有高黏度的硅油。从动板上的进油孔 A 在常温时被控制阀片 6 遮闭，储油腔的硅油此时不能流入工作腔。工作腔内没有硅油，主动板上的转矩不能传到从动板上，离合器处于分离状态。主动轴旋转时，装有风扇叶片的离合器壳体在轴承上打滑，在密封毛毡圈及轴承摩擦力作用下，以很低的转速旋转。

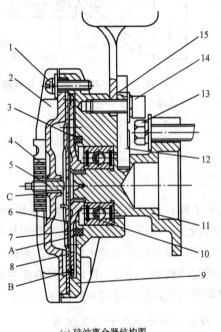

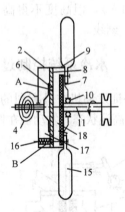

(a) 硅油离合器结构图　　　　　　(b) 硅油离合器结构示意图

**图 7.13　硅油式风扇离合器**

1—螺钉；2—前盖；3—密封毛毡圈；4—双金属片感温器；5—阀片轴；6—控制阀片；7—主动板；8—从动板；9—离合器壳体；10—轴承；11—主动轴；12—锁止板；13—螺栓；14—内六角螺钉；15—风扇；16—钢球弹簧阀；17—储油腔；18—工作腔；A—进油孔；B—回油孔；C—漏油孔

在前盖上，装有螺旋形的双金属片感温器 4，当发动机负荷增大时，冷却水温度升高，当气流温度超过 65℃时，高温气流吹在双金属片感温器上，使双金属片受热变形，带动控制阀片 6 转过一定角度，从动板上的进油孔 A 被打开，储油腔中的硅油进入工作腔中。主动板利用硅油的黏性带动从动板，使离合器壳体和风扇转动，离合器处于接合状态。

进入工作腔的硅油在离心力的作用下被甩向外缘，顶开钢球弹簧阀 16，并通过从动板上的回油孔 B 流回储油腔，然后再进入工作腔，形成循环。硅油在循环时将热量传给铸有散热片的离合器前盖和外壳而得到冷却，使硅油工作温度不会过高。

当发动机负荷下降，吹向感温器的气流温度低于 35℃ 时，阀片将进油孔关闭，硅油不再进入工作腔，工作腔内的硅油继续从回油孔甩入储油腔，直至排空为止，使风扇离合器又恢复到原先的分离状态。

3）电动风扇

轿车发动机大多采用电动风扇，如图 7.14 所示。在发动机前置前轮驱动的轿车上，由于发动机横置，散热器与曲轴的方向和位置变化，很难利用发动机通过传动带驱动风扇，为此采用电动风扇。

电动风扇是指用电动机驱动风扇，电动机一般有高速和低速两个挡位，其工作状态通过热敏开关由冷却液温度控制，当散热器出口冷却液温度为 92～97℃ 时，热敏开关接通电动机Ⅰ挡（低速挡），风扇开始运转，保证有足够的空气流经散热器；当冷却液温度在 99～105℃ 时热敏开关接通电动机Ⅱ挡（高速挡），风扇以更高的转速运转，以提高冷却强度，防止发动机过热；当冷却液温度下降到 91～98℃ 时，风扇电动机恢复Ⅰ挡（低速挡）运转；当冷却液温度下降到 84～91℃ 时，风扇电动机停止工作。

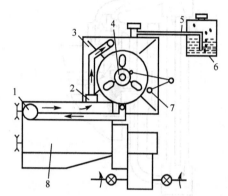

图 7.14　电动风扇水冷却系统
1—水泵；2—节温器；3—散热器；
4—电动风扇；5—软管；6—膨胀箱；
7—温控开关；8—发动机

桑塔纳 2000 轿车的 JV、AFE 型发动机采用两个横置轴流式风扇，设于散热器后，其中一个由直流电动机驱动，另一个是从动风扇，由该风扇通过多楔形带传动。

桑塔纳 2000 轿车的 AJR 型发动机的冷却系统也采用两个轴流式风扇，安装在散热器的后面，但两个风扇都由各自独立的电动机带动。

2. 改变通过散热器的冷却水的流量

节温器通常位于汽缸盖水套的出水口处，通过控制进入散热器的冷却水量，自动调节冷却系统的冷却强度。节温器分为皱纹筒式和蜡式两种，两者又都有单阀式和双阀式之分。

1）皱纹筒式节温器

图 7.15 所示为双阀皱纹筒式节温器结构。密封的弹性皱纹筒 1 用黄铜制成，筒内装有低沸点的乙醚水溶液。溶液从阀杆 3 的中心孔注入后，用钢球予以密封。皱纹筒的下端焊在支架 7 上，而支架固定在节温器的外壳 9 上。皱纹筒的上端焊有阀杆和侧阀门 2，在阀杆的上部又焊有上阀门 5。节温器外壳上的旁通孔 8 正对着汽缸盖出水管的小循环水管，小循环水管与水泵进水口相连。

当冷却水的温度在 70℃ 以下时，乙醚水溶液很少蒸发，皱纹筒收缩到最小高度。此时，上阀门关闭，侧阀门开启，如图 7.15（b）所示，切断了水套通向散热器的通路。水套中的冷却水经小循环水管进入水泵，又被压入缸体水套中。冷却水只在水泵和水套间进行小循环,可防止发动机工作温度过低,并使发动机在冷起动后温度很快升高。

当冷却水温度达到70℃以上时,皱纹筒由于其中的乙醚水溶液蒸发伸张到某一高度,上阀门逐渐开启,侧阀门逐渐关闭,冷却水一部分从上阀门流入散热器,另一部分经小循环水管流入水泵。当冷却水温度超过85℃时,侧阀门完全关闭,上阀门完全开启,如图7.15(a)所示。冷却水全部流向散热器,冷却水在散热器与水套间进行大循环。大循环提高了冷却系统的冷却强度。

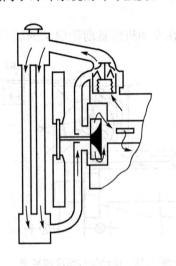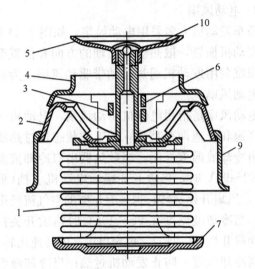

(a) 节温器上阀门打开,侧阀门关闭

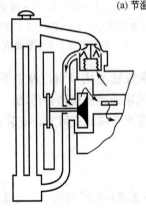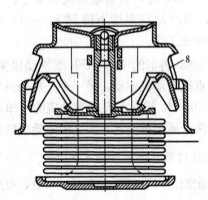

(b) 节温器上阀门关闭,侧阀门打开

**图 7.15 双阀皱纹筒式节温器**

1—皱纹筒;2—侧阀门;3—阀杆;4—阀座;5—上阀门;6—导向支架;7—支架;
8—旁通孔;9—外壳;10—通气孔

上阀门上有一通气孔10,在向冷却系统内加注冷却水时,水套内的空气可以经此孔排出,保证水套内能充满冷却水。

单阀门皱纹筒式节温器没有侧阀门,因此始终存在冷却水的小循环。

皱纹筒式节温器对冷却系统的工作压力的变化比较敏感,工作的可靠性较差,使用寿命短,制造的工艺性差,近年来,蜡式节温器逐渐取代了皱纹筒式节温器。

2）蜡式节温器

图 7.16 所示为桑塔纳 2000 型轿车发动机所采用的双阀门蜡式节温器，阀门座 5 与下支架 3 铆接在一起，紧固在阀座上的中心杆 6 的锥形下端插在橡胶管 10 内，橡胶管与感温器体 11 之间的空腔内充满特制的石蜡，感温器体上部套装在水泵下端，进水口的前部，用来控制水泵的进水。常温时石蜡呈固态，当温度升高时，石蜡渐渐变成液态，其体积也随之增大。

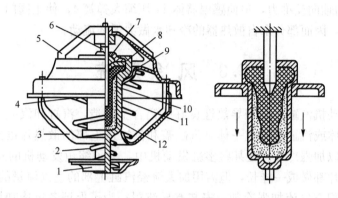

图 7.16　蜡式节温器

1—副阀门；2—小弹簧；3—下支架；4—大弹簧；5—阀门座；6—中心杆；7—感温器罩；

8—密封圈；9—主阀门；10—橡胶管；11—感温器体；12—石蜡混合物

桑塔纳 2000 型轿车发动机的冷却系统小循环、大循环如图 7.17 所示。

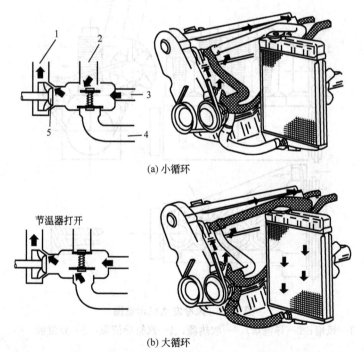

(a) 小循环

节温器打开

(b) 大循环

图 7.17　桑塔纳 2000 型轿车发动机的冷却水循环

1—流向发动机；2—从发动机来（小循环）；3—从暖风小散热器来；

4—自散热器来（大循环）；5—水泵

当冷却水温度低于85℃时，节温器体内的石蜡体积膨胀量尚小，故主阀门9受大弹簧4作用紧压在阀门座5上，来自散热器的水道被关闭，而副阀门1则离开来自发动机的旁通水道，所以冷却水不经过散热器，只在水泵与发动机水套之间做小循环流动。因此，发动机开始工作时，冷却水快速升温，能很快暖机，能在短时间内达到发动机正常工作温度。

当冷却水温度高于85℃时，石蜡体积膨胀，使橡胶管受挤压变形，对中心杆锥形端部产生向上的轴向推力。但由于中心杆6是固定不动的，于是中心杆6对橡胶管和感温器体11产生向下的轴向反推力，迫使感温器体11压缩大弹簧4，使主阀门9逐渐开启，副阀门1逐渐关闭，因而部分来自散热器的冷却水做大循环流动。

# 7.3 风冷系统

现代风冷发动机汽缸盖都用导热性良好的铝合金铸造，汽缸和汽缸盖的表面均布了散热片，与汽缸体或汽缸盖铸成一体，汽缸盖和汽缸体上部的散热片也比汽缸体下部的长一些，这样可以加强冷却。在某些多缸发动机中，为了缩短发动机的总长度，将汽缸上下部分的散热片都做成一样长，但需用加大流经汽缸上部的空气流量的方法加强冷却。为了更有效地利用空气流加强冷却，安装有导流罩；为了保证各缸冷却均匀，安装有分流板，如图7.18所示。考虑到各汽缸背风面冷却的需要，在有些发动机上还装有汽缸导流罩4。采用风冷系统的发动机，铝材料汽缸壁的允许温度为150～180℃，铝材料汽缸盖的允许温度为160～200℃。

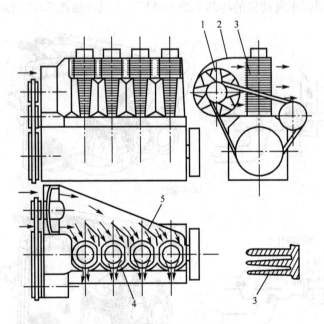

图7.18 风冷发动机示意图

1—风扇；2—导流罩；3—散热器；4—汽缸导流罩；5—分流板

将发动机中高温零件的热量直接散发到大气，使发动机的温度降低而进行冷却的一系列装置称为风冷系统。为了增大散热面积，采用风冷系统的发动机一般在汽缸体和汽缸盖上制有许多散热片。发动机利用车辆前进中的空气流或特设的风扇鼓动空气，吹过散热片，将热量带走。采用风冷系统的汽车发动机较少，一般只是一些小排量发动机，但在现代汽车发动机上较少采用。

风冷发动机为了增大散热面积，各个汽缸通常分开铸造，然后装到整体的曲轴箱上。汽缸体和汽缸盖的表面布满散热片。

由于风冷发动机表面空气阻力较水冷发动机的大，故风冷发动机采用功率、流量均较大的轴流式风扇，以加强发动机冷却。

风冷系统与水冷系统比较而言，其结构简单、质量轻、使用维修方便、起动升温快。但由于对材料质量要求高，冷却强度难以调节，工作噪声大等缺点，目前在汽车上的应用不如水冷系统普遍。

## 思 考 题

1. 简述冷却系统的功能及类型。
2. 简述水冷系统的组成及水路循环。
3. 简述离心式水泵的功能和工作原理。
4. 如何检查散热风扇 V 带的松紧度？
5. 简述散热器的功能和组成。
6. 简述膨胀箱的功用。
7. 水冷系统的冷却强度为什么要调节？调节装置有哪些？
8. 简述节温器功用及类型。什么是小循环？什么是大循环？
9. 试述硅油风扇离合器的工作原理。

# 第8章

## 润 滑 系 统

**教学提示**

发动机润滑系统的基本任务是将机油不断地供给零件的摩擦表面，减少零件的摩擦和磨损，以减小摩擦阻力、降低功率损耗、减轻机件磨损、延长发动机使用寿命。

**教学目标**

了解润滑系统的功用、组成及润滑方式；掌握润滑系统的润滑油路；理解润滑系统的主要零部件的结构及工作原理。

| 知 识 点 | 技 能 点 |
|---|---|
| 1. 润滑系统的功用与组成 | 1. 能够检查机油油面位置 |
| 2. 润滑系统的油路及润滑方式 | 2. 具备从原车拆装机油泵的基本技能 |
| 3. 机油泵构造原理 | 3. 能够识别机油品质及型号 |
| 4. 机油品质及型号 | 4. 能够正确更换机油滤清器 |

# 8.1 概　述

### 8.1.1 润滑系统功用和润滑方式

发动机工作时，运动零件的相互运动表面（如曲轴与主轴承、活塞与汽缸壁、正时齿轮副等）之间必然产生摩擦，金属表面之间的摩擦不仅会增大发动机内部的功率消耗，使零件工作表面迅速磨损，而且由于摩擦产生的大量热可能导致零件工作表面烧损，致使发动机无法运转。因此，为保证发动机正常工作，必须对相对运动表面加以润滑，也就是在摩擦表面上覆盖一层润滑油（机油），使金属表面间形成一层薄的油膜，以减小摩擦阻力、降低功率损耗、减轻机件磨损、延长发动机使用寿命。

发动机的润滑是由润滑系统来实现的。润滑系统的基本任务是将机油不断地供给各零件的摩擦表面，减少零件的摩擦和磨损。流动的机油不仅可以清除摩擦表面上的磨屑等杂质，而且还可以冷却摩擦表面。汽缸壁和活塞环上的油膜还能提高汽缸的密封性。此外，机油还可以防止零部件腐蚀而生锈。

发动机运转时，由于发动机各运动零件的工作条件不同，所要求的润滑强度也不同，因而要相应地采取不同的润滑方式。曲轴主轴承、连杆轴承及凸轮轴轴承等处承受的载荷及相对速度较大，需要以一定压力将机油输送至摩擦面间隙中，才能形成油膜保证润滑。这种润滑方式称为压力润滑；另一种润滑方式是利用发动机工作时运动零件飞溅起来的油滴或油雾润滑摩擦表面，称为飞溅润滑。这种方式可润滑裸露在外面的载荷较轻的汽缸壁、相对滑动较小的活塞销以及配气机构的凸轮表面等。在发动机辅助系统中有些零件如水泵及发电机的轴承，则只须定期加注润滑脂就可以了。近年来一些发动机上采用了含有耐磨润滑材料（如尼龙、二硫化钼等）的轴承来代替加注润滑脂的轴承。

为使发动机得到必要的润滑，压力润滑系统中必须具有为进行压力润滑和保证机油循环而建立足够油压的机油泵、储存机油的油底壳、由润滑油管以及在发动机机体上加工出的一系列润滑油道组成的循环油路等。油路中还必须有限制最高油压的限压阀，它可以附于机油泵中，也可以单独设置。

机油在工作一段时间后，其中将混有发动机零件摩擦产生的金属磨屑和其他机械杂质，以及机油本身生成的胶质，这些杂质若随同机油进入润滑油路，将加速发动机零件的磨损，还可能堵塞油管或油道。为了不使这些杂质进入主油道，现代发动机的润滑系统中都设有机油滤清器。

机油在循环过程中，会吸收零件摩擦所产生的热量而温度升高。若机油温度过高，则其黏度下降，摩擦表面油膜不易形成，此外，还会加速机油老化变质，缩短机油使用期；若机油温度过低，虽有利于保持油膜，但将导致摩擦阻力增加。因此，应对机油进行适当冷却，以保持油温在正常范围之内（70～90℃）。一般发动机是靠汽车行驶中迎面空气流吹拂油底壳来使机油冷却的。在有些热负荷较高的发动机上，则专设有机油散热器，以加强机油冷却。

为使驾驶员能随时掌握润滑系统的工作状况，一般发动机都设有指示机油压力的机油压力表，有些发动机还备有机油温度表。

### 8.1.2 润滑系统的组成及润滑油路

发动机润滑系统的组成基本相同，主要由油底壳、机油泵、机油滤清器、限压阀、机油压力传感器、油压表和油道等组成。

**1. 本田轿车发动机润滑油路**

本田轿车发动机润滑系统的组成及油路如图8.1所示，该机曲轴主轴承、连杆轴承及凸轮轴和摇臂轴上各轴承等均采用压力润滑；摇臂、活塞、活塞环、汽缸壁等部位则采用飞溅润滑。机油泵装在发动机前面，由曲轴直接驱动。发动机工作时，机油泵4由曲轴带动运转，机油从油底壳2经集滤器1被吸进机油泵。机油在通过集滤器时，夹杂在机油中的一些较大的机械杂质被过滤。被机油泵压出由限压阀3限制且具有一定压力的机油经过机油滤清器5，将其中一些较细的机械杂质和胶质进一步过滤。机油在润滑系统中不断地循环，从而不断地被滤清器过滤、清洁。被滤清器过滤并具有一定压力的机油从滤

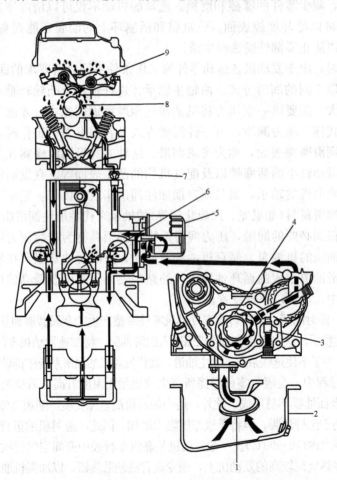

**图 8.1　本田轿车发动机润滑系统组成及油路**

1—集滤器；2—油底壳；3—限压阀；4—机油泵；5—机油滤清器；6—曲轴；
7—机油控制节流孔；8—凸轮轴；9—摇臂轴

清器流出进入主油道，然后分两路，一路经油道润滑曲轴主轴承、连杆轴承和平衡轴轴承；另一路经缸体油道，通过机油控制节流孔7进行流量调节后送到缸盖上的油道，润滑凸轮轴8和摇臂轴9上各轴承。飞溅起来的润滑油则润滑凸轮、摇臂等其他零件，活塞和汽缸壁是靠连杆大端轴瓦油孔喷出来的机油润滑的，各润滑部位的机油最后经汽缸体回油道流回油底壳，在机油泵的作用下经过过滤再次循环，不断润滑各零件摩擦表面。

### 2. 桑塔纳JV型发动机润滑油路

上海桑塔纳轿车JV型发动机润滑系统的组成及油路如图8.2所示，其主要特点是：采用齿轮式机油泵和单级、整体、全流式机油滤清器，机油泵由中间轴驱动，润滑系统内设有高、低两个油压报警开关(即油压传感器)。

低压报警开关安装在汽缸盖后端，高压报警开关安装在机油滤清器支座上。打开点火开关后，仪表板上的机油压力报警灯即开始闪烁。润滑油温度为80℃时，正常的机油压力应为：转速为800r/min时，机油压力不低于30kPa；转速为2000r/min时，机油压力应不低于200kPa。起动发动机后，若机油压力高于30kPa，低压报警开关触点断开，报警灯自动熄灭。发动机工作转速较低时，若机油压力低于30kPa，低压报警开关触点闭合，报警灯闪烁；当发动机转速超过2150r/min时，若机油压力低于180kPa，高压报警开关触点断开，报警灯闪烁，同时报警蜂鸣器报警。机油压力报警灯闪烁或蜂鸣器报警时，说明机油压力低于标准，润滑系统有故障，应停机检查。

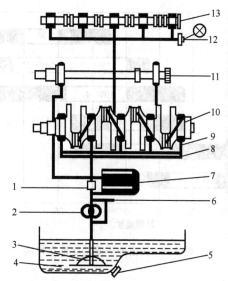

图8.2 JV型发动机润滑系统组成及油路

1—旁通阀；2—机油泵；3—集滤器；4—油底壳；
5—放油塞；6—安全阀；7—机油滤清器；
8—主油道；9—分油道；10—曲轴；
11—中间轴；12—限压阀；13—凸轮轴

## 8.1.3 润滑剂

汽车发动机润滑剂有发动机机油和润滑脂两种。发动机机油品种应根据发动机性能及季节气温的变化来选择。因为机油黏度是随温度变化而变化的，温度高则黏度小，温度低则黏度大。因此夏季气温高时要用黏度较大的机油，否则将因机油过稀而不能使发动机得到可靠的润滑；冬季气温低时则要用黏度较小的机油，否则将因机油黏度过大，流动性差而不能输送到零件摩擦表面的间隙中。在严寒地区，如何保证汽车有良好的低温起动性能是一个重要的问题，而选用合适的机油，则是提高汽车低温起动性能的重要措施之一。

国际上广泛采用美国汽车工程师学会(SAE)的发动机机油黏度分类法，而且被国际标准化组织(ISO)确认。

SAE 按照机油黏度等级，将机油分为冬季用机油(含字母 W)和非冬季用机油(不含字母 W)。冬季用机油有 6 种牌号：SAE0W、SAE5W、SAE10W、SAE15W、SAE20W 和 SAE25W；非冬季用机油有 4 种牌号：SAE20、SAE30、SAE40 和 SAE50。上述牌号的润滑油只是单一的黏度等级，也称为单级润滑油，标号越大，黏度越高。

目前使用的机油大多数具有多黏度等级，所谓多黏度等级是指既能满足低温时的黏度级要求，又能满足高温时的黏度级要求。其牌号有 SAE5W-20、SAE10W-30、SAE15W-40、SAE20W-40 等，如 SAE10W-30 号机油表示在低温下使用时具有 SAE10W 号机油一样的黏度特性，在高温下使用时，又具有与 SAE30 号机油一样的黏度特性。

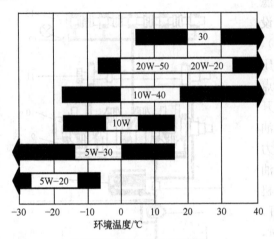

图 8.3　按当地环境温度选用机油

可参照图 8.3 所示根据地区的季节气温选用适当等级的机油。

另外，还有一种分类法——API 性能分类法，美国石油学会(API)根据机油的性能及其最适合的使用场合，将其分为 S 系列和 C 系列两类。S 系列为汽油机油，目前有 SA、SB、SC、SD、SE、SF、SG 和 SH 共 8 个级别，C 系列为柴油机油，目前有 CA、CB、CC、CD 和 CE 共 5 个级别。标号越靠后，质量等级越高，使用性能越好，适用的机型越新或强化程度越高。其中，SA、SB、SC 和 CA 等级别的机油，除非汽车制造厂特别推荐，否则将不再使用。

我国的机油分类法参照采用 ISO 分类方法。GB/T 7631.3—1995《内燃机油分类》规定，按机油的性能和使用场合分为：汽油机油分为 SC、SD、SE、SF、SG、SH 等 6 个级别；柴油机油为 CC、CD、CD-Ⅱ、CE、CF-4 等 5 个级别。

# 8.2　润滑系统主要部件

## 8.2.1　机油泵

机油泵一般安装在曲轴箱内，由曲轴或中间轴驱动，机油泵的作用是将一定量的机油从油底壳中抽出加压后，送至各零件表面进行润滑，维持机油在润滑系统中的循环。机油泵通常有齿轮式机油泵、转子式机油泵和叶片式机油泵 3 种形式，目前发动机润滑系统中广泛采用的是外啮合齿轮式机油泵和内啮合齿轮式机油泵两种。

### 1. 外啮合齿轮式机油泵

外啮合齿轮式机油泵的基本构造如图 8.4(a)所示，主要由泵壳、主动轴、从动轴、主动齿轮、从动齿轮、油泵盖等组成。

外啮合齿轮式机油泵的工作原理如图 8.4(b)所示，在机油泵壳体内装有一个主动齿轮和一个从动齿轮。齿轮与壳体内壁之间的间隙很小，壳体上有进油口。发动机工作时，齿轮按图中所示箭头方向旋转，进油腔 8 的容积由于轮齿向脱离啮合方向运动而增大，腔内产生一定的真空度，润滑油便从进油口被吸入并充满油腔。齿轮旋转时把齿间所存的润滑油带到出油腔 9 内。由于出油腔一侧轮齿进入啮合，出油腔容积减小，油压升高，润滑油便经出油口被送到发动机油道中。机油泵通常由凸轮轴上的斜齿轮或曲轴前端齿轮驱动。在发动机工作时，机油泵不断工作，从而保证润滑油在润滑油路中不断循环。

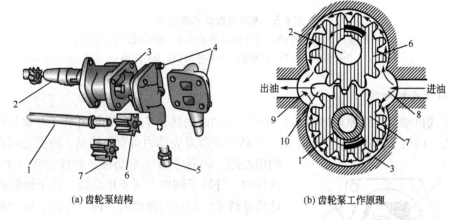

(a) 齿轮泵结构　　　　　　　　　　(b) 齿轮泵工作原理

**图 8.4　外啮合齿轮式机油泵**

1—从动轴；2—主动轴；3—泵壳；4—油泵盖；5—限压阀；6—主动齿轮；
7—从动齿轮；8—进油腔；9—出油腔；10—卸压槽

当齿轮进入啮合时，啮合齿间的润滑油由于容积变小而在齿轮间产生很大的推力。为此，在油泵盖上镗出一条卸压槽 10，使轮齿啮合时齿间挤出的润滑油可以通过卸压槽流向出油腔。

齿轮式机油泵由于结构简单，制造较容易，并且工作可靠，所以应用最广泛。

**2. 内啮合齿轮式机油泵**

内啮合齿轮式机油泵的结构如图 8.5(a)所示，该齿轮泵主要由主动齿轮 2、从动齿轮 3、限压阀 4 以及泵盖 1 和泵壳 5 等零件组成。主动齿轮为一较小的外齿轮，一般直接由曲轴驱动；从动齿轮为一较大的内齿圈。内齿轮式机油泵的工作原理如图 8.5(b)所示，当发动机工作时，主动齿轮 2 随驱动轴一起转动并带动从动齿轮 3 以相同的方向旋转。内外齿轮在转到进油口处时开始逐渐脱离啮合，沿旋转方向两者形成的空间逐渐增大，产生一定的真空度，将机油从油泵进油口吸入。随着齿轮的继续旋转，月牙板 7 将内、外齿轮隔开，齿轮旋转时把齿间所存的机油带往出油口。在靠近出油口处，内、外齿轮间的空间逐渐减少，油压升高，机油从油泵出油口送往发动机油道中，内、外齿轮又重新啮合。

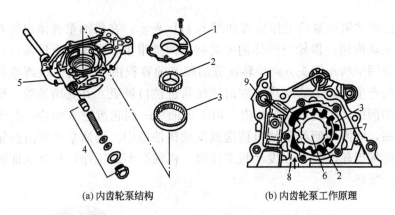

(a) 内齿轮泵结构 　　　　(b) 内齿轮泵工作原理

**图 8.5　内啮合齿轮式机油泵**
1—泵盖；2—主动齿轮；3—从动齿轮；4—限压阀；5—泵壳；
6—油泵轴；7—月牙板；8—进油口；9—出油口

### 3. 转子式机油泵

转子式机油泵工作原理如图 8.6 所示。主动的内转子 7 和从动的外转子 8 都装在油泵壳体 4 内，内转子固定在转子轴 1 上，外转子在油泵壳体内可自由转动，两者之间有一定

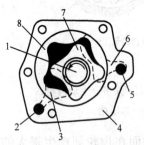

**图 8.6　转子式机油泵工作原理**
1—转子轴；2—出油孔；3—出油腔；
4—油泵壳体；5—进油孔；6—进油腔；
7—内转子；8—外转子

的偏心距。内转子有 4 个凸齿，外转子有 5 个凹齿，这样内、外转子同向不同步地旋转。转子齿形齿廓设计得使转子转到任何角度时，内、外转子每个齿的齿形廓线上总能互相成点接触，这样内、外转子间形成 4 个工作腔，随着转子的转动，这 4 个工作腔的容积是不断变化的。在进油道的一侧空腔，由于转子脱开啮合，容积逐渐增大，产生真空，机油被吸入，转子继续旋转，机油被带到出油道的一侧，这时，转子正好进入啮合，使这一空腔容积减小，油压升高，机油从齿间挤出并经出油道压送出去。这样，随着转子的不断旋转，机油就不断地被吸入和压出。

图 8.7 所示为 6135 系列柴油机转子式机油泵，主动轴通过轴套、卡环安装在油泵壳体和盖板上，内转子用半圆键固装在主动轴上，外转子装在油泵壳体内，可以自由转动。

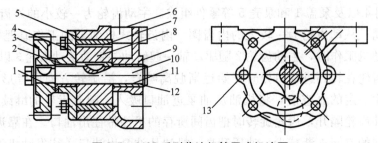

**图 8.7　6135 系列柴油机转子式机油泵**
1—止推轴承；2—轴承；3—传动齿轮；4—盖板；5、6—调整垫片；7—外转子；8—内转子；
9—油泵壳体；10—主动轴；11—轴套；12—卡环；13—定位销

内、外转子均由粉末冶金压制。为保证内、外转子之间以及外转子与油泵壳体之间有正确的相对位置，油泵壳体与盖板之间用两个定位销定位，并用螺钉连接；为保证内、外转子与壳体端面间隙（0.05～0.115mm），在盖板与壳体之间有耐油纸制成的调整垫片，在主动轴前端用半圆键固装着传动齿轮，由曲轴经中间齿轮驱动。

转子式机油泵的优点是结构紧凑，供油量大而且油压均匀，噪声小，吸油真空度较高。当机油泵安装在曲轴箱外或安装位置较高时，采用转子式机油泵比较合适。其缺点是内、外转子的啮合表面滑动阻力较大，发动机功率消耗增多，而且由于转速较高，容易产生气泡，影响正常供油。

### 8.2.2 机油滤清器

机油滤清器用来滤除润滑油中的金属磨屑、机械杂质和机油氧化物。在润滑系统中一般装用多个不同滤清能力的滤清器——机油集滤器和机油滤清器。

#### 1. 机油集滤器

机油集滤器一般是滤网式的，装在机油泵之前，防止粒度大的杂质进入机油泵。目前汽车发动机所用的机油集滤器分为浮式机油集滤器和固定式机油集滤器两种。

（1）浮式机油集滤器的构造如图8.8所示，它由浮子3、滤网2、罩1及焊在浮子上的吸油管4所组成。浮子是空心的，以便浮在油面上；固定管5通往机油泵，安装后固定不动；吸油管4活套在固定管5中，使浮子能自由地随油面升降。浮子下面装有金属丝制成的滤网2，滤网有弹性，内有环口，平时依靠滤网本身的弹性，使环口紧压在罩1上。罩1的边缘有缺口，与浮子装合后便形成狭缝。

当机油泵工作时，机油从罩与浮子之间的狭缝被吸入，经滤网滤去粗大的杂质后，通过吸油管进入机油泵，如图8.8(a)所示。滤网被淤塞时，滤网上方的真空度增大，直至克服滤网的弹力，滤网便上升而环口离开罩1，此时机油不经滤网面直接从环口进入吸油管内，如图8.8(b)所示，保证机油的供给不致中断。浮式机油集滤器能吸入油面上较清洁机油，但油面上的泡沫易被吸入，使机油压力降低，润滑欠可靠。

（2）固定式机油集滤器如图8.9所示，固定式机油集滤器的吸油管3上端用螺栓与机

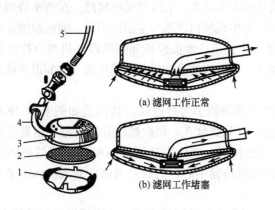

(a) 滤网工作正常

(b) 滤网工作堵塞

**图8.8 浮式机油集滤器**

1—罩；2—滤网；3—浮子；

4—吸油管；5—固定管

**图8.9 固定式机油集滤器**

1—罩；2—滤网；

3—吸油管

油泵连接，下端与滤网支座连成一体。罩1利用翻边安装在滤网支座外缘凸台上，滤网2夹装在支座与罩之间。罩的边缘有4个缺口，形成进油通道。当机油泵工作时，润滑油从罩的缺口处经过滤网滤除较大的杂质后，通过吸油管进入机油泵。

固定式机油集滤器装在油面下面，吸入的机油清洁度稍逊于浮式机油集滤器，但可防止泡沫吸入，润滑可靠、结构简单，故基本取代了浮式机油集滤器。如解放牌CA1091型汽车、东风EQ1090E型汽车、依维柯轻型车以及奥迪100型轿车的发动机都采用了固定式机油集滤器。

2. 机油滤清器

机油滤清器装在机油泵和主油道之间的油路中，对机油泵压出的全部或部分机油进一步过滤，清除混在机油中的各种杂质。机油滤清器应具有足够的滤清能力，流通阻力小，过滤后的机油清洁度高，且使用寿命长等特点。

1) 机油过滤方式

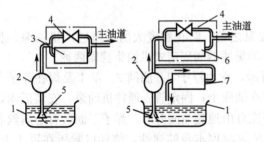

图8.10 机油过滤方式

1—油底壳；2—机油泵；3—全流式机油滤清器；4—旁通阀；5—机油集滤器；6—机油粗滤器；7—机油细滤器

机油过滤的方式主要有两种：全流式机油过滤方式和分流式机油过滤方式，如图8.10所示。

(1) 全流式机油过滤方式如图8.10(a)所示，机油滤清器串联在机油泵和主油道之间，机油泵压出的机油全部经过机油滤清器过滤后流入主油道。全流式机油过滤方式中，在机油滤清器内设有旁通阀，万一机油滤清器滤芯堵塞时，机油将不经过滤芯而直接从旁通阀进入主油道，以保证机件的润滑。目前轿车发动机上一般都采用这种过滤方式。图8.11所示为马自达轿车发动机全流式机油过滤润滑系统油路。

(2) 分流式机油过滤方式，机油泵压出的机油一部分经机油滤清器过滤后流回油底壳，另一部分则不经过机油滤清器过滤而直接流入主油道，润滑发动机机件。在货车特别是重型货车上一般采用粗、细双级机油滤清器，其中机油粗滤器与主油道串联，而机油细滤器则与主油道并联，经过机油粗滤器的机油进入主油道，而流经机油细滤器的机油直接返回油底壳，如图8.10(b)所示。图8.12所示为CA6102汽油发动机分流式机油过滤润滑系统油路。

2) 全流式机油滤清器

现代汽车发动机所采用的全流式机油滤清器多为过滤式，其构造如图8.13所示。纸滤芯6装在机油滤清器外壳5内，出油口1是螺纹孔，借此螺纹孔把机油滤清器拧在机体上的螺纹接头上，螺纹接头与机体主油道相通。机体安装平面与机油滤清器之间用密封圈4密封。机油从纸滤芯的外围进入机油滤清器中心，然后经出油口流入机体主油道。机油流过滤芯时杂质被截留在滤芯上。

如果机油滤清器使用时间达到了更换周期，就需把整个机油滤清器拆下扔掉换上新的。如果机油滤清器在使用期内滤芯被杂质严重堵塞，机油不能通过滤芯，则进油口油压将升高。当油压达到规定值时，机油滤清器中的旁通阀片9开启，机油不通过滤芯，直接经旁

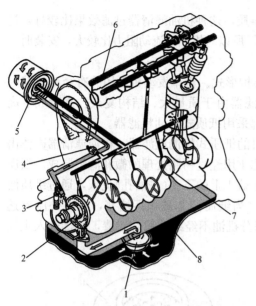

图 8.11　马自达轿车发动机全流式
机油过滤润滑系统油路

1—机油集滤器；2—机油泵；3—限压阀；
4—机油压力感应器；5—机油滤清器；
6—摇臂轴；7—曲轴；8—油底壳

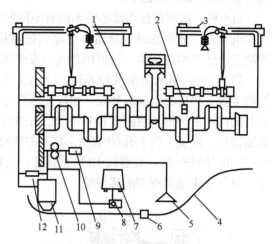

图 8.12　CA6102 汽油发动机分流式
机油过滤润滑系统油路

1—主油道；2—调压阀；3—摇臂轴；4—油底壳；
5—机油集滤器；6—放油螺塞；7—机油细滤器；
8—低压限压阀；9—高压限压阀；10—机油泵；
11—机油粗滤器；12—旁通阀

通阀进入机体主油道。虽然这时机油未经滤清便输送到各润滑表面，但是这总比发动机断油不能润滑要好得多。

有些发动机的机油滤清器除设置旁通阀之外还加装止回阀。当发动机停机后，止回阀将机油滤清器的进油口关闭，防止机油流回油底壳。在这种情况下，当重新起动发动机时，润滑系统能迅速建立起油压，从而可以减轻由于起动时供油不足而引起的零件磨损。

3）分流式机油滤清器

分流式机油滤清器根据其对机油滤清效果的不同，可分为机油粗滤器和机油细滤器两种。机油粗滤器用以滤去机油中粒度较大、颗粒直径为 0.05mm 以上的杂质，这种机油滤清器对机油的流动阻力比较小，一般串联在机油泵和主油道之间。由于其过滤后的机油清洁度比较差，所以一般和机油细滤器一起装在发动机润滑油路中同时使用。机油细滤器用以过滤

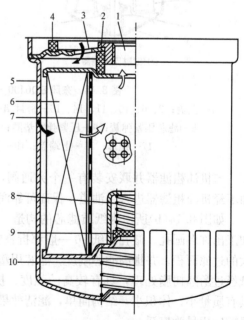

图 8.13　全流式机油滤清器

1—出油口；2、4—密封圈；3—进油口；5—机油
滤清器外壳；6—纸滤芯；7—滤芯衬网；
8—旁通阀弹簧；9—旁通阀片；10—弹簧

和清除机油中颗粒直径为 0.001mm 以上的细小杂质，这种机油滤清器过滤效果比较好，过滤后的机油清洁度比较高，但由于滤网孔径较小，所以对机油的流动阻力比较大，安装时一般与主油道并联在油路中。

（1）机油粗滤器根据滤芯的不同有不同的结构形式。汽车发动机常用的有金属片缝隙式和纸质式机油粗滤器。金属片缝隙式机油粗滤器由于质量大、结构复杂、制造成本高等缺点，已基本被淘汰，目前国产汽车发动机都采用纸质式机油粗滤器。

图 8.14(a)所示为东风 EQ6100－1 型发动机的纸质式机油粗滤器。机油滤清器壳体由铸铁上盖 1 和板料压制的外壳 3 组成。纸质滤芯 4 用经过树脂处理的微孔滤纸制成。纸质滤芯的两端由环形密封圈 2 和 6 密封。机油由上盖 1 上的下孔（进油孔）流入，通过纸质滤芯滤清后，经盖上的上孔（出油孔）流入主油道。当纸质滤芯被积污堵塞，其内外压差达0.15～0.18MPa 时，旁通阀 12 即被顶开，大部分机油不经纸质滤芯滤清，直接进入主油道，以保证主油道所需的机油量。

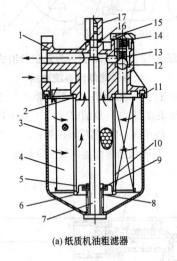
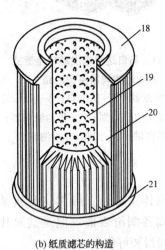

(a) 纸质机油粗滤器　　　　　　　　　(b) 纸质滤芯的构造

**图 8.14　东风 EQ6100－1 型发动机的纸质式粗滤器**

1—上盖；2、6、10、11、14、16—密封圈；3—外壳；4—纸质滤芯；5—托板；7—拉杆；
8—滤芯压紧弹簧；9—压紧弹簧垫圈；12—旁通阀；13—旁通阀弹簧；15—阀座；
17—螺母；18—上端盖；19—芯筒；20—微孔滤纸；21—下端盖

与机油粗滤器并联安装有一个旁通阀，当机油粗滤器发生堵塞时，此阀开启，使机油不经机油粗滤器进入主油道，保证可靠润滑。

如图 8.14(b)所示为纸质滤芯的构造。芯筒 19 是滤芯的骨架，用薄铁皮制成，其上加工出许多圆孔。微孔滤纸 20 一般都折叠成折扇形或波纹形，以保证在最小体积内有最大的过滤面积，并提高滤芯刚度。滤芯用塑胶与上、下端盖 18 和 21 黏合在一起。微孔滤纸经过酚醛树脂处理，具有较高的强度、抗腐蚀能力和抗水湿性能。因此，纸质滤清器具有质量小，体积小，结构简单，滤清效果好，过滤阻力小，成本低和保养方便等特点，目前应用最为广泛。

（2）机油细滤器按清除杂质的方法不同可分为过滤式和离心式两种类型。过滤式机油细滤器存在着滤清能力与通过能力的矛盾，为此目前不少车用发动机采用了离心式机油细滤器。

图 8.15 所示为 EQ6100－1 型发动机离心式机油细滤器。壳体 1 上固定着带中心孔的转子轴 3，转子体 14 与转子体端套 6 连成一体，其上压入 3 个衬套 13，套在转子轴上可以自由转动，压紧螺母 12 将转子盖 8 与转子体紧固在一起，转子下面装有止推轴承 4，转子上面装有支承垫圈 9，并用弹簧 10 压紧，以限制转子轴向移动，整个转子用滤清器盖 7 盖住，压紧螺套 11 将滤清器盖 7 固定在壳体 1 上，转子下端装有两个径向水平安装的喷嘴 5。

发动机工作时，从油泵来的机油进入滤清器进油口 B，若油压低于 0.1Mpa，进油限压阀 19 不开启，机油则不进入滤清器而全部供入主油道，以保证发动机可靠润滑。当油压高于此值时，则进油限压阀被顶开，机油沿壳体中的转子轴内的中心油道，经出油口 C 进入转子内腔，然后经进油口 D、油道 E 从两喷嘴喷出。于是转子内腔的机油随着转子高速旋转。当油压为 0.3MPa 时，转子转速高达 5000～6000r/min，由于转子内腔的机油随着转子高速旋转，机油中的机械杂质在离心力的作用下被甩向转子壁，因此，洁净的机油由进油口 D 进入，再经喷嘴喷出。喷出的机油经滤清器出油口 F 流回油底壳。

在发动机工作中如果机油温度过高，可旋松调整螺钉 17，机油通过球阀，经管接头 20 流向机油散热器。当油压高于 0.4MPa 时，旁通阀 18 打开，机油流回油底壳。

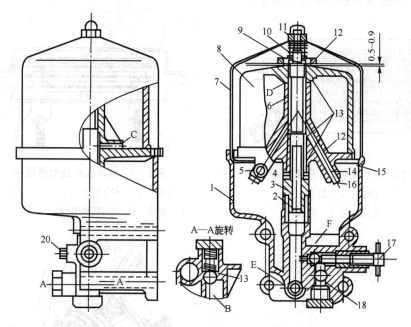

**图 8.15　EQ6100－1 型发动机离心式机油细滤器**

1—壳体；2—锁片；3—转子轴；4—止推轴承；5—喷嘴；6—转子体端套；7—滤清器盖；8—转子盖；
9—支承垫圈；10—弹簧；11—压紧螺套；12—压紧螺母；13—衬套；14—转子体；15—挡板；
16—螺塞；17—调整螺钉；18—旁通阀；19—进油限压阀；20—管接头；
B—滤清器进油口；C—出油口；D—进油口；E—油道；F—滤清器出油口

在离心式机油细滤器的进油口处装有一个低压限压阀，当机油泵输出压力较低(低于147kPa)时此阀关闭，机油泵输出的机油全部进入主油道，以便使机油压力迅速提高，保证润滑的需要。

离心式机油细滤器滤清能力高，通过能力好，且不受沉淀物影响，不需更换滤芯，只须定期清洗即可，但对胶质滤清效果较差。这种机油滤清器由于出油无压力，一般只用作分流式机油细滤器,在有些小功率发动机上也用它作为全流式机油离心细滤器。

### 8.2.3 机油散热器

在有些发动机上,为了使机油保持在最有利的温度(70～90℃)范围内工作,除靠机油在油底壳内自然冷却外,还另装有机油散热器。机油散热器一般装在发动机冷却液散热器的前面,利用风扇风力使机油冷却,也有一些发动机将机油散热器装在冷却液路中,当油温较高时靠冷却液降温,而在起动暖车期间油温较低时,则从冷却液吸收热量迅速提高机油温度。

机油散热器结构有风冷和水冷两种,风冷式机油散热器多为管片式结构,和一般的冷却液散热器类似,如图 8.16 所示。

水冷式机油散热器也称机油冷却器,多为管片式结构(图 8.17),也有的水冷式机油散热器机油在管内流动,而冷却水在管外流动(图 8.18)。

图 8.19 所示为本田 F-20A 型发动机的机油散热器,它和机油滤清器做成一体,在对机油进行过滤的同时进行冷却。在机油滤清器的进、出油口处装有一环形散热水道,通过循环的冷却液将机油的热量带走。

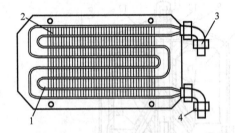

图 8.16 风冷式机油散热器
1—油管;2—散热片;
3—进油口;4—出油口

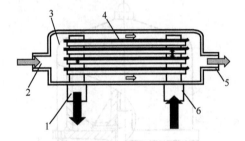

图 8.17 水冷式机油散热器一
1—出油口;2—冷却水入口;3—水冷室;
4—油管;5—冷却水出口;6—进油口

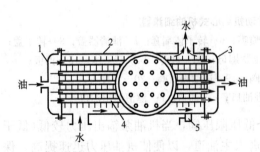

图 8.18 水冷式机油散热器二
1—前盖;2—壳体;3—后盖;
4—芯管及散热器片;5—放水开关

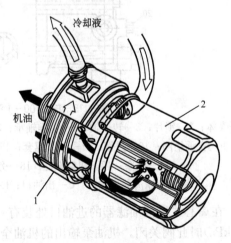

图 8.19 本田 F-20A 型发动机机油散热器
1—机油散热器;2—机油滤清器

## 思 考 题

1. 润滑系统的功用是什么?
2. 润滑系统油路的组成及各部件作用是什么?
3. 简述外啮合、内啮合齿轮式机油泵的工作原理。
4. 简述转子式机油泵的工作原理。
5. 比较全流式、分流式机油过滤方式的组成及特点。
6. 简述全流式机油滤清器的结构及工作原理。
7. 简述机油粗滤器的结构及工作原理。
8. 简述离心式机油细滤器的结构及工作原理。
9. 简述机油散热器的类型及特点。

# 第 9 章

# 点 火 系 统

汽油机点火系统的作用是保证按规定时刻及时点燃汽缸中被压缩的可燃混合气。车用发动机点火系统经历了传统点火系统、电子点火系统及微机控制点火系统等发展过程。由于点火系统是后续"汽车电器"课程的主要内容之一，所以本章简要介绍以上 3 种点火系统的类型、组成及点火过程，不涉及各点火元件的结构及原理。

教学目标

掌握传统点火系统、电子点火系统及微机控制点火系统的分类及组成；简单理解各点火系统的点火控制过程。

| 知 识 点 | 技 能 点 |
| --- | --- |
| 1. 传动点火系统的组成及工作过程<br>2. 电子点火系统的组成及工作过程<br>3. 电控点火系统类型的组成及工作过程 | 具备在原车识别点火系统及主要元件位置的基本技能 |

# 9.1 概 述

在汽油发动机中，汽缸内压缩后的混合气是靠电火花点燃的，为此在汽油机的燃烧室中装有火花塞。能够按时在火花塞电极间产生电火花的全部设备称为发动机点火系统。为了适应发动机的工作，要求点火系统能按照发动机的点火次序，在一定的时刻供给火花塞以足够能量的高压电，使其两极间产生电火花，点燃混合气使发动机做功。

**1. 点火系统分类**

车用发动机点火系统按照点火系统组成和产生高压电方法的不同，分为传统点火系统、电子点火系统和微机控制点火系统。

（1）传统点火系统也称为蓄电池点火系统，以蓄电池或发电机为低压电源，借点火线圈和断电器将低压直流电转变为高压电，再由分电器经高压线输送到装在发动机汽缸燃烧室中的火花塞上，在其两极间形成电火花，点燃可燃混合气。

（2）电子点火系统也称为半导体或晶体管点火系统，其电能由蓄电池或发电机供给，借点火线圈和由晶体管组成的点火控制器将低压电转变为高压电，再通过分电器分配到各缸火花塞，点燃混合气。

（3）微机控制点火系统也是以蓄电池或发电机为低压电源，借点火线圈和由微机控制的点火控制器将低压电转变为高压电，再由分电器或微机控制直接配电，将高压电分配到各缸火花塞，点燃混合气。微机控制点火系统是目前应用最广泛的点火系统，根据各种传感器提供的反映发动机工况的信息，发出点火控制信号，控制点火时刻，点燃混合气。

**2. 点火提前角及其影响因素**

发动机工作时点火时刻对发动机的性能有很大的影响。提前点火的角度称为点火提前角，即火花塞间隙跳火时曲轴的曲拐所在位置与压缩行程终了活塞到达上止点时曲拐位置之间的夹角。

若点火过早，则活塞正在向上止点运动过程中，混合气就开始燃烧，汽缸内气体压力迅速升高，而且气体压力作用的方向与活塞运动的方向相反，发动机有效功减小，发动机功率也将下降。因此，应当在活塞到达压缩行程上止点之前点火，使气体压力在活塞达到上止点后 $10°\sim15°$ 时达到最高值，这样混合气燃烧产生的热能可以在做功行程中得到充分利用，可以提高发动机的功率。

影响点火提前角的主要因素是发动机的转速和混合气的燃烧速度。混合气的燃烧速度又与混合气的成分、发动机的结构(燃烧室的形状、压缩比等)及其他一些因素有关。

当发动机转速一定时，随着节气门开度加大，发动机负荷增大，吸入汽缸中的可燃混合气数量增多，压缩行程终了时汽缸内的温度和压力增高，同时残余废气在汽缸内混合气中所占的比例减少，混合气燃烧的速度加快，点火提前角应适当减小；反之，发动机负荷减小时，点火提前角应当加大。

当节气门开度一定时，随着发动机转速的升高，单位时间内曲轴转过的角度增大，应适当增大点火提前角，否则燃烧会延续到做功行程，使发动机的动力性和经济性下降。

# 9.2 蓄电池点火系统

### 9.2.1 蓄电池点火系统的组成

蓄电池点火系统的组成如图9.1所示，主要由电源(蓄电池11或发电机)、点火开关1、点火线圈2、断电器4、配电器3、电容器5、火花塞6、高压导线7、阻尼电阻8等组成。

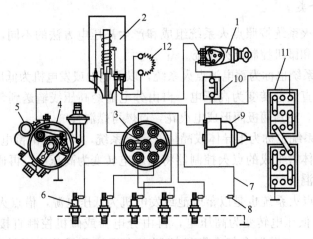

图9.1 蓄电池点火系统的组成

1—点火开关；2—点火线圈；3—配电器；4—断电器；5—电容器；6—火花塞；

7—高压导线；8—阻尼电阻；9—起动机；10—电流表；11—蓄电池；12—附加电阻

点火系统将12V或24V的电压转变为10000V以上的高压电是由点火线圈和断电器共同完成的，并由配电器分配到各缸火花塞，如图9.2所示。点火线圈实际上是一个变压器，主要由一次绕组4、二次绕组5和铁心3组成。断电器由断电器凸轮7、触点臂8、断电器触点9组成。断电器凸轮由发动机配气凸轮驱动，并以同样的转速旋转，即曲轴每转两转凸轮转一转，为了保证曲轴每转两转发动机各缸轮流点火一次，断电器凸轮的凸棱数一般等于发动机汽缸数。断电器触点与点火线圈的一次绕组串联，用来接通或切断

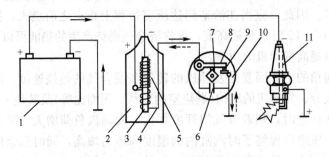

图9.2 点火系统电路简图

1—蓄电池；2—点火线圈；3—铁心；4——次绕组；5—二次绕组；6—电容器；

7—断电器凸轮；8—触点臂；9—断电器触点；10—断电器；11—火花塞

点火线圈一次绕组的电路。配电器由分电器盖与分火头组成。分火头安装在断电器轴上，与轴一起旋转，分电器盖上有中心电极和若干个侧电极，侧电极的数目与发动机汽缸数相等，经高压导线与各缸火花塞相连。

### 9.2.2 蓄电池点火系统的点火过程

图9.3所示是蓄电池点火系统工作示意图。点火线圈一次绕组5的一端经点火开关6与蓄电池相连，另一端接活动触点臂7，固定触点8通过断电器外壳接地，断电器触点间并联有电容器9。接通点火开关，当断电器触点闭合时，低压的一次电流由蓄电池的正极经点火开关、点火线圈的一次绕组（200～300匝的粗导线）、断电器触点臂、触点、接地流回蓄电池的负极，如图9.3所示，由于回路中流过的是低压电流，所以称这条电路为低压电路或一次电路。一次绕组通电时，其周围产生磁场，并由于铁心的作用而加强。当断电器凸轮顶开触点时，一次电路被切断，一次电流迅速下降到零，铁心中的磁通随之迅速减少以至消失，因而在匝数多（15000～23000匝）导线细的二次绕组中感应出很高的电压，使火花塞两电极之间的间隙被击穿，产生火花。一次绕组中电流下降的速率越大，铁心中磁通的变化率越大，二次绕组中的感应电压也越高。

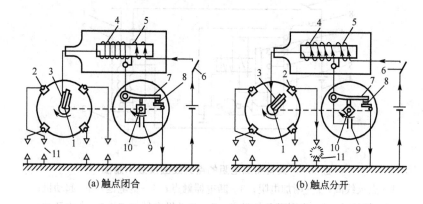

(a) 触点闭合      (b) 触点分开

**图9.3 蓄电池点火系统工作示意图**

1—配电器中心电极；2—侧电极；3—分火头；4—二次绕组；5—一次绕组；6—点火开关；
7—活动触点臂；8—固定触点；9—电容器；10—凸轮；11—火花塞

点火线圈二次绕组中的感应电压称为二次电压，其中通过的电流称为二次电流。二次电流所流过的电路称为二次电路或高压电路。

发动机工作时，在断电器触点分开瞬间，二次电路中分火头恰好与侧电极对准，如图9.3(b)所示。二次电流从点火线圈的二次绕组，经蓄电池正极、蓄电池、接地、火花塞的侧电极、中心电极、高压导线、配电器流回点火线圈的二次绕组。

点火线圈铁心中的磁通发生变化时，不仅在二次绕组中产生高压电（互感电压），同时也在一次绕组中产生自感电压和电流。在触点分开、一次电流下降瞬间，自感电流与原一次电流方向相同，其电压高达300V左右，在触点间产生强烈的火花。这不仅使触点迅速烧蚀，影响断电器正常工作，同时使一次电流的变化率下降，二次绕组中感应的电压降低，火花塞间隙中的火花减弱，难以点燃混合气。

因此，为了消除一次绕组中自感电流的不利影响，在断电器触点间并联有电容器。

当断电器触点分开时，自感电流向电容器充电，减小了断电器触点间的火花，加速一次电流和磁通的衰减，从而提高了二次电压。

二次电压的大小与一次电流的大小有关，一次电流越大，铁心中的磁场越强，当触点分开时磁通的变化率就越大，感应的二次电压也越高，为此应尽可能增大流过一次绕组中的电流。但是，在断电器触点闭合以后，一次电流是按指数规律由零开始逐渐增长的，需要经过一定时间以后，才能达到按欧姆定律得出的稳定值。实际上，发动机正常工作时，由于凸轮转速很高，触点每次保持闭合的时间总是少于一次电流增长到稳定值所需要的时间。所以，在触点分开时的一次电流总是小于期望稳定值。因此，当发动机转速升高时，由于触点闭合时间缩短，一次断开时电流减少，感应的二次电压下降；反之，发动机转速降低时，触点闭合时间长，一次电流增大，二次电压升高。

如果点火线圈按发动机高速时的需要设计，则低速时一次电流将过大，容易使点火线圈过热；如果按低速时绕组不致过热设计，则高速时又将使一次电流过小而二次电压过低，不能保证可靠地点火。为解决这一矛盾，可在一次电路中串联一个电阻值能随温度而变化(温度越高则电阻越大)的附加电阻(热敏电阻)2，如图9.4所示。

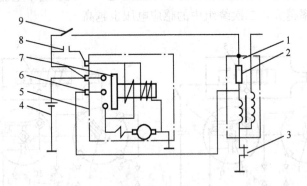

图 9.4 具有附加电阻的点火线圈接线示意图

1—点火线圈；2—附加电阻；3—断电器触点；4—蓄电池；5—起动机；
6—接线柱；7—电磁开关接触盘；8—起动继电器触点；9—点火开关

随着发动机转速降低而一次电流加大，附加电阻的电阻值因本身温度升高而增大，因而使一次电流减小，点火线圈不致过热。

当发动机转速升高时，一次电流减小，但同时附加电阻的电阻值却因温度降低而减小，故又使一次电流下降较少。这样，附加电阻就起了保持一次电流基本稳定的作用。

在起动发动机时，通过起动机的电流极大，使蓄电池端电压急剧下降。此时，为了保证一次电流的必要强度，可将附加电阻短路。在图9.4中，当点火开关9处于接通位置且断电器触点3闭合时，一次电流经附加电阻2进入一次绕组。起动发动机时，驾驶员接通起动开关，起动机电磁开关的线圈通电，在起动机的主电路接通之前，电磁开关接触盘7先将附加电阻短路，接线柱6与蓄电池4接通，附加电阻短路，使一次电流由蓄电池直接进入一次绕组。

在汽车行驶中，发动机的负荷和转速都经常在变化。为使发动机在各种工况下都能适时地点火，在汽车发动机点火系统中，一般设有两套自动调节点火提前角的装置。一套能随发动机转速的变化而自动改变点火提前角(离心式点火提前调节装置)；另一套则主要按发动机负荷不同而自动调节点火提前角(真空式点火提前调节装置)。

除此之外,最佳点火提前角还与所用汽油的抗爆性有关。使用辛烷值较高即抗爆性较好的汽油时,所允许用的点火提前角也较大,故当发动机换用不同牌号的汽油时,点火提前角也必须作相应的调节。为此,点火系统中还设有一套必要时方便使用的手动调节装置(辛烷值校正器)。

# 9.3 电子点火系统

与传统的蓄电池点火系统相比,电子点火系统在高速时可以避免缺火;在火花塞积炭时有较强的跳火能力,并可延长触点的使用寿命,提高火花能量。特别是采用微机控制的电子点火系统,除具备上述优点之外,还能根据发动机不同工况的要求自动调节点火时刻为最佳值。因此,采用电子点火系统可以提高发动机的动力性和经济性,并减少空气污染。

电子点火系统以晶体管取代断电器触点,减少触点火花;改善高速时的点火性能、点火能量;在火花塞积炭时仍有较强的跳火能力。因此,采用电子点火系统可以提高发动机的动力性经济性,减少排气污染。

目前,在汽车上采用的电子点火系统种类很多,电路各有不同,但从其工作原理的角度看,按储能方式的不同可分为电感储能和电容储能两大类;按照点火信号的触发方式的不同又可分为有触点和无触点电子点火系统。本节主要介绍无触点电子点火系统。

## 9.3.1 磁脉冲式无触点点火装置

无触点电子点火系统用点火控制器代替断电器的触点,产生点火信号。因此,在点火系统工作时与触点有关的故障都不可能发生。

无触点电子点火系统一般由传感器(也称为点火信号发生器)、点火控制器(简称点火器)、点火线圈、配电器、火花塞等组成。国内外汽车上使用的无触点点火装置,按所使用的传感器形式不同,有磁脉冲、霍尔效应式、光电式等多种。

图9.5所示是日本丰田轿车上采用的磁脉冲式无触点点火装置的电路图。该点火装置由安装在分电器内的磁电式传感器1、点火控制器2、点火线圈3等组成。

### 1. 磁电式传感器

磁电式传感器一般是一个磁脉冲式点火信号发生器,用来在发动机工作时产生点火信号。它由靠分电器轴带动且转速与之相等的信号转子1、安装在分电器底板上的永久磁铁3和绕在铁心上的传感线圈2等3部分组成,如图9.6所示。

信号转子具有数目与发动机汽缸数相等的凸齿。由于转子的凸齿、传感线圈间隙不断变化,穿过线圈铁心中的磁通量也不断变化,根据电磁感应原理,当穿过线圈的磁通量发生变化时,线圈中将产生感应电动势,感应电动势的大小与磁通量的变化速度成正比,其方向则是阻碍磁通量的变化。

图9.6所示为转子凸齿与线圈铁心处于不同相对位置时的磁路图。在图9.6(a)所示位置时,转子凸齿逐渐转向线圈铁心,与铁心间的空气间隙越来越小,穿过线圈铁心的

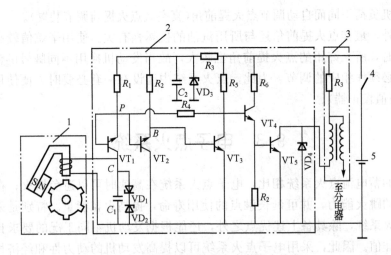

图 9.5　磁脉冲式无触点点火装置电路图

1—磁电式传感器；2—点火控制器；3—点火线圈；4—点火开关；5—蓄电池

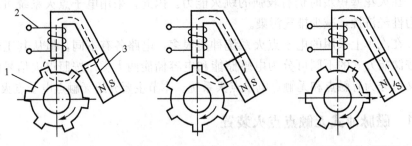

(a)转子凸齿转向线圈铁心　(b)转子凸齿与线圈铁心中心线对齐　(c)转子凸齿离开线圈铁心

图 9.6　磁电式传感器的磁路

1—信号转子；2—传感线圈；3—永久磁铁

磁通量则逐渐增多。在图 9.7 中磁通量变化曲线上的 $a$ 点时，磁通量的变化率最大，线圈中产生的感应电动势达到最大值。随着转子转动，线圈铁心中磁通量增加的速度减慢，线圈中产生的感应电动势减小，当转子转到图 9.6(b)所示位置时，转子凸齿与线圈铁心的中心线正好在一条线上，转子凸齿与线圈铁心间的空气间隙最小，穿过线圈铁心的磁通量最大，但磁通的变化率为零，感应电动势减小到零。转子继续转动，凸齿渐渐离开线圈铁心，凸齿与线圈铁心间的空气间隙逐渐减少，在线圈中产生的感应电动势加大，但方向与磁通量增加时相反，当转子转到图 9.6(c)所示位置时，磁通量减少的速率最大，线圈中的感应电动势反向达到最大值。如此，随着转子不断地旋转，在线圈中产生如图 9.7 所示大小和方向不断变化的感应电动势。

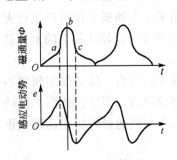

图 9.7　穿过线圈的磁通量及线圈中的感应电动势

**2. 点火控制过程**

点火控制器由晶体管 $VT_1$ 和 $VT_2$（图 9.5）组成的点火

信号检出电路、VT$_3$ 和 VT$_4$ 组成的开关放大电路和电源开关电路组成。

接通点火开关 4，当晶体管 VT$_2$ 导通时，$B$ 点的电位降低，VT$_3$ 截止而其集电极电位升高，使 VT$_4$、VT$_5$ 导通，于是一次电路被接通。一次电流由蓄电池 5 的正极出发，经点火开关 4、点火线圈 3 的一次绕组、晶体管 VT$_5$、搭铁流回蓄电池的负极。当 VT$_2$ 截止时，$B$ 点的电位升高，VT$_3$ 导通，其集电极电位降低，VT$_4$、VT$_5$ 截止，于是一次电路被切断，二次绕组中产生高压电，击穿火花塞间隙，点燃混合气。

VT$_2$ 是导通还是截止取决于 $P$ 点的电位。$P$ 点的直流电位是一定的，且略高于 VT$_2$ 的工作电位。晶体管 VT$_1$ 的发射极与基极相连，在此电路中相当于一个发射极为正、集电极为负的二极管。当传感器输出的交变信号电压使 $C$ 点的电位高于 $P$ 点的直流电位时，VT$_1$ 因承受反向电压而截止。这时，$P$ 点的电位高于 VT$_2$ 的工作电位，所以 VT$_2$ 导通，从而 VT$_5$ 也导通。当传感器输出的交变信号电压使 $C$ 点的电位低于 $P$ 点的电位时，VT$_1$ 导通，使 $P$ 点的电位降低。当 $P$ 点的电位低于 VT$_2$ 的工作电位时。VT$_2$ 截止，从而 VT$_5$ 截止使一次电流中断。

稳压管 VD$_1$ 和 VD$_2$ 用来限制传感器输出电压的幅度，以保护晶体管 VT$_1$ 和 VT$_2$。

稳压管 VD$_3$ 和电容器 $C_2$ 用来稳定电源电压。

稳压管 VD$_4$ 保护晶体管 VT$_5$ 免受自感电动势的损坏。

### 9.3.2 霍尔效应式无触点点火装置

霍尔效应式无触点点火装置利用霍尔器件的霍尔效应制成传感器，从而产生点火信号，控制点火系统的工作。该点火装置主要由内装霍尔传感器的分电器、点火控制器、点火线圈等组成。图 9.8 所示是奥迪 100 型轿车用霍尔效应式无触点点火装置电路图。

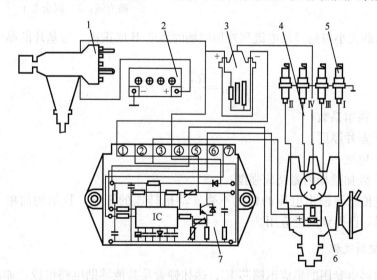

图 9.8　奥迪 100 型轿车用霍尔效应式无触点点火装置电路图

1—点火开关；2—蓄电池；3—点火线圈；4—高压阻尼线；

5—火花塞；6—霍尔效应式无触点分电器；7—点火控制器

### 1. 霍尔传感器

图 9.9 所示是霍尔传感器工作示意图，它由安装在分电器内的霍尔触发器 3、永久磁铁 1 和带缺口的转子 2 组成。

霍尔触发器是一个带有集成电路的半导体基片。当外加电压作用在触发器两端时，便有电流在其中通过。如果在垂直于电流的方向上同时有外加磁场的作用，则在垂直于电流和磁场的方向产生电压 $U_H$，该电压称为霍尔电压，这种现象称为霍尔效应。图 9.10 所示为霍尔效应示意图。

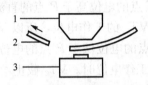

(a) 转子叶片处于永久磁铁和霍尔元件之间

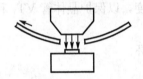

(b) 转子的缺口处于永久磁铁和霍尔元件之间

**图 9.9　霍尔传感器工作示意图**
1—永久磁铁；2—带缺口的转子；
3—霍尔触发器

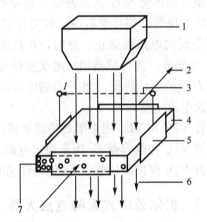

**图 9.10　霍尔效应示意图**
1—磁极；2—外加电压；3—霍尔电压；
4—霍尔触发器；5—接触面；
6—磁力线；7—剩余电子

霍尔电压的大小与通过的电流和外加磁场的强度 $B$ 成正比，与基片的厚度 $d$ 成反比，可表示为

$$U_H = \frac{R_H}{d} \cdot I \cdot B$$

式中：$R_H$——霍尔系数；

　　　$d$——基片厚度；

　　　$I$——电流；

　　　$B$——外加磁场的磁感应强度。

霍尔效应传感器输出电压的幅度不受发动机转速的影响，且结构简单、工作可靠、抗干扰能力强，已得到广泛应用。

### 2. 点火控制过程

点火控制器由专用的集成电路芯 IC、达林顿管及其他辅助电路组成，如图 9.8 所示。它用来将霍尔传感器产生的信号整形、放大，并转变为点火控制信号，通过达林顿管控制点火线圈一次绕组的接通或断开，在二次绕组中产生高压电。

## 9.4 微机控制点火系统

在微机控制的点火系统中，点火控制包括点火提前角的控制，通电时间控制和爆燃控制等3个方面，并具有以下特点。

（1）在各种工况及环境条件下，均可自动获得最佳的点火提前角，从而使发动机的动力性、经济性、排放性及工作稳定性等方面均处于最佳状态。

（2）在整个工作过程中，均可对点火线圈—次电路的通电时间和电流进行控制，从而使点火线圈中存储的点火能量保持恒定，不仅提高了点火的可靠性，而且可有效地减少电能消耗，防止点火线圈烧损。

（3）采用爆燃控制功能后，可使点火提前角控制在爆燃的临界状态，以此获得最佳的燃烧过程，有利于发动机各种性能的提高。

微机控制点火系统的类型可以分为两大类，即有分电器电控点火系统和无分电器电控点火系统。

### 9.4.1 有分电器电控点火系统

如图 9.11 所示，ECU 根据传感器检测的发动机的转速和负荷等信息，与预先储存的最佳参数进行比较，得到该工况下的最佳点火提前角，并将点火正时信号 IGT 送至点火器，当 IGT 变成低电平时，控制串接在点火线圈一次电流回路中的大功率晶体管截止，于是点火线圈一次电流被切断，二次线圈中感应出高压电，再由分电器送至相应汽缸中的火花塞产生电火花。

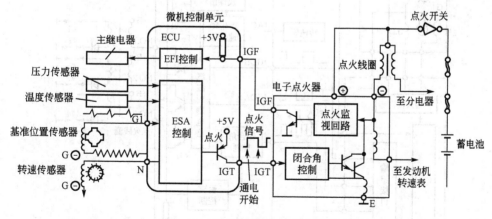

**图 9.11 有分电器的电控点火系统**

为了产生稳定的二次电压和保证系统的可靠工作，在点火控制器中还设置了闭合角控制回路和点火确认信号 IGF 发生电路。

闭合角控制回路根据发动机转速和蓄电池电压调节闭合角，以保证足够的点火能量。在发动机转速上升和蓄电池电压下降时，闭合角控制电路使闭合角加大，即延长一次电路的通电时间，以防止一次储能下降，确保足够的点火能量。

点火确认信号发生电路在点火线圈一次电流切断、一次线圈产生自感电动势时，输出点火确认信号 IGF 给 ECU，以监视点火控制电路是否正常工作，如果 ECU 接收不到 IGF 信号，表明点火系统发生故障，ECU 立即终止燃油喷射。

### 9.4.2　无分电器电控点火系统

无分电器电控点火系统按其高压配电方式的不同，可分为点火线圈分配式电控点火系统和二极管分配式电控点火系统两大类，前者应用更为广泛。

1. 点火线圈分配式电控点火系统

点火线圈分配式点火系统是将来自点火线圈的高压电直接分配给火花塞，这种点火系统具有同时点火和单独点火两种形式。

1) 无分电器同时点火系统

同时点火是指点火线圈每产生一次高压电，使两个汽缸的火花塞同时跳火，即二次绕组产生的高压电将直接加在两个汽缸(四缸发动机的 1、4 缸或 2、3 缸；六缸发动机的 1、6 缸，2、5 缸或 3、4 缸)的火花塞电极上产生跳火。

双缸同时点火时，一个汽缸处于压缩行程末期，是有效点火，另一个汽缸处于排气行程末期，汽缸内温度较高但压力很低，火花塞电极的击穿电压也很低，对有效点火汽缸火花塞的击穿电压和火花放电能量影响很小，是无效点火。曲轴旋转一转后，两缸所处行程恰好相反。

图 9.12 所示为无分电器同时点火系统，ECU 输出的指令除控制点火提前角和通电时间的 IGT 外，还需要输出判缸信号 IGD。

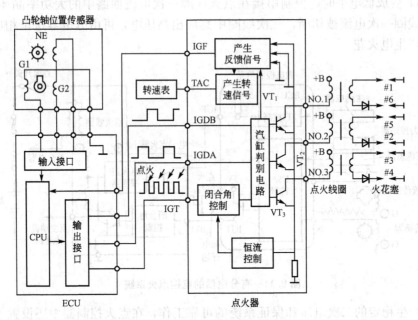

**图 9.12　无分电器同时点火系统**

如丰田皇冠轿车装用的无分电器电控点火系统，凸轮轴位置传感器产生的 G1 信号用来判别第六缸上止点位置，G2 信号用来判别第一缸上止点位置，NE 信号用来提供曲轴转角信号。ECU 发出判缸指令 IGDA、IGDB 的信号状态见表 9-1。

表 9-1 IGDA、IGDB 的信号状态

| IGDA 状态 | IGDB 状态 | 点火线圈 | 点火汽缸 |
|---|---|---|---|
| 0 | 1 | 1# | 1、6 缸 |
| 0 | 0 | 2# | 2、5 缸 |
| 1 | 0 | 3# | 3、4 缸 |

ECU 根据凸轮轴位置传感器信号 G1、G2、NE 和判缸信号 IGDA、IGDB 信号，选择应点火的汽缸组，并将点火信号送给点火组件，使相应的功率晶体管 VT1～VT3 中的某一只截止或导通，于是相应的点火线圈直接向火花塞输出高压电。同样，点火器的反馈信号 IGF 向 ECU 提供火花塞是否正常点火，ECU 在每次发出点火正时指令后，都通过 IGF 信号进行检测，当连续 3～5 次没有反馈信号时，ECU 认为点火系统有故障并自动停止喷油。

在无分电器同时点火系统中，采用小型闭磁路点火线圈，二次绕组的两端分别与两个火花塞相连接。当一次电流突然切断时，在二次绕组上会感应出上万伏的高压电动势，加到火花塞电极之间，喷出高压火花，点燃汽缸内的混合气。然后，当功率晶体管导通瞬间，一次电流也发生突变，这样在二次绕组中便产生约 1000V 的电压。在一般的分电器式点火系统中，1000V 的高压电不足以击穿火花塞产生跳火。因为分电器中的分火头与旁电极之间的间隙较大，必须要有更高的电压才足以跳过这么大的间隙。而在无分电器点火系统中，这样的电压很有可能点燃处于进气行程中汽缸内的混合气。特别是火花塞间隙较小时，火花塞误跳火的可能性就更大。这将会引起回火等现象的发生，使发动机无法正常运转。为防止产生这种现象的出现，在点火线圈的二次绕组中串联一个高压二极管，当功率晶体管导通时，产生的感应电动势反向加在高压二极管上，由于二极管的反向截止功能，1000V 的高压电就无法使火花塞跳火。而当功率晶体管截止时，二次绕组产生的高压电与前相反，二极管导通，使火花塞顺利跳火。

2）无分电器单独点火系统

图 9.13 所示是尼桑汽车六缸发动机上使用的无分电器式单独点火系统。所谓单独点火就是指为每一个汽缸的火花塞配备一个点火线圈，单独直接地对每个汽缸点火。

由于每缸都有独立的点火线圈，即使发动机转速很高，点火线圈也有较长的通电时间，可提供足够的点火能量。单位时间内通过点火线圈的一次电路电流也较小，点火线圈不易发热，而且体积也较小，一般点火线圈与火花塞可以制成一体，直接安装在缸盖上，由于没有分电器和高压导线，故其能量损失小、效率高，而且各缸的点火线圈和火花塞均由金属屏蔽，电磁干扰大大减小。

**2. 二极管分配式电控点火系统**

二极管分配式电控点火系统如图 9.14 所示。点火线圈由两个一次绕组和一个二次绕组构成，二次绕组的两端通过 4 只高压二极管与火花塞构成回路。对于点火顺序为 1—3—4—2 的发动机，1、4 缸为一组，2、3 缸为另一组。点火控制器中的两只功率晶体管分别控制一个一次绕组，两只功率晶体管由电控单元 ECU 按点火顺序交替控制其导通与截止。

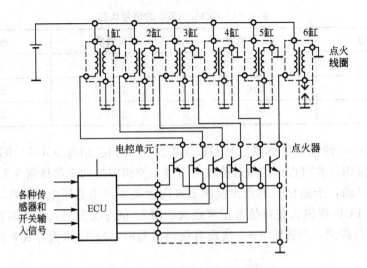

**图 9.13　无分电器式单独点火系统**

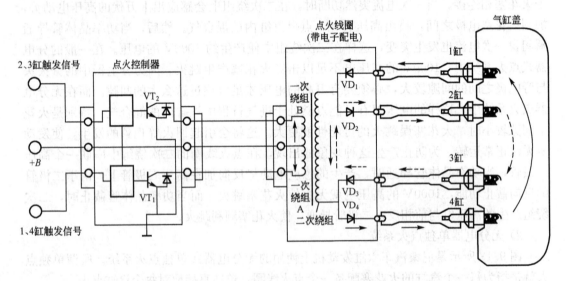

**图 9.14　二极管分配式电控点火系统**

当电控单元 ECU 将 1、4 缸的点火触发信号输入点火控制器时，功率晶体管 $VT_1$ 截止，一次绕组 A 中的电流切断，二次绕组中就会产生高压电动势，方向如图中实线箭头所示。在该电动势的作用下，二极管 $VD_1$、$VD_4$ 正向导通，1、4 缸火花塞电极上的电压迅速升高直至跳火，高压放电电流经图中实线箭头所指方向构成回路；$VD_2$、$VD_3$ 反向截止，2、3 缸火花塞不能跳火。

当 ECU 将 2、3 缸点火触发信号输入点火控制器时，晶体管 $VT_2$ 截止，一次绕组 B 中的电流切断，二次绕组产生高压电动势，方向如图中虚线所示。2、3 缸火花塞跳火而 1、4 缸火花塞不跳火。

## 思 考 题

1. 车用汽油机点火系统有几种类型？各有什么特点？
2. 蓄电池点火系统组成及点火过程是怎样的？
3. 磁脉冲式无触点电子点火系统组成及点火过程是怎样的？
4. 霍尔效应式无触点电子点火系统组成及点火过程是怎样的？
5. 有分电器式电控点火系统组成及点火控制过程是怎样的？
6. 无分电器同时点火系统组成及点火控制过程是怎样的？
7. 无分电器单独点火系统组成及点火控制过程是怎样的？
8. 二极管分配式电控点火系统组成及点火控制过程是怎样的？

# 第 10 章

# 起动系统和汽车电源

教学提示

　　起动系统能向发动机提供外力，使其从静止状态过渡到自行运转状态。汽车电源担负着向汽车所有用电设备提供电源的重任。由于起动系统和汽车电源是后续"汽车电器"课程的主要内容之一，所以本章简要介绍两种系统组成及工作过程，不涉及元件的结构及原理。

教学目标

　　掌握起动系统和汽车电源的组成；理解发动机电起动过程及汽车电源的充电过程。

| 知　识　点 | 技　能　点 |
| --- | --- |
| 1. 附加继电器控制的起动系统起动过程<br>2. 具有自动保护控制的起动系统起动过程<br>3. 汽车电源系统组成及充电原理 | 1. 具备原车识别起动系统组成及主要部件位置的基本技能<br>2. 具备原车识别汽车电源组成及主要部件位置的基本技能 |

# 10.1  起 动 系 统

发动机的曲轴在外力作用下由静止开始转动，到发动机能自行运转的全过程称为发动机的起动。

发动机常用的起动方式有人力起动、辅助汽油机起动和电力起动 3 种形式。其中人力起动最简单，但不方便、劳动强度大，且不安全；辅助汽油机起动的起动装置大、结构复杂，只用于大功率柴油机的起动；电力起动操作简便、起动迅速可靠，并具有重复起动能力，还可以进行远程控制，因而被现代汽车广泛采用。

起动系统一般由起动机和控制电路两大部分组成。起动机用来产生力矩，并通过小齿轮驱动发动机的飞轮转动，控制电路用来控制起动机的工作。

## 10.1.1  起动系统组成

图 10.1 所示为附加继电器控制的起动系统组成，主要包括蓄电池、点火开关、起动继电器和起动机等，起动机一般由直流电动机、传动机构和控制机构组成。

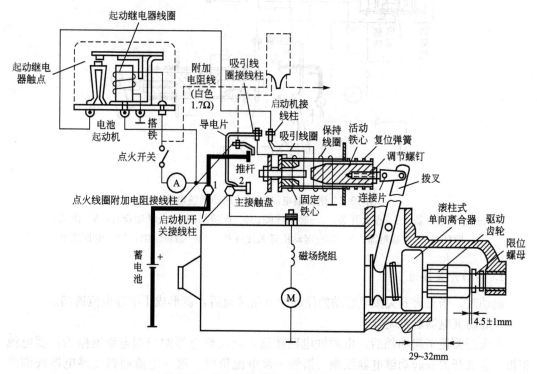

图 10.1  附加继电器控制的起动系统组成

直流电动机在直流电压的作用下产生旋转力矩，称为电磁转矩。起动发动机时，直流电动机通过驱动齿轮、飞轮的环齿驱动发动机的曲轴旋转，使发动机起动。

传动机构安装在电动机电枢的延长轴上，在起动发动机时，将驱动齿轮与电枢轴连成一体，并使驱动齿轮沿电枢轴移出与飞轮环齿啮合，将起动机产生的电磁转矩传递给发动机的曲轴，使发动机起动；发动机起动后，飞轮转速提高，带着驱动齿轮高速旋转，将使电枢轴超速旋转而损坏，因此在发动机起动后，驱动齿轮转速超过电枢轴转速时，传动机构应使驱动齿轮与电枢轴自动脱开，防止电动机超速。为此，起动机的传动机构必须具有超速保护装置。

控制机构的作用是控制驱动齿轮与飞轮环齿的啮合与分离，控制电动机电路的接通与切断。常用的控制装置有机械式和电磁式两种，在现代汽车上，起动机均采用电磁式控制装置，电磁式控制装置是利用电磁开关的电磁力使驱动齿轮与飞轮环齿啮合或分离，同时也控制起动电动机的电路开关。由于这种装置操纵简单，工作可靠，便于远距离控制，故在汽车起动机上广泛应用。电磁式控制装置的具体结构尽管有所不同，但一般12V电源系统汽车用起动机都是由电磁铁机构操纵拨叉，控制离合器驱动齿轮。

### 10.1.2　发动机起动过程

图10.2所示为附加继电器控制的起动系统电路，该电路主要有两个作用：一是控制起动电动机主电路的通断；二是控制驱动齿轮与飞轮环齿的啮合与分离。

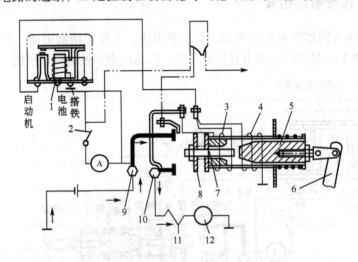

**图 10.2　附加继电器控制的起动系统电路**
1—起动继电器；2—点火开关；3—吸引线圈；4—保持线圈；5—活动铁心；6—拨叉；
7—推杆；8—主接触盘；9、10—起动机开关接线柱；11—磁场绕组；12—电枢绕组

**1. 起动开关接通**

起动时，当点火开关拨至起动挡使起动电路接通后，就形成了下述电流通路。

**1)起动继电器触点闭合**

点火开关拨至起动挡后，电磁铁电路接通，起动继电器的线圈电流通路为：蓄电池正极—点火开关—起动继电器线圈—搭铁—蓄电池负极。这一电流通路使继电器线圈产生磁场，在电磁力的作用下继电器触点闭合，于是就接通了电磁起动机控制机构中吸引线圈和保持线圈电路。

吸引线圈的电流通路为：蓄电池正极—继电器触点—吸引线圈—起动机开关接线柱—起动机磁场绕组(定子绕组)—起动机电枢绕组(转子绕组)—搭铁—蓄电池负极。

保持线圈的电流通路为：蓄电池正极—继电器触点—保持线圈—搭铁—蓄电池负极。

2）驱动齿轮与飞轮环齿啮合

当电流通过吸引线圈和保持线圈后，由于两者产生的磁场方向一致，磁场增强，磁化固定铁心产生吸力，使活动铁心被吸向固定铁心一边，使主接触盘接通起动机开关接线柱 9、10。同时活动铁心的后端通过带动拨叉上端前移、下端后移，迫使驱动齿轮与飞轮环齿啮合（图 10.1）。

3）起动机开关接通起动发动机

当起动机开关接通起动机开关接线柱 9、10 后，电动机的主电流通路将被接通：蓄电池正极—起动机开关接线柱 9—主接触盘—起动机开关接线柱 10—磁场绕组—电枢绕组—搭铁—蓄电池负极。由于这一电流通路中的电阻很小，电流可达几百安培，使电动机产生较大的转矩，经离合器带动发动机起动。

起动机开关触点接通时，吸引线圈被短路，活动铁心依靠保持线圈的磁力使其保持在吸合位置。

另外，在起动机开关触点接通的同时，主接触盘也与点火线圈附加电阻接线柱内的黄铜片接触，使点火线圈附加电阻短路，从而保证可靠点火。

**2. 起动开关断开**

1）起动继电器触点断开

起动后，立即放松点火开关（即脱离起动挡），起动继电器线圈首先断电，接着起动继电器触点断开。保持线圈中的电流经起动机开关接线柱 9、主接触盘、起动机开关接线柱 10、吸引线圈、保持线圈至搭铁构成回路。此时，两线圈产生的磁场方向相反，从而相互削弱，于是活动铁心在回位弹簧的作用下退回原位。活动铁心后移时主接触盘退出，电动机上电路切断，电动机停止工作。

2）驱动齿轮与飞轮环齿分离

在主接触盘离开起动机开关接线柱 9 和 10、活动铁心退回的同时，推动拨叉上端后移，拨叉的下端则带动滑环前移，迫使驱动齿轮与飞轮环齿分离。

# 10.2　汽车电源

汽车上的点火系统及全车电器设备的电源由蓄电池、发电机及其电压调节器组成。发动机正常运转时，发电机向点火系统及其他用电设备供电，并同时向蓄电池充电；汽车的用电设备用电量过大，超过发电机的供电能力时，蓄电池和发电机共同向点火系统及其他用电设备供电；发动机起动或低速运转时，发电机不发电或电压很低，全部由蓄电池向起动机、点火系统及其他用电设备供电。

## 10.2.1　汽车电源的组成

图 10.3 所示为汽车电源电路，主要由蓄电池、发电机及电压调节器组成。

蓄电池是一个化学电源，充电时其内部的化学反应将外接电源的电能转化为化学能储存起来，用电时再通过化学反应将储存的化学能转化为电能，输出给用电设备。

发电机是用来向用电设备供电，并向蓄电池充电的能源装置。为了满足蓄电池充电的要求，车用发电机的输出电压必须是直流电压。此外，为了向蓄电池充电和向用电设

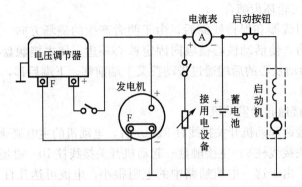

图 10.3　汽车电源电路

备供电，在汽车运行中发电机的端电压必须保持恒定。因此，车用发电机还需配有电压调节器。目前，国内外汽车上使用的发电机几乎都是硅整流发电机。

电压调节器是把发电机输出电压控制在规定范围内的调节装置，其功用是在发电机转速变化时，自动控制发电机电压，使其保持恒定，防止发电机电压过高而烧坏用电设备和导致蓄电池过量充电，同时也防止发电机电压过低而导致用电设备工作失常和蓄电池充电不足。常用的电压调节器有电磁振动式电压调节器、晶体管电压调节器和集成电路电压调节器。

## 10.2.2　汽车电源的充电过程

图 10.4 所示为某汽车电源电路原理图，图中发电机采用集成电路电压调节器，利用晶体管的开关作用以控制磁场电路的通断，在发电机转速变化时调节磁场电流，使发电机电压保持恒定。该汽车电源电路充电过程如下。

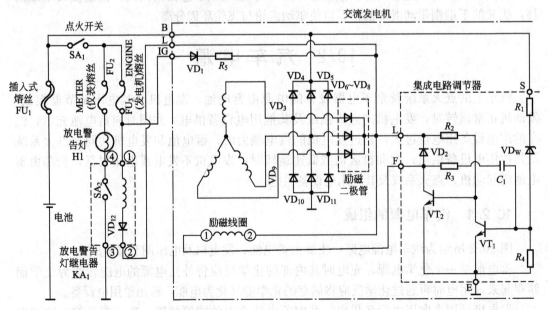

图 10.4　汽车电源电路原理图

点火开关未闭合时，蓄电池正极输出的电压经熔丝 $FU_1$、发电机的 "B" 接线柱加到集成电路调节器的 "S" 接线柱，再经 $R_1$ 电阻加至稳压二极管 $VD_W$ 的负极，使 $VD_W$ 承受反向电压。由于此时发电机未工作，集成电路调节器 "S" 端的电压为蓄电池电压，低于 $VD_W$ 的反向击穿电压，$VD_W$ 截止，对 $VT_1$ 的状态不产生影响。

**1. 接通点火开关，发动机带动发电机低速运转**

当点火开关 $SA_1$ 接通时，蓄电池正极电压经熔丝 $FU_3$ 后分成两路，有一路经发电机的 "IG" 接线柱、$VD_1$、$R_5$ 后又分成两路，其中一路加到发电机励磁线圈②端，另一路经集成电路调节器的 "L" 接线柱，经 $R_2$ 加至 $VT_2$ 基极，使 $VT_2$ 导通，这就等效于将发电机励磁线圈①端等效接地，于是就形成了如下的两个电流通路。

磁场绕组电流通路：蓄电池正极—保险丝 $FU_1$—$SA_1$ 点火开关—熔丝 $FU_3$—交流发电机 IC 接线柱—$VD_1$—$R_5$—励磁线圈—集成电路调节器 "F" 接线柱—$VT_2$（导通）—集成电路调节器 "E" 接线柱—搭铁—蓄电池负极。这一电流通路接通了发电机磁场绕组的电流通路，使发电机磁场建立，做好了发电的准备。

充电指示灯电流通路：蓄电池正极—$FU_1$—$SA_1$—$FU_3$—放电警告灯继电器①接线端—继电器线圈—$VD_{12}$ 二极管—继电器②接线端—发电机 "L" 接线柱—发电机励磁线圈—IC 调节器 "F" 接线柱—$VT_2$（导通）—集成电路调节器 "E" 接线柱—搭铁—蓄电池负极。

这一电流通路使放电警告灯继电器 $KA_1$ 动作，$SA_2$ 触点闭合，从而又形成了下述的电流通路：蓄电池正极—$FU_1$—点火开关 $SA_1$—熔丝 $FU_2$—放电警告灯（即充电指示灯）$H_1$—继电器 $KA_1$ 的④接线柱—继电器闭合的 $SA_2$ 触点—$KA_1$ 的③接线柱—搭铁—蓄电池负极。

这一电流通路使 $H_1$ 充电指示灯（即放电警告灯）点亮，以示发电机尚未发电。

**2. 发电机电压随转速升高至高于蓄电池电压**

发电机被发动机带动运转后，发电机电压逐渐升高，当其转速达到 1000r/min 左右时，在发电机定子的三相绕组中产生的三相交流电动势，经 $VD_3$—$VD_5$、$VD_9$—$VD_{11}$ 共 6 个二极管组成的三相全波桥式整流电路整流，整流输出的直流电压给蓄电池充电。同时此电压也取代蓄电池向用电设备供电。此时发电机也由该电压提供。

**3. 发电机电压随转速升高至超过电压调节器电压额定值**

当发电机输出的电压随转速升高到超过电子调节器的电压额定值（12V 电系通常为 14.5V，24V 电系为 29V 左右）时，由于此时加到 $VD_W$ 上的反向电压超过其击穿电压，故 $VD_W$ 导通，致使 $VT_1$ 基极有电流流过而导通，其集电极为低电平，使 $VT_2$ 截止，从而切断或减小了流过发电机励磁线圈中的电流，发电机输出的电压下降。

**4. 发电机输出电压降低至低于电压调节器额定值**

当发电机输出的电压降低至电子电压调节器的额定值后，$VD_W$ 截止，$VT_1$ 也截止，$VT_2$ 导通，于是又接通了励磁线圈电流通路，发电机电压重新升高。

上述过程重复循环，最终使发电机输出的电压稳定在一个规定值范围内。

**5. 充电指示灯工作过程**

当发动机转速达到 1000r/min 以上时，由于发电机励磁二极管 $VD_6 \sim VD_8$ 与 $VD_9 \sim$

VD₁₁共 6 个二极管构成的三相全波桥式整流电路输出的电压经交流发电机"L"接线柱、放电警告灯继电器 KA₁ 的②接线柱，使其内的 VD₁₂ 截止，KA₁ 线圈电流阻断，SA₂ 触点打开，从而使充电指示灯 H₁ 熄灭，以示发电机处于发电并给蓄电池进行充电的状态。

## 思 考 题

1. 简述起动系统的主要组成部件及功用。
2. 简述发动机的起动过程。
3. 简述汽车电源的主要组成部件及功用。
4. 简述汽车电源电路的充电过程。

# 参 考 文 献

[1] 陈家瑞. 汽车构造[M]. 5 版. 北京：人民交通出版社，2006.

[2] 肖生发，赵树朋. 汽车构造[M]. 北京：中国林业出版社，北京大学出版社，2006.

[3] 郭新华. 汽车构造[M]. 北京：高等教育出版社，2007.

[4] 臧杰，阎岩. 汽车构造[M]. 北京：机械工业出版社，2005.

[5] 罗灯明. 发动机电控系统故障诊断实训[M]. 北京：高等教育出版社，2007.

[6] 张西振. 汽车发动机电控技术[M]. 北京：机械工业出版社，2004.

[7] 李春明. 汽车发动机燃油喷射技术[M]. 北京：北京理工大学出版社，2004.

[8] 廖发良. 汽车典型电控系统的结构与维修[M]. 北京：电子工业出版社，2005.

[9] 黄凌. 轿车电控发动机维修技能实训[M]. 北京：北京理工大学出版社，2005.

[10] 舒华，姚国平. 汽车电控系统结构与维修[M]. 北京：北京理工大学出版社，2005.

[11] 徐家龙. 柴油机电控喷油技术[M]. 北京：人民交通出版社，2005.

[12] 李涵武，赵雨旸. 国产大众车系电路分析[M]. 北京：机械工业出版社，2005.

[13] 敖强. 新款进口汽车维修资料库：发动机[M]. 沈阳：辽宁科学技术出版社，2003.

[14] 李东江，张大成. 国产轿车电控发动机检修手册[M]. 北京：机械工业出版社，2003.

[15] 麻友良，赵英勋. 广州本田雅阁轿车维修手册[M]. 北京：机械工业出版社，2001.

[16] 李东江，吴维军. 汽车发动机电控系统的万用表检测[M]. 北京：科学技术文献出版社，2001.

[17] 孙余凯，项绮明. 汽车电器维修入门[M]. 北京：人民邮电出版社，2004.

[18] 谢绍发，刘汉军. 凌志 LS400 发动机维修[M]. 广州：广东科技出版社，2000.

[19] 王丰元，宋年秀. 电喷发动机[M]. 北京：人民交通出版社，2005.

[20] 曾建谋. 本田雅阁轿车发动机维修手册[M]. 广州：广东科技出版社，2000.

[21] 姚美红，栾琪文. 最新汽车电控单元端子检测数据手册[M]. 沈阳：辽宁科学技术出版社，2005.

[22] 王逐双. 汽车电子控制系统的原理与检修[M]. 北京：北京理工大学出版社，2000.

[23] 徐向阳. 电控汽油发动机原理与维修技术[M]. 哈尔滨：黑龙江科学技术出版社，1997.

[24] 舒华，姚国平. 桑塔纳 2000/桑塔纳电气系统使用与维修[M]. 北京：北京理工大学出版社，2002.

# 北京大学出版社高职高专机电系列规划教材

| 序号 | 书号 | 书名 | 编著者 | 定价 | 印次 | 出版日期 |
|---|---|---|---|---|---|---|
| | | **"十二五"职业教育国家规划教材** | | | | |
| 1 | 978-7-301-24455-5 | 电力系统自动装置(第2版) | 王 伟 | 26.00 | 1 | 2014.8 |
| 2 | 978-7-301-24506-4 | 电子技术项目教程(第2版) | 徐超明 | 42.00 | 1 | 2014.7 |
| 3 | 978-7-301-24475-3 | 零件加工信息分析(第2版) | 谢 蕾 | 52.00 | 1 | 2015.1 |
| 4 | 978-7-301-24227-8 | 汽车电气系统检修(第2版) | 宋作军 | 30.00 | 1 | 2014.8 |
| 5 | 978-7-301-24589-7 | 光伏发电系统的运行与维护 | 付新春 | 30.00 | 1 | 2015.5 |
| 6 | 978-7-301-24507-1 | 电工技术与技能 | 王 平 | 42.00 | 1 | 2014.8 |
| 7 | 978-7-301-24648-1 | 数控加工技术项目教程(第2版) | 李东君 | 64.00 | 1 | 2015.5 |
| 8 | 978-7-301-25341-0 | 汽车构造(上册)——发动机构造(第2版) | 罗灯明 | 35.00 | 1 | 2015.5 |
| 9 | 978-7-301-24587-3 | 制冷与空调技术工学结合教程 | 李文森等 | 28.00 | 1 | 2015.5 |
| 10 | 978-7-301-25529-2 | 汽车构造(下册)——底盘构造(第2版) | 罗灯明 | 36.00 | 1 | 2015.5 |
| 11 | | 光伏发电技术简明教程 | 静国梁 | | | 2015.5 |
| 12 | | 电子EDA技术(Multisim)(第2版) | 刘训非 | | | 2015.5 |
| | | **机械类基础课** | | | | |
| 1 | 978-7-301-13653-9 | 工程力学 | 武昭晖 | 25.00 | 3 | 2011.2 |
| 2 | 978-7-301-13574-7 | 机械制造基础 | 徐从清 | 32.00 | 3 | 2012.7 |
| 3 | 978-7-301-13656-0 | 机械设计基础 | 时忠明 | 25.00 | 3 | 2012.7 |
| 4 | 978-7-301-13662-1 | 机械制造技术 | 宁广庆 | 42.00 | 2 | 2010.11 |
| 5 | 978-7-301-19848-3 | 机械制造综合设计及实训 | 裴俊彦 | 37.00 | 1 | 2013.4 |
| 6 | 978-7-301-19297-9 | 机械制造工艺及夹具设计 | 徐 勇 | 28.00 | 1 | 2011.8 |
| 7 | 978-7-301-18357-1 | 机械制图 | 徐连孝 | 27.00 | 2 | 2012.9 |
| 8 | 978-7-301-18143-0 | 机械制图习题集 | 徐连孝 | 20.00 | 2 | 2013.4 |
| 9 | 978-7-301-15692-6 | 机械制图 | 吴百中 | 26.00 | 2 | 2012.7 |
| 10 | 978-7-301-22916-3 | 机械图样的识读与绘制 | 刘永强 | 36.00 | 1 | 2013.8 |
| 11 | 978-7-301-23354-2 | AutoCAD应用项目化实训教程 | 王利华 | 42.00 | 1 | 2014.1 |
| 12 | 978-7-301-17122-6 | AutoCAD机械绘图项目教程 | 张海鹏 | 36.00 | 3 | 2013.8 |
| 13 | 978-7-301-17573-6 | AutoCAD机械绘图基础教程 | 王长忠 | 32.00 | 2 | 2013.8 |
| 14 | 978-7-301-19010-4 | AutoCAD机械绘图基础教程与实训(第2版) | 欧阳全会 | 36.00 | 3 | 2014.1 |
| 15 | 978-7-301-24536-1 | 三维机械设计项目教程(UG版) | 龚肖新 | 45.00 | 1 | 2014.9 |
| 16 | 978-7-301-17609-2 | 液压传动 | 龚肖新 | 22.00 | 1 | 2010.8 |
| 17 | 978-7-301-20752-9 | 液压传动与气动技术(第2版) | 曹建东 | 40.00 | 2 | 2014.1 |
| 18 | 978-7-301-13582-2 | 液压与气压传动技术 | 袁 广 | 24.00 | 5 | 2013.8 |
| 19 | 978-7-301-24381-7 | 液压与气动技术项目教程 | 武 威 | 30.00 | 1 | 2014.8 |
| 20 | 978-7-301-19436-2 | 公差与测量技术 | 余 键 | 25.00 | 1 | 2011.9 |
| 21 | 978-7-5038-4861-2 | 公差配合与测量技术 | 南秀蓉 | 23.00 | 4 | 2011.12 |
| 22 | 978-7-301-19374-7 | 公差配合与技术测量 | 庄佃霞 | 26.00 | 2 | 2013.8 |
| 23 | 978-7-301-13652-2 | 金工实训 | 柴增田 | 22.00 | 4 | 2013.1 |
| 24 | 978-7-301-13651-5 | 金属工艺学 | 柴增田 | 27.00 | 2 | 2011.6 |
| 25 | 978-7-301-17608-5 | 机械加工工艺编制 | 于爱武 | 45.00 | 1 | 2012.2 |
| 26 | 978-7-301-23868-4 | 机械加工工艺编制与实施(上册) | 于爱武 | 42.00 | 1 | 2014.3 |
| 27 | 978-7-301-24546-0 | 机械加工工艺编制与实施(下册) | 于爱武 | 42.00 | 1 | 2014.7 |
| 28 | 978-7-301-21988-1 | 普通机床的检修与维护 | 宋亚林 | 33.00 | 1 | 2013.1 |
| 29 | 978-7-5038-4869-8 | 设备状态监测与故障诊断技术 | 林英志 | 22.00 | 3 | 2011.8 |

| 序号 | 书号 | 书名 | 编著者 | 定价 | 印次 | 出版日期 |
|---|---|---|---|---|---|---|
| 30 | 978-7-301-22116-7 | 机械工程专业英语图解教程(第2版) | 朱派龙 | 48.00 | 1 | 2013.9 |
| 31 | 978-7-301-23198-2 | 生产现场管理 | 金建华 | 38.00 | 1 | 2013.9 |
| 32 | 978-7-301-24788-4 | 机械CAD绘图基础及实训 | 杜洁 | 30.00 | 1 | 2014.9 |
| 数控技术类 | | | | | | |
| 1 | 978-7-301-17148-6 | 普通机床零件加工 | 杨雪青 | 26.00 | 2 | 2013.8 |
| 2 | 978-7-301-17679-5 | 机械零件数控加工 | 李文 | 38.00 | 1 | 2010.8 |
| 3 | 978-7-301-13659-1 | CAD/CAM实体造型教程与实训(Pro/ENGINEER版) | 诸小丽 | 38.00 | 4 | 2014.7 |
| 4 | 978-7-301-24647-6 | CAD/CAM数控编程项目教程(UG版)(第2版) | 慕灿 | 48.00 | 1 | 2014.8 |
| 5 | 978-7-5038-4865-0 | CAD/CAM数控编程与实训(CAXA版) | 刘玉春 | 27.00 | 3 | 2011.2 |
| 6 | 978-7-301-21873-0 | CAD/CAM数控编程项目教程(CAXA版) | 刘玉春 | 42.00 | 1 | 2013.3 |
| 7 | 978-7-5038-4866-7 | 数控技术应用基础 | 宋建武 | 22.00 | 2 | 2010.7 |
| 8 | 978-7-301-13262-3 | 实用数控编程与操作 | 钱东东 | 32.00 | 4 | 2013.8 |
| 9 | 978-7-301-14470-1 | 数控编程与操作 | 刘瑞已 | 29.00 | 2 | 2011.2 |
| 10 | 978-7-301-20312-5 | 数控编程与加工项目教程 | 周晓宏 | 42.00 | 1 | 2012.3 |
| 11 | 978-7-301-23898-1 | 数控加工编程与操作实训教程(数控车分册) | 王忠斌 | 36.00 | 1 | 2014.6 |
| 12 | 978-7-301-20945-5 | 数控铣削技术 | 陈晓罗 | 42.00 | 1 | 2012.7 |
| 13 | 978-7-301-21053-6 | 数控车削技术 | 王军红 | 28.00 | 1 | 2012.8 |
| 14 | 978-7-301-17398-5 | 数控加工技术项目教程 | 李东君 | 48.00 | 1 | 2010.8 |
| 15 | 978-7-301-21119-9 | 数控机床及其维护 | 黄应勇 | 38.00 | 1 | 2012.8 |
| 16 | 978-7-301-20002-5 | 数控机床故障诊断与维修 | 陈学军 | 38.00 | 1 | 2012.1 |
| 模具设计与制造类 | | | | | | |
| 1 | 978-7-301-23892-9 | 注射模设计方法与技巧实例精讲 | 邹继强 | 54.00 | 1 | 2014.2 |
| 2 | 978-7-301-24432-6 | 注射模典型结构设计实例图集 | 邹继强 | 54.00 | 1 | 2014.6 |
| 3 | 978-7-301-18471-4 | 冲压工艺与模具设计 | 张芳 | 39.00 | 1 | 2011.3 |
| 4 | 978-7-301-19933-6 | 冷冲压工艺与模具设计 | 刘洪贤 | 32.00 | 1 | 2012.1 |
| 5 | 978-7-301-20414-6 | Pro/ENGINEER Wildfire产品设计项目教程 | 罗武 | 31.00 | 1 | 2012.5 |
| 6 | 978-7-301-16448-8 | Pro/ENGINEER Wildfire设计实训教程 | 吴志清 | 38.00 | 1 | 2012.8 |
| 7 | 978-7-301-22678-0 | 模具专业英语图解教程 | 李东君 | 22.00 | 1 | 2013.7 |
| 电气自动化类 | | | | | | |
| 1 | 978-7-301-18519-3 | 电工技术应用 | 孙建领 | 26.00 | 1 | 2011.3 |
| 2 | 978-7-301-17569-9 | 电工电子技术项目教程 | 杨德明 | 32.00 | 3 | 2014.8 |
| 3 | 978-7-301-22546-2 | 电工技能实训教程 | 韩亚军 | 22.00 | 1 | 2013.6 |
| 4 | 978-7-301-22923-1 | 电工技术项目教程 | 徐超明 | 38.00 | 1 | 2013.8 |
| 5 | 978-7-301-12390-4 | 电力电子技术 | 梁南丁 | 29.00 | 3 | 2013.5 |
| 6 | 978-7-301-17730-3 | 电力电子技术 | 崔红 | 23.00 | 1 | 2010.9 |
| 7 | 978-7-301-19525-3 | 电工电子技术 | 倪涛 | 38.00 | 1 | 2011.9 |
| 8 | 978-7-301-24765-5 | 电子电路分析与调试 | 毛玉青 | 35.00 | 1 | 2015.3 |
| 9 | 978-7-301-16830-1 | 维修电工技能与实训 | 陈学平 | 37.00 | 1 | 2010.7 |
| 10 | 978-7-301-12180-1 | 单片机开发应用技术 | 李国兴 | 21.00 | 2 | 2010.9 |
| 11 | 978-7-301-20000-0 | 单片机应用技术教程 | 罗国荣 | 40.00 | 1 | 2012.2 |
| 12 | 978-7-301-21055-0 | 单片机应用项目化教程 | 顾亚文 | 32.00 | 1 | 2012.8 |
| 13 | 978-7-301-17489-0 | 单片机原理及应用 | 陈高锋 | 32.00 | 1 | 2012.9 |
| 14 | 978-7-301-24281-0 | 单片机技术及应用 | 黄贻培 | 30.00 | 1 | 2014.7 |
| 15 | 978-7-301-22390-1 | 单片机开发与实践教程 | 宋玲玲 | 24.00 | 1 | 2013.6 |
| 16 | 978-7-301-17958-1 | 单片机开发入门及应用实例 | 熊华波 | 30.00 | 1 | 2011.1 |

| 序号 | 书号 | 书名 | 编著者 | 定价 | 印次 | 出版日期 |
|---|---|---|---|---|---|---|
| 17 | 978-7-301-16898-1 | 单片机设计应用与仿真 | 陆旭明 | 26.00 | 2 | 2012.4 |
| 18 | 978-7-301-19302-0 | 基于汇编语言的单片机仿真教程与实训 | 张秀国 | 32.00 | 1 | 2011.8 |
| 19 | 978-7-301-12181-8 | 自动控制原理与应用 | 梁南丁 | 23.00 | 3 | 2012.1 |
| 20 | 978-7-301-19638-0 | 电气控制与 PLC 应用技术 | 郭 燕 | 24.00 | 1 | 2012.1 |
| 21 | 978-7-301-18622-6 | PLC 与变频器控制系统设计与调试 | 姜永华 | 34.00 | 1 | 2011.6 |
| 22 | 978-7-301-19272-6 | 电气控制与 PLC 程序设计(松下系列) | 姜秀玲 | 36.00 | 1 | 2011.8 |
| 23 | 978-7-301-12383-6 | 电气控制与 PLC(西门子系列) | 李 伟 | 26.00 | 2 | 2012.3 |
| 24 | 978-7-301-18188-1 | 可编程控制器应用技术项目教程(西门子) | 崔维群 | 38.00 | 2 | 2013.6 |
| 25 | 978-7-301-23432-7 | 机电传动控制项目教程 | 杨德明 | 40.00 | 1 | 2014.1 |
| 26 | 978-7-301-12382-9 | 电气控制及 PLC 应用(三菱系列) | 华满香 | 24.00 | 2 | 2012.5 |
| 27 | 978-7-301-22315-4 | 低压电气控制安装与调试实训教程 | 张 郭 | 24.00 | 1 | 2013.4 |
| 28 | 978-7-301-24433-3 | 低压电器控制技术 | 肖朋生 | 34.00 | 1 | 2014.7 |
| 29 | 978-7-301-22672-8 | 机电设备控制基础 | 王本轶 | 32.00 | 1 | 2013.7 |
| 30 | 978-7-301-18770-8 | 电机应用技术 | 郭宝宁 | 33.00 | 1 | 2011.5 |
| 31 | 978-7-301-23822-6 | 电机与电气控制 | 郭夕琴 | 34.00 | 1 | 2014.8 |
| 32 | 978-7-301-17324-4 | 电机控制与应用 | 魏润仙 | 34.00 | 1 | 2010.8 |
| 33 | 978-7-301-21269-1 | 电机控制与实践 | 徐 锋 | 34.00 | 1 | 2012.9 |
| 34 | 978-7-301-12389-8 | 电机与拖动 | 梁南丁 | 32.00 | 2 | 2011.12 |
| 35 | 978-7-301-18630-5 | 电机与电力拖动 | 孙英伟 | 33.00 | 1 | 2011.3 |
| 36 | 978-7-301-16770-0 | 电机拖动与应用实训教程 | 任娟平 | 36.00 | 1 | 2012.11 |
| 37 | 978-7-301-22632-2 | 机床电气控制与维修 | 崔兴艳 | 28.00 | 1 | 2013.7 |
| 38 | 978-7-301-22917-0 | 机床电气控制与 PLC 技术 | 林盛昌 | 36.00 | 1 | 2013.8 |
| 39 | 978-7-301-18470-7 | 传感器检测技术及应用 | 王晓敏 | 35.00 | 2 | 2012.7 |
| 40 | 978-7-301-20654-6 | 自动生产线调试与维护 | 吴有明 | 28.00 | 1 | 2013.1 |
| 41 | 978-7-301-21239-4 | 自动生产线安装与调试实训教程 | 周 洋 | 30.00 | 1 | 2012.9 |
| 42 | 978-7-301-18852-1 | 机电专业英语 | 戴正阳 | 28.00 | 2 | 2013.8 |
| 43 | 978-7-301-24589-7 | 光伏发电系统的运行与维护 | 付新春 | 30.00 | 1 | 2014.8 |
| 44 | 978-7-301-24764-8 | FPGA 应用技术教程(VHDL 版) | 王真富 | 38.00 | 1 | 2015.2 |
| 汽车类 | | | | | | |
| 1 | 978-7-301-17694-8 | 汽车电工电子技术 | 郑广军 | 33.00 | 1 | 2011.1 |
| 2 | 978-7-301-19504-8 | 汽车机械基础 | 张本升 | 34.00 | 1 | 2011.10 |
| 3 | 978-7-301-19652-6 | 汽车机械基础教程(第 2 版) | 吴笑伟 | 28.00 | 2 | 2012.8 |
| 4 | 978-7-301-17821-8 | 汽车机械基础项目化教学标准教程 | 傅华娟 | 40.00 | 2 | 2014.8 |
| 5 | 978-7-301-19646-5 | 汽车构造 | 刘智婷 | 42.00 | 1 | 2012.1 |
| 6 | 978-7-301-25341-0 | 汽车构造(上册)——发动机构造(第 2 版) | 罗灯明 | 35.00 | 1 | 2015.5 |
| 7 | 978-7-301-25529-2 | 汽车构造(下册)——底盘构造(第 2 版) | 罗灯明 | 36.00 | 1 | 2015.5 |
| 8 | 978-7-301-13661-4 | 汽车电控技术 | 祁翠琴 | 39.00 | 6 | 2015.2 |
| 9 | 978-7-301-19147-7 | 电控发动机原理与维修实务 | 杨洪庆 | 27.00 | 1 | 2011.7 |
| 10 | 978-7-301-13658-4 | 汽车发动机电控系统原理与维修 | 张吉国 | 25.00 | 2 | 2012.4 |
| 11 | 978-7-301-18494-3 | 汽车发动机电控技术 | 张 俊 | 46.00 | 2 | 2013.8 |
| 12 | 978-7-301-21989-8 | 汽车发动机构造与维修(第 2 版) | 蔡兴旺 | 40.00 | 1 | 2013.1 |
| 14 | 978-7-301-18948-1 | 汽车底盘电控原理与维修实务 | 刘映凯 | 26.00 | 1 | 2012.1 |
| 15 | 978-7-301-19334-1 | 汽车电气系统检修 | 宋作军 | 25.00 | 2 | 2014.1 |
| 16 | 978-7-301-23512-6 | 汽车车身电控系统检修 | 温立全 | 30.00 | 1 | 2014.1 |
| 17 | 978-7-301-18850-7 | 汽车电器设备原理与维修实务 | 明光星 | 38.00 | 2 | 2013.9 |
| 18 | 978-7-301-20011-7 | 汽车电器实训 | 高照亮 | 38.00 | 1 | 2012.1 |
| 19 | 978-7-301-22363-5 | 汽车车载网络技术与检修 | 闫炳强 | 30.00 | 1 | 2013.6 |
| 20 | 978-7-301-14139-7 | 汽车空调原理及维修 | 林 钢 | 26.00 | 3 | 2013.8 |

| 序号 | 书号 | 书名 | 编著者 | 定价 | 印次 | 出版日期 |
|---|---|---|---|---|---|---|
| 21 | 978-7-301-16919-3 | 汽车检测与诊断技术 | 娄 云 | 35.00 | 2 | 2011.7 |
| 22 | 978-7-301-22988-0 | 汽车拆装实训 | 詹远武 | 44.00 | 1 | 2013.8 |
| 23 | 978-7-301-18477-6 | 汽车维修管理实务 | 毛 峰 | 23.00 | 1 | 2011.3 |
| 24 | 978-7-301-19027-2 | 汽车故障诊断技术 | 明光星 | 25.00 | 1 | 2011.6 |
| 25 | 978-7-301-17894-2 | 汽车养护技术 | 隋礼辉 | 24.00 | 1 | 2011.3 |
| 26 | 978-7-301-22746-6 | 汽车装饰与美容 | 金守玲 | 34.00 | 1 | 2013.7 |
| 27 | 978-7-301-17079-3 | 汽车营销实务 | 夏志华 | 25.00 | 3 | 2012.8 |
| 28 | 978-7-301-19350-1 | 汽车营销服务礼仪 | 夏志华 | 30.00 | 3 | 2013.8 |
| 29 | 978-7-301-15578-3 | 汽车文化 | 刘 锐 | 28.00 | 4 | 2013.2 |
| 30 | 978-7-301-20753-6 | 二手车鉴定与评估 | 李玉柱 | 28.00 | 1 | 2012.6 |
| 31 | 978-7-301-17711-2 | 汽车专业英语图解教程 | 侯锁军 | 22.00 | 5 | 2015.2 |
| 电子信息、应用电子类 | | | | | | |
| 1 | 978-7-301-19639-7 | 电路分析基础(第 2 版) | 张丽萍 | 25.00 | 1 | 2012.9 |
| 2 | 978-7-301-19310-5 | PCB 板的设计与制作 | 夏淑丽 | 33.00 | 1 | 2011.8 |
| 3 | 978-7-301-21147-2 | Protel 99 SE 印制电路板设计案例教程 | 王 静 | 35.00 | 1 | 2012.8 |
| 4 | 978-7-301-18520-9 | 电子线路分析与应用 | 梁玉国 | 34.00 | 1 | 2011.7 |
| 5 | 978-7-301-12387-4 | 电子线路 CAD | 殷庆纵 | 28.00 | 4 | 2012.7 |
| 6 | 978-7-301-12390-4 | 电力电子技术 | 梁南丁 | 29.00 | 2 | 2010.7 |
| 7 | 978-7-301-17730-3 | 电力电子技术 | 崔 红 | 23.00 | 1 | 2010.9 |
| 8 | 978-7-301-19525-3 | 电工电子技术 | 倪 涛 | 38.00 | 1 | 2011.9 |
| 9 | 978-7-301-18519-3 | 电工技术应用 | 孙建领 | 26.00 | 1 | 2011.3 |
| 10 | 978-7-301-22546-2 | 电工技能实训教程 | 韩亚军 | 22.00 | 1 | 2013.6 |
| 11 | 978-7-301-22923-1 | 电工技术项目教程 | 徐超明 | 38.00 | 1 | 2013.8 |
| 12 | 978-7-301-17569-9 | 电工电子技术项目教程 | 杨德明 | 32.00 | 3 | 2014.8 |
| 14 | 978-7-301-17712-9 | 电子技术应用项目式教程 | 王志伟 | 32.00 | 2 | 2012.7 |
| 15 | 978-7-301-22959-0 | 电子焊接技术实训教程 | 梅琼珍 | 24.00 | 1 | 2013.8 |
| 16 | 978-7-301-17696-2 | 模拟电子技术 | 蒋 然 | 35.00 | 1 | 2010.8 |
| 17 | 978-7-301-13572-3 | 模拟电子技术及应用 | 刁修睦 | 28.00 | 3 | 2012.8 |
| 18 | 978-7-301-18144-7 | 数字电子技术项目教程 | 冯泽虎 | 28.00 | 1 | 2011.1 |
| 19 | 978-7-301-19153-8 | 数字电子技术与应用 | 宋雪臣 | 33.00 | 1 | 2011.9 |
| 20 | 978-7-301-20009-4 | 数字逻辑与微机原理 | 宋振辉 | 49.00 | 1 | 2012.1 |
| 21 | 978-7-301-12386-7 | 高频电子线路 | 李福勤 | 20.00 | 3 | 2013.8 |
| 22 | 978-7-301-20706-2 | 高频电子技术 | 朱小祥 | 32.00 | 1 | 2012.6 |
| 23 | 978-7-301-18322-9 | 电子 EDA 技术(Multisim) | 刘训非 | 30.00 | 2 | 2012.7 |
| 24 | 978-7-301-14453-4 | EDA 技术与 VHDL | 宋振辉 | 28.00 | 2 | 2013.8 |
| 25 | 978-7-301-22362-8 | 电子产品组装与调试实训教程 | 何 杰 | 28.00 | 1 | 2013.6 |
| 26 | 978-7-301-19326-6 | 综合电子设计与实践 | 钱卫钧 | 25.00 | 1 | 2013.8 |
| 27 | 978-7-301-17877-5 | 电子信息专业英语 | 高金玉 | 26.00 | 2 | 2011.11 |
| 28 | 978-7-301-23895-0 | 电子电路工程训练与设计、仿真 | 孙晓艳 | 39.00 | 1 | 2014.3 |
| 29 | 978-7-301-24624-5 | 可编程逻辑器件应用技术 | 魏 欣 | 26.00 | 1 | 2014.8 |

如您需要更多教学资源如电子课件、电子样章、习题答案等，请登录北京大学出版社第六事业部官网 www.pup6.cn 搜索下载。
如您需要浏览更多专业教材，请扫下面的二维码，关注北京大学出版社第六事业部官方微信（微信号：pup6book），随时查询专业教材、浏览教材目录、内容简介等信息，并可在线申请纸质样书用于教学。

感谢您使用我们的教材，欢迎您随时与我们联系，我们将及时做好全方位的服务。联系方式：010-62750667，329056787@qq.com，pup_6@163.com，lihu80@163.com，欢迎来电来信。客户服务 QQ 号：1292552107，欢迎随时咨询。